权威·前沿·原创

皮书系列为
"十二五""十三五"国家重点图书出版规划项目

BLUE BOOK

智 库 成 果 出 版 与 传 播 平 台

BLUE BOOK

智库成果出版与传播平台

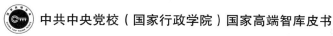

中共中央党校（国家行政学院）国家高端智库皮书

社会体制蓝皮书

BLUE BOOK OF
SOCIAL INSTITUTION

中国社会体制改革报告 *No.8*
（2020）

REPORT ON SOCIAL INSTITUTIONAL REFORM IN CHINA
No.8 (2020)

主　编／龚维斌
副主编／赵秋雁

社会科学文献出版社
SOCIAL SCIENCES ACADEMIC PRESS (CHINA)

图书在版编目（CIP）数据

中国社会体制改革报告．No.8，2020／龚维斌主编
．－－北京：社会科学文献出版社，2020.9（2021.1 重印）
（社会体制蓝皮书）
ISBN 978－7－5201－7058－1

Ⅰ．①中… Ⅱ．①龚… Ⅲ．①体制改革－研究报告－
中国－2020 Ⅳ．①D62

中国版本图书馆 CIP 数据核字（2020）第 146908 号

社会体制蓝皮书
中国社会体制改革报告 No.8（2020）

主　　编／龚维斌
副 主 编／赵秋雁

出 版 人／王利民
组稿编辑／陈　颖
责任编辑／陈晴钰

出　　　版／社会科学文献出版社·皮书出版分社（010）59367127
　　　　　　地址：北京市北三环中路甲 29 号院华龙大厦　邮编：100029
　　　　　　网址：www.ssap.com.cn
发　　　行／市场营销中心（010）59367081　59367083
印　　　装／天津千鹤文化传播有限公司

规　　　格／开　本：787mm×1092mm　1/16
　　　　　　印　张：23.75　字　数：354 千字
版　　　次／2020 年 9 月第 1 版　2021 年 1 月第 2 次印刷
书　　　号／ISBN 978－7－5201－7058－1
定　　　价／128.00 元

中国行政体制改革研究会行政改革研究基金资助

社会体制蓝皮书编委员会

主要编撰者简介

龚维斌 教授、博士生导师，现任中共中央党校（国家行政学院）社会和生态文明教研部主任。担任社会变迁研究会副会长、国家社科基金项目评审组成员。曾任国家行政学院政治学教研部副主任、社会和文化教研部主任、应急管理培训中心（中欧应急管理学院）主任（院长）、进修部主任。主要研究领域是社会阶层、社会政策、社会治理。个人专著有《劳动力外出就业与农村社会变迁》《社会发展与制度选择》《公共危机管理》《社会结构变迁与社会治理创新》《中国社会治理创新之路》等，主译和参译著作多部，在报纸杂志上发表论文 100 余篇。

赵秋雁 教授、博士生导师，北京师范大学中国社会管理研究院/社会学院党总支书记兼副院长，美国哥伦比亚大学法学院访问学者，中国行政体制改革研究会常务理事、北京市经济法学会常务理事，北京京师律师事务所兼职律师。主要研究领域包括社会治理、社会法、经济法和能源法。主持国家社科基金重大专项课题"社会治理现代化指标构建研究"等 10 余项；发表中英文学术论文 30 余篇；出版专著《电子商务中消费者权益的法律保护：国际比较研究》、合著《国际能源法律制度研究》《中国能源法学》等多部著作；获北京市"四个一批"人才等称号。

摘　要

　　本书由总报告、社会治理体制篇、基本公共服务篇、现代社会组织体制篇、公共安全与应急管理篇5个部分组成，主要对2019年社会体制改革情况进行回顾和总结，对2020年的改革走向进行分析，提出相关政策建议。

　　2019年我国发展面对的是世界经济增速降至国际金融危机10年来最低、国际经贸摩擦加剧的外部环境，面对的是国内诸多矛盾交织叠加、经济下行压力加大的复杂局面。以习近平同志为核心的党中央团结带领全国各族人民攻坚克难，完成2019年全年主要目标任务，社会体制改革持续推进，民生保障有新成绩，社会治理有新成效。

　　2020年，我国即将如期实现全面建成小康社会目标，全面打赢脱贫攻坚战。突如其来的新型冠状病毒肺炎，是近百年来人类遭遇的影响范围最广的全球性大流行病，对全世界是一次严重危机和严峻考验；是新中国成立以来发生的传播速度最快、感染范围最广、防控难度最大的一次重大突发公共卫生事件，是对我国治理体系和治理能力的一次全面考验。在以习近平同志为核心的党中央坚强领导下，我们举全国之力，疫情防控阻击战取得重大战略成果，展现了独特的"中国力量""中国精神""中国效率""中国担当"。从社会建设的角度看，此次疫情成功防控得益于多年来社会体制改革发展的成果，但是，此次疫情防控也暴露出社会领域存在的短板和弱项：一是社会结构调整面临更大的困难；二是基本民生保障任务更加繁重；三是社会治理面临新的挑战；四是理顺政府与社会、市场与社会关系遇到新的挑战。

　　因此，亟须通过社会体制改革，极大地激发社会活力，进一步推动社会现代化。一要以编制"十四五"规划为契机制订面向2035年的社会现代化

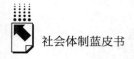

规划。二要以稳定就业为核心确保社会安定和人民增收。三要持续优化收入分配格局。四要构建新时代社会进步、民生保障新型体制机制。五要健全共建共治共享的社会治理体系。六要充分发挥各类社会力量的作用。七要加快推进"数字社会"建设。八要提高非常态社会治理能力和水平。

目　录

Ⅰ　总报告

Ⅱ　社会治理体制篇

Ⅲ 基本公共服务篇

Ⅳ 现代社会组织体制篇

Ⅴ 公共安全与应急管理篇

皮书数据库阅读**使用指南**

总 报 告

General Report

B.1

2019~2020年中国社会体制改革
分析及未来展望

龚维斌　张林江　马福云 *

摘　要： 2020年，突如其来的新冠肺炎疫情极大地影响了中国和世界。从社会建设的角度看，中国疫情防控取得的重要战略性成果得益于多年来社会体制改革和社会发展，但是，疫情防控也暴露出社会领域存在的短板和弱项。因此，应以总结此次疫情防控为契机，深入总结社会体制改革的经验和不足。面对新情况、新挑战，应努力化危为机，按照"大社会""大治理"思维，不断在社会体制关键性基础性重大改革上

---

* 龚维斌，中共中央党校（国家行政学院）社会和生态文明教研部主任、教授，主要研究方向为社会建设、社会治理；张林江，中共中央党校（国家行政学院）社会和生态文明教研部副教授，主要研究方向为社会建设、社会治理；马福云，中共中央党校（国家行政学院）社会和生态文明教研部教授，主要研究方向为发展社会学、基层管理、社会服务等。

突破创新，持续优化民生保障和社会治理方式，着力构建活力与秩序兼具、公平与效率统一、中华文明与世界优秀文明辉映的具有中国特色的社会体制。

关键词： 社会治理　社会体制改革　基本民生

2020 年，注定是不平凡的一年，我国即将全面打赢脱贫攻坚战，如期实现全面建成小康社会目标。突如其来的新冠肺炎疫情，传播速度之快、影响范围之广、危害程度之深前所未见，极大地影响了中国和世界。按照联合国秘书长古特雷斯的说法，新冠病毒大流行是自第二次世界大战以来最严重的全球危机。在我国抗疫取得阶段性成果的时候，2020 年 4 月 17 日，中共中央政治局召开会议时指出，疫情"对我国经济社会发展带来前所未有的冲击"，导致"当前经济发展面临的挑战前所未有"。在较短时间内，我国控制住疫情，比较平稳地启动了复工复产复商复学，进入统筹推进疫情防控和经济社会发展新阶段。

这次疫情是对我国治理体系和治理能力的一次全面考验。在以习近平同志为核心的党中央的坚强领导下，我们举全国之力，坚决打赢疫情防控的人民战争、总体战、阻击战，为人民生命健康和国家长治久安筑起坚实的"钢铁长城"，充分展现了"中国精神""中国力量""中国担当"。

从社会建设的角度看，此次疫情防控取得的重要战略性成果得益于多年来社会体制改革和社会发展，但是，疫情防控也暴露出社会领域存在的短板和弱项。因此，应以总结此次疫情防控为契机，深入总结社会体制改革的经验，查找存在的不足，深入贯彻落实党的十九届四中全会精神，持续完善治理体系，不断提升治理能力。面对新情况、新挑战，我们应当努力化危为机，按照"大社会""大治理"思维，不断在社会体制关键性基础性重大改革上突破创新，持续优化民生保障和社会治理方式，着力构建活力与秩序兼具、公平与效率统一、中华文明与世界优秀文明辉映的具有中国特色的社会体制。

一 疫情防控检验我国社会建设的成果

（一）疫情大考"初试"我们交出了优异答卷

2019年底，新冠肺炎疫情在武汉暴发，并向湖北省乃至全国各地蔓延。新冠肺炎疫情是百年来全球发生的最严重的传染病大流行，是新中国成立以来我国遭遇的传播速度最快、感染范围最广、防控难度最大的重大突发公共卫生事件。新冠肺炎疫情对我国的社会治理能力与水平形成了极大挑战。疫情发生后，党中央将疫情防控作为头等大事来抓，习近平总书记亲自指挥、亲自部署，坚持把人民生命安全和身体健康放在第一位，有关机构和部门强化协调统筹，及时采取应急举措，通过果断实施严格的管控措施，防控疫情蔓延。同时，举全国之力支援武汉和湖北疫情防控，调派4万多名医务人员驰援湖北，快速扩充收治床位，保障医用物资供应，坚持中西医结合，优化诊疗方案，全力救治患者，取得武汉保卫战、湖北保卫战的决定性成果，进而又接连打了几场局部地区聚集性疫情歼灭战，夺取了全国抗疫斗争重大战略成果。

面对疫情蔓延的风险，国家宣布新冠肺炎为乙类传染病，按甲类传染病管理，各地迅速启动重大突发公共卫生事件一级响应，迅速采取城市封锁、交通管制、居家隔离等应急措施，紧急调配政府、军队、医疗等各类资源强化疫情防控，并动员企业、社区、社会力量等协同参与突发公共卫生事件应对。同时，延长全国春节假期，延迟开学开工，通过灵活复工、错峰出行、群防群控、坚持"四早"来控制传染源，遏制疫情蔓延，以疫情防控的人民战争阻止了疫情的传播蔓延，凸显了我国社会治理体系应对突发事件的良好成效。

从历史比较来看，新冠肺炎疫情的传播速度快于2003年底暴发的非典（SARS）以及其他类似疫情。疫情发生的30天内，中国新冠肺炎确诊人数约为17200例（2020年2月2日数据），而非典同期仅为3400例。新冠肺炎与"非典"，主要通过呼吸道传播，但新冠肺炎的潜伏期高达14日，疫情潜在传播的风险更大，而且无症状感染者的存在加大了防控难度。2002年11月"非典"疫情在中国广东暴发，2003年前后扩散到全国各地。2003年4~5月达到顶峰。在系列应对措施防控下，2003年6月"非典"得到控制。新冠肺炎疫情2020年1月初暴发，正值春节人员大流动期间，2月份达到高峰，4月份基本得到控制（见图1）。两相比较，新冠肺炎感染人数更多，传播速度更快、潜伏期更长、防控难度更大。疫情之所以能在更短时期内得到控制，与党和国家加强突发公共卫生事件防控体系建设有关，也与我国经济社会多方面的发展进步有关。

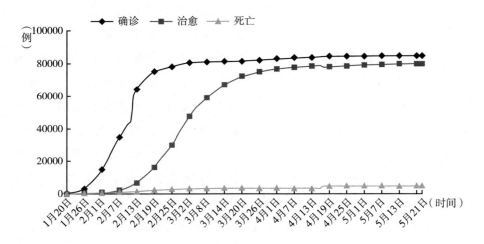

图1　2020年1月以来新冠肺炎疫情在中国的发展趋势

（二）疫情防控展现了强大的社会韧性和社会团结

在疫情防控中，我国采取有力措施，迅速组织和扩大医疗应急物资生产，加大口罩、消毒液等防护物品生产，抓好食品、日常生活必需品的稳定供应，保障水电煤油气的供应，确保交通运输干线支线的畅通，使得整体社会生活井然有序，社会大局保持稳定。根据疫情变化，在新冠肺炎疫情病例不再新增或新增较少的情况下，各地适时下调突发公共卫生事件应急等级，在做好疫情常态化防控的同时，推进复工复产，逐步恢复正常的社会生产生活。在疫情应对中，具有中国特色的对口支援、社区防控等制度安排发挥了积极作用。国家卫健委整合优质资源，统筹安排19个省份对口支援湖北省除武汉市外的16个市州及县级市，开展新冠肺炎医疗救治工作。接到任务后，19个省份第一时间组建医疗队伍，携带口罩、防护服、呼吸机、监测仪等一大批紧缺防护物资奔赴湖北各市州县，冲向湖北疫情防控的主战场，配合当地开展疫情防控，用实际行动践行了"一地有难、八方支援"的优良传统和人道精神，在疫情防控的关键时期发挥了地方政府间横向联合和资源优化配置的制度优势，为湖北疫情有效防控做出了积极贡献。

社区是疫情防控的基础。社区是社会的细胞，也是我国城乡社会治理的基本单元。自疫情发生以来，社区就成为疫情防控前线，成为内防扩散、外防输入的最有效的阵地。面对疫情，社区党组织勇于担责，成立社区疫情防控领导小组，积极承担起疫情防控的领导责任，党员干部发挥先锋模范作用，党员成立先锋队、突击队，冲锋在前，战斗在第一线。各地采取社区封闭式管理等非常规措施，做好人员、车辆出入登记，公共区域消毒杀菌，开展拉网式排查，做好疑似病例的报告、隔离、转运等工作。各地社区通过张贴海报、循环广播、信息平台等普及防控知识，宣传防控政策，告知隔离救治流程，引导居民科学防控、依法防控，引导居民克服担心和焦虑心理，增强打赢疫情防控战的信心和决心。同时，社区还强化基本生活保障，加强对老幼弱残等群体的关注和照料服务，对在家隔离居民提供个性化服务，有针对性地做好人文关怀。

在大数据、人工智能等信息技术的带动下发展起来的"互联网＋"、电子商务在疫情防控中发挥了重要作用。面对疫情对线下实体供应链的巨大冲击，网络购物、在线办公、网络会议等迎来新发展机遇，"宅经济"带动了不少互联网企业特别是电商企业的"逆势"发展。尤其是无接触配送、无人零售、直播销售等消费新模式快速发展，既帮助农民增产增收，也惠及普通群众的日常生活。据统计，2020年1~3月，实物商品网上零售额同比增长5.9%，增速比1~2月加快2.9个百分点，占社会商品零售总额的

23.6%，比 1～2 月提高 2.1 个百分点。一些大型电商平台 3 月份网络零售额同比增长 10% 左右，以拼多多为例，第一季度其在农村网店卖出的农产品订单数超过 10 亿笔，同比大增 184%。电商还在脱贫攻坚中发挥了积极的支撑作用，通过电商平台，贫困地区的优质农副产品卖到了全国各地，贫困地区紧缺的生产生活物资也源源不断地流通进来，实现了区域间要素资源的流通，拓展了产业发展思路，提升了贫困地区干部群众的思想意识，促进了贫困地区的农业产业升级和经济发展。

（三）社会建设成果为疫情有效防控提供了社会基础

我国一直坚持以人民为中心，大力推动保障基本民生，构建共建共治共享的社会治理体系，提高全社会抗击风险的能力。党的十八大以来，尽管我国财政收入增速放缓，但是民生保障全面提升，不断升级。在扶贫方面，采取多种方式，连年推动贫困地区、贫困户脱贫，力求全面建成小康社会"一个都不能少"。在就业方面，面对持续增多的高校毕业生，连续 6 年新增就业超过 1000 万人，使得失业率保持在较低水平。织密世界最大的社保体系，推动社会保障城乡全覆盖、提高养老保障水平，提升社会救助水平，为亿万人民生活兜底。积极推动户籍制度改革，不断降低城市入户门槛，给更多人创造公平的就业生活条件，给人们以平等的人生出彩机会。

同时，我国着力构建共建共治共享的社会治理制度，发挥党委总揽全局、协调各方的领导作用，及时研究解决社会治理领域重大问题；推动政府全面正确履行职责，构建政府负责体制，将该由政府管理的社会治理事务管理好、管到位；完善党建带群建制度，发挥群团组织联系人民群众的桥梁和纽带作用，构建群团组织助推、社会组织协同的体制机制，发挥群团组织、社会组织在社会治理中的协调协同作用。将社会治理的重心放在基层，推动社会治理的力量、资源和保障向基层特别是社区倾斜，努力调动人民群众参与社会治理的积极性，保障人民群众的主人翁地位，更好地满足人民群众民主法治、公平正义等多方面、多层次的需求；推动基层党组织领导下的

"群众自治圈""社会共治圈"建设。通过强化民生保障、加强和创新社会治理，推动整体社会走向"善治"，极大地提高了社会应对风险的能力，为应对新冠肺炎疫情创造了良好条件。面对新冠肺炎疫情的冲击，党和政府采取非常规措施，适度限制社会流动、放缓社会生产生活节奏。面对外部国际压力，我国民众正确理性看待疫情，提高自我防范意识和防护能力，不信谣、不造谣、不传谣，相信党和政府，展现了空前的社会团结与社会合作。

二　加速推进社会体制改革刻不容缓

抗击疫情在充分展示我国社会主义制度巨大优越性、社会空前团结和强大韧性的同时，也反映了社会领域存在的深层次问题，亟须通过社会体制改革，极大地激发社会活力，进一步推动社会现代化。

（一）社会结构调整面临更大的困难

培育中等收入群体，促进收入分配公平，稳妥调整和处理社会阶层关系，是实现社会公正的首要途径。但目前我国中等收入群体只有4亿人左右，只占人口总数的30%左右。

数量众多的中低收入者特别是贫困群众，疫情期间生活水平受到影响，而且还不同程度地因复工复产进度影响到就业和家庭发展。特别是在国内供需关系快速变化、国际关系影响渗入国内的大背景下，中小企业、个体户、灵活就业群体甚至是大学毕业生等，都可能会面对一个更加复杂、困难的就业创业环境。

城镇化、全球化曾经是推动我国社会结构调整的重要动能，但未来城乡结构、区域结构演化的方向和进度，增加了更多不确定性。受收入分配、未来预期等多方面因素影响，居民存款意愿上升，消费动力下降，消费结构优化可能受阻。在老龄化、少子化现象延续的同时，国际人口流动减缓。这些因素都增加了社会阶层结构调整优化的难度。

（二）基本民生保障任务更加繁重

疫情极大地冲击了民生保障体系，疫后必然要求深化相关领域的改革，完善对相关群体的保障。

疫情期间医护人员的最美"逆行"、无私奉献，整体提升了医护人员的良好形象，但这些并不能改变公共卫生事业发展滞后和医疗改革已经进入深水区的现实。医疗体制经过十多年的改革，虽然取得一定成绩，但基层医疗机构服务能力弱，群众不愿意去；大医院医保报销比例低，但"人满为患"；医改强调公立医院公益性，但财政投入比重长期过低；医院、医生得不到合理报酬，助长过度医疗之风，使得医患关系改善较为困难；以降低药价为核心目标的药品、药械招标改革遇到重重阻力；医疗资源总体不足且分布不均、公共卫生体系薄弱、公共卫生突发事件应急体系不完善、法律不健全等问题亟待解决。

从教育领域看，教育现代化取得积极进展。但是，教育管理体制机制改革仍未完全到位，教育行政管理部门管得过多、过细、过死现象仍然存在。优质教育资源公平分配进展缓慢，各类学校强校愈强的"马太效应"明显，升学学生及家长普遍焦虑，社会各界十分关注。中小学减负与老师校外兼职兼课、经济发达地区和名校"抢人才"、民办学校与幼儿园如何兼顾公益普惠与均衡发展等，都是社会热点和改革难题。

社会保障机构改革后，如何切实做到统筹协调、部门协作，仍然有待彼此磨合优化。社会保障制度全覆盖后，做到人群全覆盖和公平保障难度很大，疫情全球蔓延表明这也是个世界性难题。疫情后，社保征缴面临全新情况，保障资金不足可能常态化甚至影响到体系运行安全。脱贫攻坚将全面收官，但建立解决相对贫困的长效机制将遇到资金、人才、社会环境等多种压力，大病保险、政府兜底、防止返贫等多方面工作将面临更多困难。

（三）社会治理面临新的挑战

疫情对全社会形成强烈冲击，总的来看，社会动员、基层防控、多地多部门协调联动、社会治安、物资供应链等多方面经受住了检验。但也要看到，各类社会服务与治理主体存在数量不足、质量不高的问题，影响疫情防控效果。如果说，疫情期间还可以依靠临时动员，将大量机关干部下沉到一线、社区，那么后疫情时期如何填补这方面的需求漏洞应早作谋划。

疫情防控需要限制人员流动，进行强有力的自上而下的管控等措施。要防止将这种特殊形势下的超常规社会治理方式当成常规社会治理方式来运用和推广，否则就与构建共建共治共享制度体系，强调向基层、向社会赋权让权，调动群众自组织自服务的积极性，推动社会成员增加互动加快融合，强调适度宽松开放的社会生活环境等新理念、新方法相背离。

基层政府和城乡社区承担的责任和压力将会进一步加大。"减负"步伐有可能放慢甚至出现逆转，对机构、对个人的考评、问责力度有可能加强，但是基层人力不够、资源不够、专业水平不够、激励不够的问题将进一步突显，一些干部不作为、不担当、"出工不出力"、形式主义、官僚主义等现象有可能强化。群众对基层服务的"等靠要"思想与"提要求但不参与"现象有可能增多，基层干部辛勤付出但群众不满甚至颇有怨言的现象也有可能增多。

（四）理顺政府与社会、市场与社会关系遇到新的挑战

疫情以极端方式影响着社会运行模式，也冲击着政府与社会、市场与社会的关系。社会作为相对独立的领域，有着与政府、市场不同的内在特点与运行逻辑。相较目前我国初步显现的强政府、强市场局面，社会治理主体数量不多、能力不强、自我发展后劲不足等问题明显，有待继续增强社会韧性、提升社会品质。

在理念上，一些领导干部以防范风险之名行不作为之实，以看起来积极但实际消极的方式钳制社会活力。风险无时不在、无处不在，现代社会更是如此。问题的关键不在于有没有风险，而是风险是否在可承受的范围之内，是否可以有效预防和化解。由于担心有风险，一些领导干部就可能尽量少干事甚至不干事，将加强风险防范与创新社会治理、激发社会活力对立起来。

在方法上，可能再次回归旧的路径或"穿新鞋走老路"。鉴于社会领域的开放与活跃，会有较大的社会反响，甚至与政治领域产生关联。部分管理机关和管理者善于"寓禁于管"，对社会组织、志愿服务、群众自治组织的成立、活动甚至财务、内部事务等干预过多。不敢让群众成为真正意义上的社会治理主体。还习惯用对党政机关的要求来规范群众自组织，用过度爱护的方式限制其自我发展、自我管理、自我监督。

在能力上，不少领导干部比较熟悉和适应社会管理，而不熟悉、不善于社会治理；更熟悉常态社会管理，对于非常态社会管理即应急管理和危机管理缺乏经验；对于基层社会事务不敢管、不会管。比如，近年来，许多地方的物业管理公司与业主委员会、居委会存在诸多矛盾，疫情期间也发生过类似事件。事实上，物业管理企业与基层治理、公共服务、群众生活满意度等存在很大的关联性，应当履行必要的社会责任，承担必要的社会职能。但不少管理机关将此类问题视为单纯的市场规制问题，再加上长期缺乏相应的法律、政策和管理措施，以及各种复杂的利益关系掺杂其中，使得物业管理中的种种乱象和社会纠纷此起彼伏，剪不断理还乱。

三 疫情防控常态化下的社会体制改革

目前，全球疫情仍在蔓延，充满不确定性。以美国为代表的西方反华势力借机加大对中国的战略遏制，使得我国改革发展的外部环境更加严峻复杂。国内复工复产进度不尽如人意，中小企业经营和农民工就业面临多方面的困难。如果说前一阶段的抗击疫情只是"初试"，那么后面还有一场又一场更加漫长而艰难的"复试"和"加试"。

（一）以编制"十四五"规划为契机制订面向2035年的社会现代化规划

在经济现代化的同时，必须同步实现社会现代化，这既是世界现代化规律，也是从我国党情、国情、民情乃至于这次疫情中得出的客观结论。没有社会现代化，就很难实现经济高质量发展和经济现代化。经济快速大规模发展，并不必然带来社会现代化。2020年是国民经济和社会发展"十三五"规划收官之年，也是启动"十四五"规划编制之年。考虑到我国社会体制改革的相对滞后、社会建设的巨大空间，应当早做综合研究和政策储备。鉴于社会结构调整的长期性以及对经济发展的保障和促进作用，应当统筹考虑"十四五"时期和2035年社会发展目标和主要政策方向，对未来一个时期国家中长期社会发展战略做出总体性安排，确定社会体制改革的近期、中期和长期目标。2020年5月，中共中央、国务院发布了《关于新时代加快完善社会主义市场经济体制的意见》，对经济体制改革做出了新的全面部署，增强了全社会市场化改革的信心，回应了国际社会关于中国改革开放的关切。建议适时制定《关于新时代加快推进社会体制改革指导意见》，以更大的改革力度推进社会现代化。

特别需要强调的是，社会建设和社会体制改革事关重大，涉及人群、领域众多，必须全面加强党的领导。建议党中央专门召开一次全会，专题研究社会建设问题并做出决议。这应当是继2006年10月中共十六届六中全会审议通过《中共中央关于构建社会主义和谐社会若干重大问题的决定》，2012年2月中央举办省部级主要领导干部社会管理及其创新专题研讨班后，全党又一次将社会建设、社会治理、社会体制改革推到新的阶段的重大政治行动，是为未来5～10年社会稳定和谐开展的奠基性工程。同时，建议将中央财经委员会扩充为中央财经与社会委员会，"中央经济工作会议"提升扩充为"中央经济社会工作会议"，从而全面加强经济与社会协调发展的顶层设计、总体布局、统筹推进。

（二）以稳定就业为核心确保社会安定和人民增收

近年来，我国就业市场出现"劳动力替代"的新趋势。例如，农村传统种养行业开始规模化经营，工业制造业集中度提升，普遍实现机械化、智能化，建筑业等重体力劳动领域出现"机器换人"迹象，售票、收银、酒店和餐饮等部分简单重复性的劳动密集型职业被互联网平台"接管"。这种

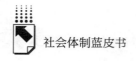

趋势不可逆转，而且会越来越普遍。此外，新冠肺炎疫情对中小微企业、个体工商户、农民工、其他中低收入群体造成较大的经济损失，使我国的就业形势面临更加艰难的局面。如果再考虑到全球化进程中的种种新阻力，我国劳动就业形势会更加严峻。

就业是最大的民生。未来数十年我国公共政策必须在就业创业这个领域持续发力，这样才能有效防止出现大规模人口失业问题。党和政府高度认识到就业问题，将稳定就业作为"六保""六稳"的重要任务，2020 年政府工作报告对此做了进一步的部署。面对就业难题，一是要保。保就业首先要保企业，特别是对就业吸纳能力强的中小微企业要想方设法让它活下来，"留得青山、赢得未来"。2020 年政府工作报告提出要加大减税降费力度、推动降低企业生产经营成本、强化对稳企业的金融支持，采取一系列具体政策措施，帮助企业特别是中小微企业、个体工商户渡过难关，稳住上亿市场主体。二是要挖。要充分发挥民间蕴藏的解决就业难题的巨大潜力。例如，鼓励和支持个人灵活就业，合理设定流动摊贩经营场所，开办生活生产类服务项目。三是要激。要依靠改革激发市场主体活力，增强发展动能。困难越大，越要深化改革。要通过深化"放管服"改革、推进要素市场化配置改革、提升国资国企改革成效、优化民营经济发展环境等举措，破除体制机制障碍，激发市场主体内在动力。

（三）持续优化收入分配格局

按劳分配为主体、多种分配方式并存，是我国社会主义基本经济制度的重要内容，也是社会建设、社会结构调整的核心内容。关于这方面的政策方向是非常明确的，但政策落实效果不理想。从全社会财富的实际分配效果看，财富集中化的趋势仍在延续，收入分配的地区差、行业差、群体差客观存在，实际基尼系数仍在高位徘徊。初次分配中，与资本、土地、管理、数据等生产要素关联性强的行业、产业、企业从业人员收入偏高，劳动、知识、技术等生产要素回报偏低。

应有重点、分群体、有步骤地建立健全体现效率、促进公平的收入分配制度。其一是进一步提升一些特殊职业群体的地位，使他们的收入、职业、声望一致起来。国家已经出台政策，对在本次疫情中做出重大贡献的医护群体、社区干部等提高薪酬待遇，并加强精神激励。疫情结束后，建议对医护人员、教师、警察、军人、应急队伍等特殊职业群体，在整体评估其收入薪酬水平和财政承受能力后，普遍性提高这些职业的收入待遇，促进他们成为中上收入群体，使其成为体面、社会向往的职业。其二是以农民工为下一阶段重点扩大中等收入群体。已经进入城市的近3亿农民工，应当是最有可能整体性跨过中等收入门槛的群体。要从保障农民工群体收入稳步增长、分类帮扶、支持创业创新、提高职业技能、解决住房和子女上学等多个维度，实现他们的收入增长、生活水平提高。其三是进一步健全二次、三次分配调节机制。通过社会保障、税收、转移支付、公益慈善等举措有效缩小收入分配差距。特别是要健全统筹城乡、可持续的基本养老保险制度、基本医疗保险制度，加快实现人员全覆盖，提高保障能力和保障水平。完善基本民生保障兜底制度，做好生活困难群众的救助帮扶，确保不发生冲击社会底线的恶性社会事件。

（四）构建新时代社会进步、民生保障新型体制机制

一是大力推进社会领域"放管服"改革。总的来看，社会领域的改革推进相对缓慢，对基层、管理对象、服务群体赋权、放权不够，不同程度地存在管得过多过死现象。不少管理部门和管理者在防风险、保平安的心理作用下，以社会领域改革敏感性、政策性强为借口，创新意识不强，主动担当不够。管理手段主要依靠审批、发文、开会、报表、检查、评估、评审等传统方式方法。为此，应当参考经济体制改革的成功经验，以审批制度改革为切入口，开展对就业、教育、健康卫生、社会保障、养老、扶贫、住房保障等方面审批制度的清理规范，按照一定的时间节奏逐步减少行政审批，减少对社会领域的不合理管制。二是加快形成新型事业单位运行机制。事业单位是基本公共服务的重要提供者。事业单位改革虽然取得一定成效，但由于种种原因，目前事业单位的干部任免、人事与职工管理、财务制度、工资薪酬

制度、编制等各方面，几乎完全是模仿党政机关的运转流程和管理模式，没有体现出事业单位的应有特点。三是培育更多社会服务主体。政府是公共服务的重要主体，但不可能包揽包办所有社会服务。近年来，私立医院、私立学校（幼儿园）、私立养老机构等社会服务主体发展缓慢，这与我国人口基数大、需求多样化的基础是不相适应的。面对部分机构的营利化倾向、不规范运作，不能"因噎废食""全盘接收"。要积极探索与我国国情相适应的政府、企业、非营利组织等多元化社会服务提供模式，通过开放和多赢的思路解决社会服务不足、水平不高的难题。

（五）健全共建共治共享的社会治理体系

疫情期间，社区干部、社会组织、社会工作者、志愿者闻风而动，各有各的"高招""实招"，大家发扬"比学赶帮超"精神，成为疫情防控的重要力量。我国大规模社会协同行动、复杂任务分解分工落实、"集中优势兵力打歼灭战"的强大社会动员能力和组织能力，体现出中国独有的制度优势和社会团结。必须进一步坚持这一伟大传统，并根据时代需要，不断改革创新，构建起更加完善的社会治理体系。

强化党委、政府在推进社会治理现代化过程中的主体责任，推动农村村民委员会、城市居民委员会等各类群众性自治组织依法履行自治组织功能，推进企业事业单位、社会组织主动参与社会治理，鼓励和支持人民群众积极参加各类公共事务和社会管理。进一步完善落实好人大代表、政协委员、党员干部定期基层调研、联系群众制度，听取群众呼声，及时回应群众关切。以社区为重点推进社会治理共同体建设。制定好社区公约，开展社区教育和社区活动，搭建社区参与平台，增强社区居民共同体意识和社区内部凝聚力。抓好空心村、外来人口聚居区、城乡接合部社区、城市老旧小区、企业托管社区等人口成分多元、利益关系复杂、社区资源较少、社区活动开展困难的社区共同体建设。注重家庭家教家风在社会治理中的积极作用。实施"互联网＋社会治理"工程，运用大数据、云计算、物联网、人工智能等科技成果，提高风险防范、社会矛盾化解、治安防控、安全生产管理的科学化水平。加快社会信用立法及政策体系建设，推动政务诚信、企业信用体系、个人信用体系、电子商务诚信、网络诚信建设。大力推进社会主体信用在经济活动、公共生活、个体发展方面的应用，让遵法守信成为全社会共识与自觉行动。

（六）充分发挥各类社会力量的作用

各类非政府组织、非营利性组织既是社会治理的重要力量，也对增加就业、促进社会和谐、丰富社会生态具有积极的正向作用。应当继续贯彻做活存量、做大增量策略，大力发展各类社会主体，形成更加广泛的社会治理多元参与氛围。进一步加大对社会组织的孵化培育扶持力度，完善政府购买服务、项目外包等制度。消除对社会组织的歧视和不公平待遇，减少对社会组织人、财、物、活动等的过度管控。

群团组织是我国多元治理的独特优势。2015年《中共中央关于加强和改进党的群团工作的意见》出台，工会、共青团、妇联等群团组织的改革力度很大。应当采取"回头看"办法，全面总结评估群团改革的进展、成效、问题，并对下一步改革提出明确要求。充分利用群团组织的政治资源、群众基础、组织网络、品牌影响、人才集聚等方面优势，发挥它们社会治理的整合功能。赋予群团组织对同领域、同类社会组织的服务管理职能，加快群团组织承接政府公共服务步伐，制定群团组织参与社会治理目录清单，健全群团组织参与创新社会治理和维护社会稳定的制度化渠道。继续推进群团组织和政府背景的社会组织布局优化和结构调整，做到有进有退，有所为有所不为。改革群团组织和政府背景社会组织治理结构，开展人员聘用制、经费与服务绩效挂钩、高管激励等创新探索。

理顺社区业主委员会和物业企业的关系，明确社区业主委员会的性质和权限，建立物业管理企业社区责任制度。加强基层政府和居民委员会对业主委员会和物业管理企业工作的指导。大力发展社会企业，用市场化的机制、有效的商业模式解决社会问题，增进公众福利。

（七）加快推进"数字社会"建设

这次抗击疫情和恢复生产生活，对全国老百姓进行了一次深度信息化应用培训。目前，我国已经是全球最大的移动互联网市场。应当利用这个机遇，加快5G建设，推动我国生产生活形态以及社会关系进行全新形塑，在全球建成第一个数字国家、数字社会。

加快推进电子政务应用和政务公开进度，全面优化政府服务治理模式，让"放管服"嫁接互联网翅膀，更大地激发市场、社会活力。加快信息资源整合和公共管理数据库建设，推进"互联网＋政务"工程，加快推进不见面审批、远程公共管理与服务等。深化信息公开内容，推进政府数据开放共享，用好信息公开平台。利用互联网信息跨地域流动、去中心化特点，优化城乡间、地区间的民生保障资源配置。加快互联网医院、远程教学、远程会诊、医保社保跨地区接续、网上工作匹配、网上办理审批事项等应用，系统改革改造教育、卫生健康、就业、社会保障、应急管理等的体制机制和方式方法。加快智慧城市、智慧社区、城市大脑、雪亮工程等社会治理基础建设，突出源头管理、预期引导、日常疏导，提高预测预警预防各类风险的能力，提升风险防范、社会矛盾化解、治安防控、安全生产管理的科学化水平。推动电子身份证建设，增强多样化功能，完善电子身份信息采集和管理，加快数字身份、网上实名制和社会信用体系建设步伐。充分运用国家人口基础信息库、社会信用代码、居民日常生活实名登记、社会信用建设成果，加快各类公共数据整合步伐。逐步将网上搜索、社交网络应用数据纳入公共管理范畴，在保护公共数据安全、公民隐私信息的同时加快公共数据的社会开放与应用。

（八）提高非常态社会治理能力和水平

社会治理包括两种状态，一是常态社会治理，二是非常态社会治理。非常态社会治理包括自然灾害、事故灾难、公共卫生事件、较大社会治安事件等的预防、应对和社会修复。目前，我们对常态社会治理已经积累了一些经验，形成了较为完善的治理体系和治理方式。相比之下，对非常态社会治理规律的把握、治理体系和治理能力的提升更加急迫。因此，需要统筹推进常态社会治理和非常态社会治理。

其一，加强领导干部社会治理专业知识与技能培训。增强党员干部新时代群众工作能力、人民内部矛盾化解能力、识别与防范社会风险能力、网络社会管理服务能力、运用现代科技进行社会治理的能力等。鼓励开展多种形式的社会治理实践，推进试点和示范创建工作，加强对社会治理实践的跟踪指导、评估监测，及时总结各地经验教训，促进各地、各单位的研讨交流，宣传各类典型，推进全国社会治理水平整体提升。其二，把应急管理全面纳入常态社会治理。进一步改革完善应急管理体系，构建统一指挥、分类管理、分级负责、属地为主、协调有序的应急管理体制。加强应急预案体系建设，定期演练和修订预案。加强城市避难场所、应急通道建设，完善应急物资保障体系，加强应急救援专业队伍建设。加快推进巨灾保险制度，完善应急财政保障制度、突发事件国家征用及补偿、救援人员安全保险及补助补偿制度。健全国家公共卫生应急管理体系，改革完善疾病预防控制体系和重大疫情防控救治体系，健全重大疾病医疗保险和救助制度，建立完善重大疫情防控事后调查分析和责任追究制度。其三，提高新时代网络社会治理能力。完善网络社会治理法律体系，构建网络社会协同治理体系，建立健全政府依法监管、网站自我净化、网民自律自治、社会评价监督的多主体参与的网络社会治理模式。建立常态和紧急状态下国家互联网管理制度，建立分级、分类重大社情信息内部报送、社会公开机制。统筹做好网上网下两个舆论场工作，坚持以正面宣传为主，提高网上舆论引导能力，健全重大舆情和突发事件舆论引导机制，做到重大问题、重大事件、重大群众关切的第一时间发声，及时化解社会负面情绪、恐慌心态。其四，加快社会心理服务体系建设。将心理服务纳入基本公共服务范畴，推进社区、学校、机关、企业事业单位建立心理咨询机构或购买心理服务。适度推进社会心理服务市场化，以竞争促进社会心理服务水平提升。建立社会心理服务援助公共平台，普遍建立心理服务公益热线、网上远程咨询等平台和心理危机应急干预机制。把心

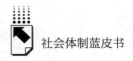

理服务作为应急管理的重要任务，重视对重大突发事件中救援人员、受灾群众以及领导干部的心理疏导。培育自尊自信、理性平和、积极向上的社会心态。开展社会心态监测评估、预警和干预，提高普遍性社会心理问题的危机干预和疏导能力。

参考文献

中华人民共和国国务院新闻办公室：《抗击新冠肺炎疫情的中国行动》，http：//www. scio. gov. cn/ztk/dtzt/42313/43142/index. htm。

编写组：《〈中共中央关于坚持和完善中国特色社会主义制度　推进国家治理体系和治理能力现代化若干重大问题的决定〉辅导读本》，人民出版社，2019。

李克强：《2020年政府工作报告》，http：//www. gov. cn/zhuanti/2020lhzfgzbg/index. htm。

龚维斌、张林江：《"四型社会"建设：未来社会发展的思路与对策——疫情"大考"之后的社会建设路径》，《行政管理改革》2020年第5期。

社会治理体制篇

Social Governance Reports

B.2

2019年社会治理法治进程
及2020年展望[*]

赵秋雁[**]

摘　要： 2019年，是新中国成立70周年，我国以党的政治建设为统领推进各方面建设，进一步加强保障和改善民生领域立法，强化平安中国的法治保障，持续推进法治社会建设。但是，社会治理法治化的水平与新时代人民日益增长的美好生活的实际需要，与社会治理现代化的要求，还有一定距离。2020年，是全面建成小康社会和"十三五"规划收官之年，推进

* 本文是国家社会科学基金重大研究专项"社会治理现代化指标构建研究"（资助号：17VZL004）的阶段性研究成果。
** 赵秋雁，北京师范大学中国社会管理研究院/社会学院教授、党总支书记兼副院长、法学博士，主要研究方向为社会治理、社会法、经济法和能源法。

社会治理法治建设工程仍很艰巨。

关键词： 法治社会　制度优势　社会治理共同体　法治教育

一　2019年社会治理法治化的主要进展

（一）多元主体依法共治

1. 以党的政治建设为统领推进各项建设

2019年，以党的政治建设为统领进一步加强了党的制度建设，主要内容有：一是领导制度。党的十九届四中全会审议通过的《中共中央关于坚持和完善中国特色社会主义制度　推进国家治理体系和治理能力现代化若干重大问题的决定》把"坚持和完善党的领导制度体系"放在坚持和完善13个方面制度体系的首位。二是政治建设。《中共中央关于加强党的政治建设的意见》强调"形成系统完备、有效管用的政治规范体系"。三是组织建设。印发《中国共产党机构编制工作条例》《中国共产党纪律检查机关监督执纪工作规则》，修订《中国共产党党组工作条例》《党政领导干部选拔任用工作条例》等。四是纪律建设。修订《中国共产党问责条例》、印发《中国共产党重大事项请示报告条例》等。五是制度建设。修订《中国共产党党内法规制定条例》《中国共产党党内法规和规范性文件备案规定》，制定《中国共产党党内法规执行责任制规定（试行）》等。此外，还印发了《中国共产党宣传工作条例》《中国共产党农村工作条例》等。

2. 持续推进法治政府建设

2019年，围绕深入推进依法行政进一步加强了法治政府建设。主要表现在：一是推进行政决策法治化。国务院发布《重大行政决策程序暂行条例》《政府投资条例》《优化营商环境条例》等。二是构建公共服务法律体系。中共中央办公厅、国务院办公厅印发的《关于加快推进公共法律服务体系建设的意见》提出，到 2022 年，基本形成覆盖城乡、便捷高效、均等普惠的现代公共法律服务体系。这是保障和改善民生、履行政府公共服务职能的重要举措。三是加强基层政务规范化。国办发布《关于全面推进基层政务公开标准化规范化工作的指导意见》。四是强化制约和监督。中办、国办印发《法治政府建设与责任落实督察工作规定》、修订《中华人民共和国政府信息公开条例》，国家发展和改革委员会等印发《市场准入负面清单（2019 年版）》等。此外，还印发了《关于贯彻实施公务员法建设高素质专业化公务员队伍的意见》《公务员职务与职级并行规定》等。

3. 推动社会治理重心向基层下移

2019 年，为推动社会治理重心向基层下移，我国在加强社区矫正、社会组织、志愿服务的制度建设上取得新进展。主要包括：《中华人民共和国社区矫正法》是我国首个社区矫正工作专门立法，有利于预防和减少犯罪，增进社区融合。《中共中央关于加强党的政治建设的意见》明确要求将"坚持党的全面领导"载入社会组织章程。习近平总书记在"致中国志愿服务联合会第二届会员代表大会的贺信"中强调，要推进志愿服务制度化常态化。国家发展和改革委员会等 10 部门联合印发《关于全面推开行业协会商会与行政机关脱钩改革的实施意见》，为推进依法设立、自主办会、服务为本、治理规范、行为自律的社会组织提供制度保障。中国共青团中央和民政部联合发布《青少年社会工作服务指南》，这是社会工作领域首个国家级标准，也是我国青少年社会工作领域的第一个标准。

（二）保障和改善民生领域法治建设

2019 年，我国出台了一些较高质量的保障和改善民生的制度规范。

1. 依法治教

中共中央、国务院印发的《中国教育现代化 2035》将"依法治教"列入七项基本原则之一，强调要提高教育法治化水平，构建完备的教育法律法规体系，健全学校办学法律支持体系。学前教育方面，中共中央、国务院发布《关于学前教育深化改革规范发展的若干意见》；义务教育方面，中共中央、国务院发布《关于深化教育教学改革全面提高义务教育质量的意见》；高等教育方面，国务院学位委员会发布《学士学位授权与授予管理办法》，教育部出台《关于深化本科教育教学改革全面提高人才培养质量的意见》；职业教育方面，国务院发布《国家职业教育改革实施方案》，国办印发《职业技能提升行动方案（2019～2021年）》，此外，国办印发了《关于新时代推进普通高中育人方式改革的指导意见》等。

2. 劳动就业

在专项整治的基础上，2019年加大用法治手段推动农民工欠薪顽疾解决的力度，国务院发布的《保障农民工工资支付条例》为农民工及时足额的工资保障提供了制度支撑和法律保障。国家发展和改革委员会等6部门联合印发的《关于完善残疾人就业保障金制度更好促进残疾人就业的总体方案》旨在完善优化残疾人就业保障金的征收使用管理，促进残疾人就业。

3. 社会保障

党的十九届四中全会强调，完善覆盖全民的社会保障体系，统筹完善社会救助、社会福利、慈善事业、优抚安置等制度。

在社会保险方面，《中华人民共和国个人所得税法实施条例》实施，社会保险费按照实际工资缴纳，由税务部门统一征收，有利于增进人民福祉。根据人社部《关于建立全国统一的社会保险公共服务平台的指导意见》，国家社会保险公共服务平台于2019年上线试运行，计划2022年底前全面建成。在社会福利方面。一是妇女儿童。国办印发《关于促进3岁以下婴幼儿照护服务发展的指导意见》，国家发改委、国家卫生健康委印发《支持社会力量发展普惠托育服务专项行动实施方案（试行）》，民政部等9部门联合发布《关于进一步健全农村留守儿童和困境儿童关爱服务体系的意见》，民政部等13个部门联合发布《关于加强农村留守妇女关爱服务工作的意见》。二是老年人。国办发布《关于推进养老服务发展的意见》，国家卫生健康委等8部门联合印发我国首个老年健康服务体系的指导性文件——《关于建立完善老年健康服务体系的指导意见》。三是残疾人。民政部等5部门联合印发《关于在脱贫攻坚中做好贫困重度残疾人照护服务工作的通知》等。

4. 医疗保障

2019 年审议通过的《中华人民共和国基本医疗卫生与健康促进法》是卫生健康领域的第一部基础性、综合性法律，将为健康中国战略提供法治保障。为加强医患纠纷频发的源头治理，国家卫生健康委印发《医疗机构投诉管理办法》，进一步畅通投诉渠道、规范投诉管理；还修改了部门规章，如《职业健康检查管理办法》《母婴保健专项技术服务许可及人员资格管理办法》《产前诊断技术管理办法》《医疗机构临床用血管理办法》等。

（三）平安中国建设

2019 年，落实总体国家安全观，不断提高党领导政法工作的制度化水平，强化社会治安综合治理，积极推进平安中国、法治中国建设。

中共中央印发的《中国共产党政法工作条例》进一步明确了党领导政法工作的指导思想、职权职责、运行机制等重大问题；修改《中华人民共和国法官法》《中华人民共和国检察官法》《人民检察院刑事诉讼规则》，巩固司法体制改革法治化成果；顺利完成新中国成立 70 周年大庆等重大活动安保任务；查处云南昆明孙小果案等一批大案、要案，扫黑除恶专项斗争日益深入；开展宪法重大实践活动，对正在服刑的九类罪犯予以特赦；废止了《全国人民代表大会常务委员会关于严禁卖淫嫖娼的决定》中的第四条第二款、第四款，和据此实行的收容教育制度；施行《生产安全事故应急条例》，推进安全生产应急救援工作的规范化。

二　2019年社会治理法治建设的特征

（一）加强党对全面依法治国的领导，走中国特色社会主义社会治理之路

党的领导是中国特色社会主义社会治理的根本特征。2019 年，中央全面依法治国委员会第二次会议审议通过了《中央全面依法治国委员会 2018

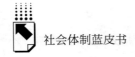

年工作总结报告》《中央全面依法治国委员会 2019 年工作要点》《2019 年中央党内法规制定计划》《全国人大常委会 2019 年立法工作计划》《国务院 2019 年立法工作计划》《关于开展法治政府建设示范创建活动的意见》等，这是发挥法治固根本、稳预期、利长远的保障作用的实际行动。

（二）加强统筹协调，增进民主协商和科技支撑，提升社会治理法治保障水平

党的十九届四中全会提出"建设人人有责、人人参与、人人享有的社会治理共同体"。2019 年，着力强化统筹协调，提高民主协商的制度化水平，推进社会治理共同体建设。例如，在国家层面成立健康中国行动推进委员会，统筹推进《健康中国行动（2019～2030 年）》；建立了包括民政部、国家发改委、教育部等 21 个部门和单位的养老服务部际联席会议制度，以及包括国家发改委、中央统战部、中央政法委等 28 个部门和单位的城镇化工作暨城乡融合发展工作部际联席会议制度。例如，国家发改委等 7 部门联合发布《关于促进"互联网＋社会服务"发展的意见》，旨在促进社会服务数字化、网络化、智能化、多元化、协同化。例如，国办印发《关于在制定行政法规规章行政规范性文件过程中充分听取企业和行业协会商会意见的通知》等。这些举措有利于完善"党委领导、政府负责、民主协商、社会协同、公众参与、法治保障、科技支撑"的社会治理体系，从而推动社会治理共同体建设。

（三）坚持立德树人，夯实法治教育，推进社会治理能力现代化

2019 年，全面贯彻落实全国教育大会精神，在"培养什么人、怎样培养人、为谁培养人"这一根本问题上着力。中办、国办印发《关于深化新时代学校思想政治理论课改革创新的若干意见》，教育部印发《普通高等学校思想政治理论课教师队伍培养规划（2019～2023 年）》。新中国成立以来首次成立的国家教材委员会印发《全国大中小学教材建设规划（2019～2022 年）》，首次对各学段、各学科领域教材建设作系统设计，规定"思想

政治（道德与法治）等意识形态属性较强的教材实行国家统一编写、统一审核、统一使用"。教育部相应印发了《中小学教材管理办法》《职业院校教材管理办法》《普通高等学校教材管理办法》《学校选用境外教材管理办法》等。这是培养社会主义建设者和接班人、推进社会治理能力现代化建设的重要举措。

三 2020年社会治理法治建设面临的挑战和展望

2020年，是全面建成小康社会和"十三五"规划收官之年，要以习近平新时代中国特色社会主义思想为指导，按照法治国家、法治政府、法治社会一体建设的要求，谋划"十四五"时期社会治理法治建设，持续推进"科学立法、严格执法、公正司法、全民守法"，将制度优势更好地转化为社会治理效能。

一是加快构建和完善与常态化疫情防控相适应的法治体系。新型冠状病毒肺炎疫情，是近百年来人类遭遇的影响范围最广的全球性大流行病。习近平总书记在中央全面依法治国委员会第三次会议的讲话中强调："疫情防控越是到最吃劲的时候，越要坚持依法防控，在法治轨道上统筹推进各项防控工作，保障疫情防控工作顺利开展。"这为依法疫情防控指明了方向。北京、上海、浙江、江苏、河北、广东、吉林、黑龙江等多地立法，将隐瞒病情等行为依法规范，贯彻落实了杜绝瞒报漏报的重大疫情报告制度，也纳入了公共信用信息平台。当前，要积极构建与常态化疫情防控相适应的法治体系，夯实统筹做好常态化疫情防控和经济社会发展工作的法治保障。要围绕重大突发公共卫生事件的依法治理梳理和完善《中华人民共和国传染病防治法》《中华人民共和国疫苗管理法》《中华人民共和国突发事件应对法》《突发公共卫生事件应急条例》等法律体系；要坚持依法、科学、民主原则制定针对性强、可操作的、动态化的防控方案，审慎采取临时性应急行政管理措施，依法行使行政权力；要强化法律服务和司法援助，善于化解因疫情产生的矛盾纠纷，同时，坚决惩治利用疫情从事哄抬物价、制售假劣医药器

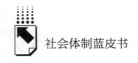

材等违法犯罪行为。

二是提高社会领域立法质量，推动城乡融合发展。党的十九届四中全会提出，"健全党组织领导的自治、法治、德治相结合的城乡基层治理体系"。《中共中央　国务院关于建立健全城乡融合发展体制机制和政策体系的意见》制定了建立健全城乡融合发展体制机制和政策体系的"三步走"战略。2020年，我国将以构建市域社会治理法律规范体系、国家城乡融合发展试验区创新制度、城市群协调运行机制为切入点，加强社会治理法治建设，提高立法质量和效率，构建基层社会治理新格局，推进社会治理现代化。此外，私法的基本法《民法典》出台、《中华人民共和国未成年人保护法》面临继2006年和2012年修订后的第三次"大修"，这些都是社会治理现代化的基础性制度，值得关注。

三是加强法治政府建设督察，提高社会领域执法水平。2015年，中共中央、国务院印发《法治政府建设实施纲要（2015～2020年）》，绘就法治政府建设宏伟蓝图；2019年，中办、国办印发《法治政府建设与责任落实督察工作规定》，为打造法治政府建设提供强力督察的制度保障；2020年，中央全面依法治国委员会办公室全面开展法治政府建设实地督察，这不仅有利于发挥法治政府建设的引领作用，也有利于解决好关系人民群众切身利益的执法问题，特别是做好就业、教育、社会保障、食药监管、社会治安等方面的执法工作，不断提高执行工作水平和提升人民群众对执法工作的满意度，进一步促进法治社会建设。

四是坚持和发展新时代"枫桥经验"，增强人民的司法获得感。坚持司法为民，进一步增强人民群众获得感、幸福感、安全感是法治社会建设的必然要求和检验标尺。2020年，我国将进一步突出司法制度建设主线，全面深化司法体制配套改革；深入推进扫黑除恶专项斗争，加强平安中国建设；加强智慧法院建设，推动互联网司法建设；以依法审理教育、就业、养老、医疗、消费、婚姻家庭等案件为抓手，着力解决民生领域的突出问题；践行"枫桥经验"化解社会矛盾，加强源头治理。

五是加强诚信社会建设，推进全民守法。2019年，我国从强化社会治理的价值导向、健全社会信用体系等多方面推进诚信建设制度化。中共中央、国务院印发的《新时代公民道德建设实施纲要》指出，要强化法律法规保障、彰显公共政策价值导向、发挥社会规范的引导约束作用、深化道德领域突出问题治理，还印发了《新时代爱国主义教育实施纲要》。国办发布《关于加快推进社会信用体系建设　构建以信用为基础的新型监管机制的指导意见》，有关中央机关国家部委分别发布了养老服务、家政服务、知识产权、社会保险若干领域的失信联合惩戒、失信名单管理等规定，南京市出台《南京市社会信用条例》。2020 年，我国将紧紧围绕深入学习贯彻习近平总书记全面依法治国新理念新思想新战略和党的十九届四中全会精神，以总结"七五"普法、科学谋划"八五"普法、加强社会信用立法、探索学校思政课程和课程思政有机结合等为抓手，进一步推动全民尊法学法守法用法。

参考文献

魏礼群：《坚定不移推进社会治理现代化》，《光明日报》2019 年 9 月 9 日，第 16版。

李林：《新时代中国法治理论创新发展的六个向度》，《法学研究》2019 年第 4 期。

陈云良、寻健：《构建公共服务法律体系的理论逻辑及现实展开》，《法学研究》2019 年第 3 期。

李阳：《陈一新在中央政法工作会议上指出　以"七抓"贯彻落实今年政法工作部署》，《人民法院报》2020 年 1 月 19 日。

王思斌：《实现有效的社会治理》，《社会治理》2019 年第 1 期。

B.3
2019年城市社会治理改革进展及展望*

陈　鹏**

摘　要： 2019年，中国城市社会治理改革取得积极进展，城市社会空间治理不断深入，城市社会人口治理不断完善，城市社会矛盾治理日益增强，城市社会安全治理更加凸显，城市社会结构治理步伐加快。在城市社会治理改革过程中，面临的主要问题和挑战包括：新型城镇化质量仍有待提高，优质公共服务供给不足仍亟待改进，城市基层自治能力和水平仍有待提升，城市社会治理体制机制亟待改革创新。深化城市社会治理改革创新，需要坚持以人民为中心的城市社会治理理念，建构适应流动性的城市社会治理体系，全面提升城市社会治理现代化能力，全面加强和改进城市社会治理体制。

关键词： 新型城镇化　城市社会　社会治理

2019年是新中国成立70周年。新中国成立以来，我国城市社会治理经历深刻变革，社会的组织方式实现了从"高度组织化"到"去组织化"再到"再组织化"的转变①，社会的微观治理体制实现了从"单位制"向"街居制"再到"社区制"的转变，社会的宏观治理结构实现了从"总体支

---

* 本研究获国家社会科学基金项目（15CSH012）的支持。

** 陈鹏，北京师范大学中国社会管理研究院/社会学院副教授，研究方向为社会治理与社会政策。

① 龚维斌：《新中国70年社会组织方式的三次变化》，《中共中央党校（国家行政学院）学报》2019年第6期，第54~60页。

配"向"技术治理"的转变①。特别是改革开放以来，随着市场化、工业化、城镇化的快速发展，中国社会结构发生了深刻变化和重构，实现了从"农村社会"向"城市社会"的巨大历史转型。这就使得城市社会治理在国家治理体系和治理能力现代化的总体格局中占据越来越重要的地位。

一　2019年城市社会治理改革主要进展

城市社会治理，简单地讲，主要是指发生在城市范围内的社会治理。从操作层面来看，城市社会治理主要包括城市社会空间治理、城市社会人口治理、城市社会矛盾治理、城市社会安全治理、城市社会结构治理等方面。

（一）城市社会空间治理不断深入

从空间治理来看，2019年，"基层"和"区域"在城市社会治理改革中地位关键和分量凸显，"超大城市"仍是城市社会治理改革的重点难点。一是基层社会治理改革深入推进。2019年，被确定为"基层减负年"。2019年3月，中共中央办公厅印发《关于解决形式主义突出问题为基层减负的通知》，着力去除基层治理中的形式主义弊端，提升基层治理实效。全面实施社区工作事项准入制，深化社区减负增效改革。同时，强化党建引领基层治理是2019年的一个重点方向。2019年5月，中共中央办公厅印发《关于加强和改进城市基层党的建设工作的意见》，进一步强化基层党组织建设，将基层党建与基层治理有机结合起来。二是区域社会治理格局日益凸显。除京津冀一体化协同发展外，2019年2月，中共中央、国务院印发《粤港澳大湾区发展规划纲要》，同年12月，中共中央、国务院印发《长江三角洲区域一体化发展规划纲要》，明确提出粤港澳大湾区和长三角率先建成共建共治共享的社会治理格局。三是超大城市治理不断深入。北、上、广、深等

---

① 渠敬东等：《从总体支配到技术治理——基于中国30年改革经验的社会学分析》，《中国社会科学》2009年第6期，第104～127页。

一线城市深入探索适合超大城市特点和规律的社会治理新路子。2019 年 2 月，北京市委、市政府印发《关于加强新时代街道工作的意见》，同年 11 月，北京市第十五届人大常委会审议通过《北京市街道办事处条例》，为街道"赋权、明责、增能"，加强街道在超大城市治理中承上启下、联结四方的枢纽作用。2019 年 8 月，中共中央、国务院印发《关于支持深圳建设中国特色社会主义先行示范区的意见》，明确提出，深圳率先营造彰显公平正义的民主法治环境，率先形成共建共治共享共同富裕的民生发展格局，创建社会主义现代化强国的城市范例。四是城市更新改造步伐加快。2019 年 4 月，住建部会同国家发改委、财政部联合印发《关于做好 2019 年老旧小区改造工作的通知》，提出加大老旧小区改造力度，明确老旧小区认定标准和改造内容。

（二）城市社会人口治理不断完善

从人口治理来看，2019 年，户籍制度改革不断深入，社会流动性和城乡融合体制机制改革步伐加快。一是户籍制度改革重塑人口流动格局。大城市 I 型，全面取消落户限制；大城市 II 型，全面放宽落户条件；特大城市，完善积分落户政策；超大城市，提出严控城市人口指标，如北京、上海等疏解非核心功能成效进一步显现，外来人口数量继续呈现下降态势。居住证制度全面落地，发放居住证约 9000 万张，全覆盖目标基本实现①。二是社会流动性改革凸显活力。我国人口流动性仍很大，且主要集中在一线城市。2019 年，上海流动人口数量为 972.69 万人，广州为 967.33 万人，深圳为 818.11 万人，北京为 794.3 万人②。2019 年 12 月，中办、国办印发《关于促进劳动力和人才社会性流动体制机制改革的意见》，强调建立合理、公正、畅通、有序的社会性流动秩序，使人人都有通过辛勤劳动实现自身发展

---

① 胡祖才：《发掘新型城镇化的巨大动力和潜力》，《中国城市报》2019 年 11 月 27 日，第 10 版。

② 《北上广深 2019 年常住人口统计　北上广深外来人口有多少？》，http://www.chinairn.com/news/20190409/112241638.shtml，最后检索时间：2020 年 1 月 20 日。

的机会。三是应对人口老龄化上升为国家战略。2019 年 11 月，中共中央、国务院印发《国家积极应对人口老龄化中长期规划》，这是我国积极应对人口老龄化的纲领性文件，致力于走出一条中国特色应对人口老龄化道路。从个体层面来看，"养儿防老"与"养女防老"在城市社会呈现并驾齐驱的态势，甚至"养女防老"更胜一筹。

（三）城市社会矛盾治理日益增强

从矛盾治理来看，2019 年，完善社会矛盾纠纷多元预防调处化解综合机制成为重要方向。一是强化综合治理、解决执行难问题。2019 年 7 月，中央全面依法治国委员会印发《关于加强综合治理从源头切实解决执行难问题的意见》，着力从源头切实解决执行难问题，依法保障胜诉当事人及时实现权益。二是加强法律公共服务体系建设。2019 年 7 月，中办、国办印发《关于加快推进公共法律服务体系建设的意见》，同年 10 月司法部印发《公共法律服务事项清单》，保障了人民群众基本公共法律服务需求。三是加强基层矛盾化解作用。立足市域社会治理现代化，创新基层社会治理机制，坚持和发展新时代"枫桥经验"。"枫桥经验"是我国社会治理的一面旗帜，其核心要义就是坚持依靠和发动群众，就地化解矛盾纠纷。"枫桥经验"起源于浙江诸暨枫桥镇，在新时代新形势下也被推广和运用到城市治理领域。从矛盾治理类型来看，2019 年"物业管理矛盾"在城市治理中越发凸显。围绕物业费收缴和涨价、公摊收益侵占、专项维修资金沉睡、高空坠物安全事故等问题，社区物业矛盾纠纷多发频发，特别是老旧小区治理问题特别凸显。为应对和化解物业管理矛盾，我国 2019 年的改革举措主要包括：一方面加强立法建设，比如北京市发布《北京市物业管理条例（草案）》，向社会公开征求意见；深圳市则修订发布了新的物业管理条例；上海市则修订发布了新的住宅区物业管理规定。另一方面加强组织建设。建立社区物业管理联席会议制度，加强基层党组织的领导核心作用。完善社区居委会下属委员会制度建设，专门下设"物业管理委员会"。比如，2019 年 8 月，北京市发布全国首个居（村）民委员会下属委

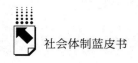

员会工作指导规范，明确提出本市居民委员会设立包括物业管理委员会在
内的五个下属委员会。

（四）城市社会安全治理更加凸显

从安全治理来看，2019 年，城市社会安全治理改革在一些重点领域进
一步加强。一是进一步改进和加强食品安全治理。2019 年 2 月，中办、国
办印发《地方党政领导干部食品安全责任制规定》，进一步落实食品安全党
政同责要求，强化食品安全属地管理责任。2019 年 3 月，国务院常务会议
修订通过《中华人民共和国食品安全法实施条例》，并于 2019 年 12 月 1 日
起施行。2019 年 5 月，中共中央、国务院印发《关于深化改革加强食品安
全工作的意见》，提出用最严谨的标准、最严格的监管、最严厉的处罚、最
严肃的问责（即"四个最严"），进一步加强食品安全工作，确保人民群众
"舌尖上的安全"。二是生产安全事故应急工作进一步加强。2019 年前三季
度，全国安全生产形势总体平稳，各类生产安全事故起数同比下降 20.3%，
死亡人数同比下降 18.5%[①]。《生产安全事故应急条例》于 2019 年 4 月 1 日
起正式施行，该条例对生产安全事故应急体制、应急准备、现场应急救援及
相应法律责任等提出规范和要求。三是公共卫生安全隐患凸显。2019 年 11
月以来，持续的猪肉价格上涨，被认为由多种因素导致，但主要原因是已扩
散到中国的非洲猪瘟疫情。2019 年 12 月，新冠肺炎疫情暴发，演变成重大
突发公共卫生事件。

（五）城市社会结构治理步伐加快

从结构治理来看，2019 年，中国城市社会内部"新二元结构"从体制
区隔加快向制度融合转变。一是城乡融合进入新阶段。2019 年 4 月，中共
中央、国务院印发《关于建立健全城乡融合发展体制机制和政策体系的意
见》，着力破除影响城乡融合的体制机制障碍，重塑新型城乡关系，加快推

---

① 韩鑫：《补齐高危行业安全短板》，《人民日报》2019 年 12 月 1 日，第 2 版。

进城乡融合发展之路。2019 年 7 月，国务院同意建立由国家发改委牵头的"城镇化工作暨城乡融合发展工作部际联席会议制度"。这为统筹协调城镇化和城乡融合发展工作提供了组织保障。二是中产阶层规模不断扩大，构成中国社会结构稳定的重要支柱力量。我国城市户籍人口中产化特征比较明显，已经形成"橄榄型"社会结构[①]。从地域分布来看，我国中产阶层大多分布于全国一、二线城市，其中北京、上海、深圳、广州的新中产家庭数量居全国前四位。中产阶层普遍面临较大支出压力，"房子"和"孩子"是两个重头。三是少数农民工群体进入中产阶层。农民工基本上还处在城市社会结构的偏低位置，即使进入中产阶层的农民工也大体处于"中产过渡层"和"中产边缘层"[②]。四是大量外国人来华工作、居住，给城市社会结构变革添加变数。在北京、上海、广州、深圳等地，大量外国人居住在城市已经成为不容忽视的现实，城市的国际移民之间的文化和族群冲突日益增多[③]。比如，广州形成了"黑人区"，黑人数量一度高达 30 多万人，给城市治理带来重大挑战。

二 2019年城市社会治理改革面临的问题与挑战

2019 年，我国城市社会治理改革在取得不少进展的同时，也面临一些问题和挑战，主要体现在如下方面。

（一）新型城镇化质量仍有待提高

城镇化是城市经济社会发展的重要引擎，也是城市社会治理的前沿阵地。新型城镇化是以人为核心的城镇化。目前，我国新型城镇化面临的一个主要问题是户籍人口与常住人口城镇化率之间仍有较大差距。2016 年，

---

① 李强：《中国离橄榄型社会还有多远——对于中产阶层发展的社会学分析》，《探索与争鸣》2016 年第 8 期，第 4 ~ 11 页。
② 李强：《中产过渡层与中产边缘层》，《江苏社会科学》2017 年第 2 期，第 1 ~ 11 页。
③ 周大鸣、陈世明：《城市转型与社会治理》，《公共行政评论》2017 年第 5 期，第 129 ~ 143 页。

我国常住人口城镇化率为57.4%，户籍人口城镇化率为41.2%，两者相差16.2个百分点；2017年，常住人口城镇化率为58.52%，户籍人口城镇化率为42.35%，两者相差16.17个百分点；2018年，我国常住人口城镇化率为59.58%，户籍人口城镇化率为43.37%，两者相差16.21个百分点；2019年，我国常住人口城镇化率达到60.60%，户籍人口城镇化率达到44.4%，两者相差16.2个百分点[1]。由此可见，"十三五"时期我国常住人口城镇化率与户籍人口城镇化率始终相差16个百分点以上，差距较大，且变化微弱。这种较大差距的背后，实质上反映了我国农业转移人口市民化进程的缓慢和艰难。按照《国家新型城镇化规划（2014～2020年）》，到2020年我国常住人口城镇化率达到60%左右，户籍人口城镇化率达到45%左右。按照2019年的完成情况，常住人口城镇化率已经提前达标，户籍人口城镇化率仍差0.6%，有待2020年完成。虽然我国常住人口城镇化率已达到较高水平，但与国际中高收入国家相比，我国城镇化的质量和水平仍有一定差距，特别是东部与西部之间、北部与南部之间仍呈现较大的区域不平衡。

（二）优质公共服务供给不足仍亟待改进

虽然我国城市已经普遍建立了较为完善的公共服务体系，但在公共服务的人群覆盖、需求匹配、便捷递送等方面还存在一些突出问题。从人群覆盖来看，虽然实行了居住证制度，且居住证含金量也不断提高，但户籍人口与常住人口在享受公共服务，特别是在超大、特大城市优质公共服务方面，仍然存在显著差距。大量的非户籍外来人口实际上处于不利的边缘化状态。这本质上反映和体现了户籍人口与流动人口之间的权利差距。从需求匹配来看，公共服务供给的内容和品质与人民群众多样化、个性化的美好生活需要之间仍有较大差距。一些城市政府在公共服务供给上，存在从"供给导向"向"需求导向"的转变还不够到位的问题。城市社会组织

---

[1]　2016～2019年城镇化率数据根据国家统计局公布的相关数据计算。

由于数量和比例的限制，其提供优质服务的水平和能力也有待提高。从便捷递送来看，现有公共服务体系在解决"最后一公里"方面仍有较大缺失。一些城市"放管服"改革仍不够彻底，地方各级政府切实转变观念也需要一定时间。

（三）城市基层自治能力和水平仍有待提升

基层自治在城市社会治理中具有重要作用，特别是针对一些超大、特大城市而言，意义重大、地位关键。从自治组织来看，居委会和业委会是城市社会中两个基本的基层群众自治组织。居委会属于正式系统内的，在长期社区行政化的管控下，实际上扮演了"国家的代理人"的角色，相当于一个"二政府"。这不仅挤压了居委会开展自治活动的空间，弱化了社区自治的能力，也使得其自治常常流于表面形式，缺乏吸引力。业委会属于非正式系统内的，由于与小区的财产利益紧密相关，虽然能吸引不少业主参与，但也导致这个组织的素质不一、良莠不齐，从而引发一些问题。从自治空间来看，随着城镇住房制度商品化改革的深入，在传统的老旧小区之外，形成了大量成片的新建小区。老旧小区，各种基础设施普遍衰败，原住居民大量流失，使得其原有的自治功能大幅弱化；新建小区，由于各方主体尚处于矛盾磨合期，其自治功能大都未能有效建立。从自治群体来看，城市社区自治的主体群体是老年人群体，中青年群体参与较少，其主动性和参与度都较低，这也限制了社区自治能力和水平的提升。

（四）城市社会治理体制机制亟待改革创新

在城市化、工业化、市场化过程中，我国整个城市的组织方式、人口结构、空间格局都发生了深刻变化，并对城市社会治理体制提出新的要求。原有的依托计划经济和单位体制建立起的社会管理体制机制，已经难以适应形势的变化和要求，更不能有效回应和满足人们日益增长的美好生活需要和公平正义诉求。可以说，传统的社会管理模式，无论在理念、体系、制度上，还是在机构设置、管理职能、管理方式等方面都与之不相适应，出现了诸多管理空白和薄弱环节①。现实的情况是，以单位制为基础的社会治理体系基本解体，但以社区制为基础的社会治理体系并未有效建立。这种体制转换的延滞造成的后果是，大量社会成员在脱离单位之后，成为分散化、原子化的社会个体，导致管理难度和成本都很高②。不少城市政府仍习惯于传统的经济管理那一套，而未能有效建立健全适应社会建设和社会管理职能的方式手段体系③。城市人口不断膨胀、城市问题多发频发，特别是"交通拥堵""环境污染""心理疾患""族群冲突"等各种"大城市病"多重交结、难以根治，严重影响了城市居民的生活质量，也给城市社会安全稳定带来重大挑战。

三 2020年城市社会治理改革政策建议

2020 年是我国决胜全面小康、决胜脱贫攻坚之年，城市社会治理改革必然要肩负重大责任和使命。在贯彻和落实党的十九届四中全会精神的基础上，我国着眼于"十四五"时期城市高质量发展的总体战略部署，提出如下城市社会治理改革建议。

（一）坚持以人民为中心的城市社会治理理念

2019 年 11 月，习近平总书记考察上海时指出："城市是人民的城市，人民城市为人民。"④ 这为新时代城市社会治理提供了基本遵循。一是聚焦人民群众需求。秉承"城市，让人民生活更美好"的基本理念，城市社会

---

① 林家彬：《城市治理：从政府本位到民众本位》，《中国经济报告》2016 年第 2 期，第 19 ~ 22 页。
② 王雄军：《城市化过程中的社会治理问题》，《中国经济时报》2014 年 10 月 28 日，第 5 版。
③ 龚维斌：《中国城市社会管理体制及其变革》，《中国延安干部学院学报》2013 年第 5 期，第 125 ~ 130 页。
④ 新华社：《习近平：人民城市人民建，人民城市为人民》，http://www.gov.cn/xinwen/2019 – 11/03/content_ 5448082. htm，最后检索时间：2020 年 1 月 20 日。

治理改革应着力聚焦于高质量的基本公共服务、合法正当权益的有效维护、人身生命财产安全的保障、精神心理健康的调适等方面。同时，充分考虑和兼顾民众需求的多样性和差异性，实现需求精准定位、服务精准提供，着力破解公共服务"最后一公里"难题。二是实现从"城市管理"到"城市治理"的转变。城市是一个复杂的组织生态系统，也是国家治理的重要场域和阵地。城市政府应加快实现从"管制型政府"向"服务型政府"的转变，持续深入推进"放管服"改革，建立健全多元主体协商共治的城市治理格局。三是尊重和顺应城市发展规律。城市要实现高质量发展，就必须拥有高质量的治理。一流城市必须拥有一流的治理。依据不同城市规模及性质，实施分类治理指导政策。着力从源头上破解"大城市病"，探索符合超大、特大城市特点和规律的社会治理新路子。

（二）建构适应流动性的城市社会治理体系

随着我国城镇化、市场化、信息化、国际化的快速发展，中国城市社会表现出较高的社会流动性，各种人流、物流、信息流、技术流、资源流在快速流动，这客观上要求我国在城市社会治理架构、治理方式、资源配置、政府职能等多个层面都须进行改革创新。从社会阶层流动来看，目前，我国社会流动主要是从底层向中下层的流动，而上层有固化的危险，中层有下滑的危险[①]。应通过各种制度安排，有效畅通社会流动渠道，提供明确的社会预期，更好地发挥教育、技术、市场等在实现社会向上流动方面的积极作用。从城乡结构来看，实现城乡融合、共同发展是中国社会现代化的必由之路。应积极破除阻碍城乡之间自由流动、制度融合的体制机制障碍，积极营造多元、包容、开放的城市文化，促进农民工特别是新生代农民工的城市社会交往和社会融合。此外，值得指出的是，在社会大流动的背景下，新冠肺炎疫情影响到我国社会治理体系的各个

---

① 修远研究中心：《新时代中国社会结构的演变及未来的可能挑战》，《文化纵横》2018 年第 5 期，第 94～101 页。

层面，特别是对超大、特大城市的治理能力构成了重大考验。积极构建适应社会流动性、防范各种社会风险的现代城市治理体系成为一种必然选择。

（三）全面提升城市社会治理现代化能力

现代化的城市，必须具有现代化的治理能力。应立足推进市域社会治理现代化的战略部署，充分考虑现代城市系统的复杂性和脆弱性，全面提升城市治理能力。一是城市资源整合能力。必须切实扭转大城市与中小城市之间的资源恶性争夺，以城市群为主体形态，大力促进大中小城市和小城镇协调发展。针对不少城市已经累积了大量的城市债务，一部分城市更遭遇了"空城化"危机①，必须坚持发展和繁荣城市经济，不断增加各类就业岗位和机会，为城市运营奠定雄厚的财力基础。二是城市应急管理能力。各类突发事件、风险隐患、矛盾纠纷、安全事故等，都需要城市本身具有较强的应急管理能力。三是城市科技支撑能力。增强城市科技研发创新能力，推动人工智能、大数据、物联网等在城市治理中的深度融入，积极推进智慧城市和智慧社区建设。四是城市基层自治能力。小区是城市的基础单元，也是自治的良田。越是大城市治理，基层自治越是不可或缺。应高度重视培养居民的自治意识和自治能力，注重发挥社会组织的社会参与和社会动员作用，让人民群众真正实现自我治理。

（四）全面加强和改进城市社会治理体制

加强和创新社会治理，关键在体制创新，尤其是对城市治理而言。一是实现单位制与社区制的有机结合。不能简单地认为，单位制已经解体，就没有治理作用。单位仍是我国各类职业群体的主要场所，也是社会治理的前沿阵地。应积极构建面向职业群体的城市社会治理创新，有效发挥其在职场之

---

① 胡小武：《新常态下的城市风险规避与治理范式变革》，《上海城市管理》2015 年第 4 期，第 10～15 页。

外的治理功效①。也不能简单地认为，社区制就能轻易代替单位制。从目前来看，社区治理面对的目标群体还比较有限，主要针对的是退休老人和社会闲散人群。二是实现科层制与项目制的有机结合。我国城市一直具有较为严密的科层组织系统，并形成了以管控为主要特征、纵横交错的刚性社会管理体制。从纵向来看，部门管理主要针对的是行业和领域；从横向来看，属地管理主要针对的是公众和群体。应坚持部门管理与属地管理相结合，进一步改进和完善"条块结合、以块为主"的城市治理体制。三是建立健全城市多元主体协商共治体制。进一步改进和优化城市各治理主体之间的关系格局，着力打造人人有责、人人尽责、人人享有的城市治理共同体，建立健全共建共治共享的城市社会治理制度。比如，南京市成立由公务委员和公众委员组成的"城市治理委员会"，并制定实施了《南京市城市治理条例》，是城市治理体制改革的重要创新，值得学习借鉴。

---

① 刘少杰：《面向职业群体的城市社会治理创新》，《江苏社会科学》2015 年第 2 期，第 78 ~ 84 页。

B.4
接诉即办：北京市社会治理的新探索

胡建国 李 伟*

摘　要： 2019 年北京市在社会治理探索中推行"接诉即办"举措。"接诉即办"依托 12345 人民群众服务热线，将人民群众诉求由以往逐级解决改为直接派给责任单位解决，省去中间环节，避免环节烦琐导致解决问题的成效打折，同时 12345 人民群众服务热线全天 24 小时不断线，按照"民有所呼、我有所应、闻风而动、接诉即办"的要求，提升人民群众的幸福感和获得感。作为促进民生服务的重要举措和创新机制，这一改革新探索取得了积极的成效，对于推进社会治理创新有积极的借鉴与启示。

关键词： 北京　社会治理　"接诉即办"

一　对基层社会治理创新的深化

人民群众的美好生活需求有赖于国家公共服务体系的精准对接，更有赖于基层社会治理的有效保障。作为常住人口超过 2000 万的超大城市，北京市面临着城市治理的诸多挑战，不断提升社会治理水平，满足人民群众美好

---

* 胡建国，博士，北京工业大学文法学部教授、北京社会管理研究基地研究员，主要研究方向为社会建设与社会治理；李伟，硕士，中共北京市委研究室社会处工作人员，主要研究方向为社会建设与社会治理。

生活的需求是北京市社会治理的重要方向。对此，习近平总书记多次要求"城市管理应该像绣花一样精细"，对北京市则提出了要"推进城市管理目标、方法、模式现代化"的要求。在此背景下，北京市积极探索和创新社会治理体制和机制，回应"治理体系和治理能力现代化"的时代发展诉求。2018 年，北京市推行党建引领"街乡吹哨、部门报到"的新举措，在基层乡镇或街道遇到急难问题，需要相关职能部门支持配合时，街巷长或基层政府第一时间"吹哨"召集，各相关部门及时"报到"共同解决问题。这一改革新举措以到基层一线解决问题为导向，统筹协调区级政府部门、企事业单位等，形成合力解决群众诉求，强调问题在基层，行政力量也要向基层下沉，解决城市基层治理"最后一公里"的难题，打破行政部门"条块分割"，通畅基层治理的"血脉经络"。

"街乡吹哨、部门报到"改革对于基层社会治理具有重要的意义。但是，"街乡吹哨"主要是基于治理组织机构的角度进行的基层社会治理改革创新，除此之外还需要"人民群众吹哨"，即进一步站在人民群众的角度探索基层社会治理创新及需要解决的问题。从本质上讲，"街乡吹哨"和"人民群众吹哨"二者是一致的，均面向人民群众基本利益诉求。但是，二者主体不同，看问题的角度可能存在不同，后者更贴近社情民意。然而，在基层工作机制中存在人民群众生活工作中遇到的问题诉求渠道有限，解决问题过程较长以及解决成效并不能令人民群众满意的情况，这直接阻碍着人民群众满意感、幸福感和获得感的提升，是社会治理体制和工作机制改革深化需要进一步回应的问题。

对此，及时有效地解决人民群众的诉求和日常生活中遇到的问题，以提升基层社会治理成效是社会治理创新的重要方向。在此背景下，2019 年，北京市进一步改革创新，推行"接诉即办"举措。"接诉即办"依托 12345 人民群众服务热线（以下简称 12345 热线）及时接收人民群众生活工作中遇到的问题诉求，精减工作流程，直插基层社会治理，在规定的时限内责成责任单位解决和回应。12345 热线系 1987 年设立的"市长电话"，在 30 多年间虽然历经数次调整，但职能并无变化。但是在网上政务兴起的背景下，

该热线几乎被人民群众遗忘，日益边缘化。对此，"接诉即办"重新发挥12345热线的功能，积极推进"民有所呼，必有所应"的工作机制。北京市委、市政府定期对各区县、各委办局"接诉即办"解决情况进行排名，并从人民群众诉求问题的大数据的积累中梳理出高频问题、重点区域，推进工作方式变革，从"接诉即办"向未诉先办转变、从被动治理向主动治理转化，这与党的十九届四中全会提出的"推动社会治理和服务重心向基层下移，把更多资源下沉到基层，更好提供精准化、精细化服务"的精神高度契合，是对"加快推进市域社会治理现代化"的有益尝试。

二 "接诉即办"主要改革措施

"接诉即办"是指全面深化党建引领"街乡吹哨、部门报到"改革，2019年1月1日起，12345热线将管辖权属清晰的人民群众反映的诉求直接派给街乡镇等责任单位，街乡镇等责任单位迅速回应"接诉即办"，同时各区级政府等上级主管部门接到派单负责督办，快速响应和高效解决人民群众诉求。这一工作机制改革是按照"民有所呼、我有所应、闻风而动"的要求，将党建引领的政治优势、组织优势转化为治理优势，切实增强了人民群众的获得感、幸福感、安全感。"接诉即办"改革举措主要如下。

（一）打破"逐级解决"，探索"重心下沉基层"的社会治理模式

通常，人民群众在生活工作中遇到的问题主要通过"自下向上"或"自上向下"逐级诉求的方式解决。这种逐级诉求面临的最大问题是解决诉求问题的过程环节烦琐，如果在某个环节发生滞留或卡顿，往往导致诉求解决不及时和不到位。同时，逐级解决的方式也导致整个过程拖沓和周期较长，容易引发人民群众的不满。对此，"接诉即办"改变以前逐级解决的方式，而是通过12345热线这一统一接诉平台接收人民群众的诉求，然后将诉求问题直派到街道乡镇等责任单位，推动各级党委、政府对人民群众诉求及

时响应"接诉即办"。一般性的人民群众诉求通常要求在72小时内解决和回应。通过这种直插到底的"扁平化"的社会治理业务流程再造（见图1），实现快速响应、快速办理和快速反馈，形成接诉、办理、督办、反馈的闭环式运行机制，这是撬动基层治理变革和社会治理机制创新的重要探索。

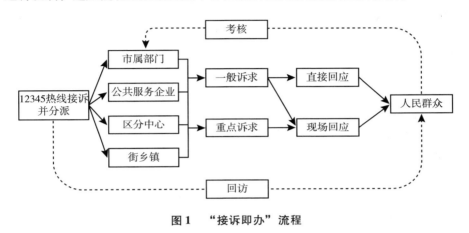

图1 "接诉即办"流程

（二）强化接诉与即办的能力

一是各区成立"接诉即办"调度指挥中心，健全完善高位统筹、上下联动、全员响应的"接诉即办"工作机制，以提升响应率、解决率和满意率。同时积极完善"接诉即办"工作转办流程。二是为提升基层"接诉即办"的能力，解决传统"街居制"管理模式下统筹能力不强、服务群众能力不足的问题，2019年2月，北京市出台《关于加强新时代街道工作的意见》，向街道赋予职能部门综合执法指挥调度权等"六权"，明确街道可整合基层执法力量，直接开展执法，确保基层有充分的权力和资源解决人民群众的诉求。三是明确主责人。人民群众诉求分派相关责任单位后，由专管员专人负责。专管员在接到诉求后，先与当事人电话沟通，详细了解情况后及时到达现场调查、取证并按照法律法规及职能职责处理，切实保障件件落实到位。四是加强涉及多部门诉求派单协调配合，由主要领导亲自调度，实行回复流程分级别管理，围绕群众的痛点、难点和焦点，最大限度地汇聚治理

资源、协调治理行为、回应群众呼声，从政策源头解决群众的所思所想所盼。五是快速响应，专人对接，严格办理时限，使诉求"不积件，不超期"。对人民群众诉求办理到期前 2 日内分别向承办部门分管领导和科室负责人发出预警信息，防止诉求解决和回应出现超期。

（三）强化监督与考核

在推行"接诉即办"的过程中，北京市设计了以响应率、解决率、满意率"三率"为核心的考核指标，定期对满意度进行回访，对全市各区、街乡镇"接诉即办"成效进行排名，形成以人民群众为主体的考核评价体系。各街乡镇诉求办理情况及时向来电人反馈并同时向 12345 热线反馈，实行"双反馈"。北京市委每月召开区委书记月度工作点评会，通报"接诉即办"情况，分为先进类、进步类、整改类和治理类。北京市探索出市委书记点名，区领导约谈、纪检介入、街乡镇内部监督、群众监督等方式促进"接诉即办"工作的高效落实，在对"接诉即办"的工作监督与考核中，重点围绕对各个区域诉求、业务领域诉求的分析，重视对"三率"和高频诉求、重复诉求的分析，对涉及社会建设和民生领域的"接诉即办"大数据进行深度分析，如果发现承办部门在回复群众诉求时存在不及时、回复内容简单、群众满意度低的情况，由调度指挥中心办公室向承办部门下发工作督办函或直接进行调度，对严重损害群众利益的，将由相关部门进行核查并依照有关规定严肃处理。

（四）推进主动治理与"接诉即办"相结合

在"接诉即办"工作中，北京市积极推进主动治理。一方面，在治理体制上，为提升社会治理水平，北京市探索街道机构改革，将原来"向上对口"的科室精简为"向下对应"的服务居民的机构，实现由"行政管理型街道"向"为民服务型街道"转变，推动重心下沉和权力下放，使基层开展社会治理的能力得到强化，服务群众"最后一公里"得以打通，主动治理能力得到强化。另一方面，对群众关注度高的投诉举报问题加强巡查和治理以防患未然，在"民有所呼，我有所应"的同时，基层政府部门的工作变"被动接诉"为"主动问需"，及时了解人民群众需求，积极主动地发现问题和及时解决问题，提前预防问题的发生。对此，北京市根据12345热线接收的人民群众诉求的数据统计，加强分析研究，梳理出11个专项整治问题清单，由市政府领导分工包案加以解决，推动"接诉即办"从"有一办一"向"举一反三"转变，探索主动治理和未诉先办。

三 "接诉即办"成效与未来推进

如果说"街乡吹哨，部门报到"优化的是基层社会治理中的组织结构，那么"接诉即办"突出的是"百姓吹哨"，进一步强化基层社会治理应以解决人民群众的诉求为核心目标，要求社会治理重心下沉，激活基层治理的"神经末梢"。对此，北京市整合民政、卫生、环保等原来各自独立运行的投诉、举报、咨询电话，与12345热线合并从而实现"一条热线听诉求"和"一张单子管到底"，将全市各个街乡镇和市区两级政府部门、公共服务企业全部纳入"接诉即办"范围。12345热线对人民群众来电根据轻重缓急分类处理，实行2小时、24小时、7天和15天四级管理模式，限期解决并向人民群众及时反馈，并由12345热线全程督办。

（一）工作成效

2019年，"接诉即办"共接听696.36万个来电，平均每天接听1.9万个来电；受理诉求251.97万件，平均每天受理诉求6903件。在这些人民群众诉求涉及的责任单位中，排名最靠前的是区级部门，占比为37.4%；排名次之的是街乡镇，占比为36.9%；排在第3位的是市级部门，占比为17.6%；排第4位的是公共服务企业，占比为8.1%。① 从上述统计可以看出，人民群众诉求主要集中在基层，区和街乡镇的诉求合计接近八成。从人

---

① 本部分资料来源于北京12345人民群众服务热线：《北京12345热线2019年度数据报告》，北京12345人民群众服务热线微信人民群众号，2020年1月18日。

民群众诉求的内容来看，主要涉及领域集中在五个方面（见表1），分别是市场管理、交通管理、环境保护、供暖和物业管理。这些领域与人民群众生活高度相关，都是民生领域的问题，这表明"接诉即办"对于改善人民群众生活环境和提升人民群众生活质量具有重要的作用，这直接与人民群众的获得感、幸福感高度相关。

表1　2019年北京市"接诉即办"中人民群众诉求问题涉及主要领域

排序	领域	问题内容
1	市场管理	无照商贩、街头游商、店外经营、培训机构不退费、开墙打洞等
2	交通管理	违章停车、停车场无收费资质、交通护栏位移、非法运营等
3	环境保护	经营场所噪声、交通噪声、施工噪声、道路扬尘、餐饮油烟等
4	供暖	供暖温度不达标、煤改电、煤改气设备安装和故障、供暖管道破损等
5	物业管理	小区停车场地紧张、停车秩序差、物业服务不到位、小区设施维护等

对于"接诉即办"中人民群众重点诉求问题和高发区域问题，北京市给予重点关注。对于人民群众诉求量排在前10位的街乡镇和人口在20万以上的街乡镇，由北京市专项进行督导整治。为调动基层政府工作积极性，北京市逐月将各单位和地区"接诉即办"响应率、解决率、满意率"三率"进行排名并向社会公布。在此机制下，人民群众身边的烦心事得到有效快速解决，一批便民利民设施相继建成，显著改善了人民群众的生活环境与生活质量。

从工作成效来看，2019年北京市各单位"接诉即办"响应率为100%，人民群众诉求问题的解决率从2018年的53.09%上升到74.96%，人民群众对解决诉求的满意度从2018年的64.61%提高到87.26%。可以说，"接诉即办"提升了为人民群众服务的标准与水平，彰显了为人民群众服务的初心。更为重要的是，基层社会治理出现从"接诉即办"向"未诉即办"，从"被动接单"到"主动问需"的转变迹象，这为持续提升人民群众生活质量和改善人民群众生活环境提供了重要的机制保障。

（二）未来推进方向

"接诉即办"是北京市推进社会治理的新探索，这一探索是在"街乡吹哨、部门报到"改革的基础上对基层社会治理的深化与丰富。虽然这一新的探索时间短，但是成效显著，得到人民群众的普遍认同。对此，在未来需要持续推进和加以完善。党的十九届四中全会提出"社会治理是国家治理的重要方面。必须加强和创新社会治理，完善党委领导、政府负责、民主协商、社会协同、公众参与、法治保障、科技支撑的社会治理体系，建设人人有责、人人尽责、人人享有的社会治理共同体，确保人民安居乐业、社会安定有序，建设更高水平的平安中国"。对此，结合现有实践和未来发展，北京市"接诉即办"的探索应重点回应如下几个问题。

第一，加强民生建设。从 2019 年北京市"接诉即办"收到的人民群众诉求来看，有 70% 以上都与民生密切相关，可以说"接诉即办"成为反映和解决人民群众民生诉求的重要渠道。党的十九届四中全会提出要"坚持和完善统筹城乡的民生保障制度，满足人民日益增长的美好生活需要"，对此，高质量地实现幼有所育、学有所教、劳有所得、病有所医、老有所养、住有所居、弱有所扶，事关人民群众的切身利益，也是国家基本公共服务体系建设的重要面向。但是，长期以来我国经济社会发展不平衡，社会建设整体上滞后于经济发展，导致民生需要存在历史欠账。在社会建设成为中国特色社会主义事业新的重要构成之后，社会事业与民生事业取得了长足发展，但是距离人民对美好生活的向往还有差距。因此，进一步加强民生建设，也是促进"接诉即办"向主动治理转变的内在要求。事实上，民生建设需要政府担当和顶层设计，而"接诉即办"侧重的是微观性，当二者发生交集，并且构成微观层面社会治理的主要问题时，意味着民生建设具有根本性与全局性，需要顶层设计加以改善，这也是社会主要矛盾转化为人民日益增长的美好生活需要和不平衡不充分的发展之间的矛盾后的时代回应。北京市作为经济社会发展领先的超大城市，对此有基础有条件在进一步促进民生建设方面迈出改革的步伐。

第二，建设社会治理共同体。党的十九届四中全会提出，要完善党委领导、政府负责、民主协商、社会协同、公众参与、法治保障和科技支撑的社会治理体系，强调建设人人有责、人人尽责、人人享有的"社会治理共同

体"，确保人民安居乐业、社会安定有序，建设更高水平的平安中国。在北京市社会治理探索中，"接诉即办"取得的成效充分体现了"党委领导、政府负责"的作用。但是，还需要进一步发挥"社会协同，公众参与"的作用，同时积极强化"法治保障"和"科技支撑"。我们注意到 2019 年"接诉即办"收到的人民群众诉求高达近 700 万件，全部由各级党委和政府来解决，显然是不可持续的。事实上，北京市要求在"接诉即办"工作中，既要牢固树立以人民为中心的理念，又要对人民群众诉求科学甄别和分类处置，该由政府解决的政府一定要解决，该由社会解决的交给社会解决，避免基层政府单纯追求考核排名而对违法违规问题和不合理诉求"大包大揽"。对此，需要充分发挥国家与社会的力量，相辅相成，形成合力。北京市在国家与社会力量整合方面积累了丰富的经验，在国内社会建设领域率先实行政府购买服务，将社会组织的力量纳入社会建设与社会治理中来，如何进一步整合工作机制，建设社会治理共同体，是持续推进"接诉即办"和未诉即办的重要方向。

第三，加强队伍建设。为推进"接诉即办"工作，北京市将"接诉即办"工作情况作为对各单位进行年度绩效考评的重要依据，并提出要在"接诉即办"工作中考察发现优秀干部。可以说"接诉即办"的实施在提升人民群众美好生活需要方面发挥了显著的作用，同时也为培养优秀干部提供了重要的平台。但是，需要看到的是，"接诉即办"工作节奏快，压力大，尤其是一些历史遗留问题，解决难度更大。因此，从工作成效和可持续开展的角度，需要进一步加强社会治理队伍建设。在激励机制之外，还需要从专业化和职业化的角度加强队伍建设，不断提升社会治理队伍的专业能力，以更好地推进"接诉即办"工作。

B.5
2019年乡村社会治理回顾与展望

袁金辉*

摘　要： 2019 年我国乡村治理成效显著，颁布实施了系列涉农政策法规，农村基层党组织建设全面推进，乡村治理体系逐步完善，乡村治理各项改革稳步推进，农村人居环境和乡风文明明显改善，脱贫攻坚进展顺利。但与乡村治理的目标任务和人民群众的期待相比，乡村社会治理还存在体制机制需要进一步完善、治理能力和水平亟待提高、多元主体协同治理需要加强等问题。为此，要以全面建成小康社会和全面打赢脱贫攻坚战为契机，加快推进乡村治理各项改革，推动我国乡村治理再上新台阶。

关键词： 乡村治理体系　乡村治理能力　多元主体协同

乡村治理是我国社会治理的重要组成部分，也是实施乡村振兴的关键环节。2019 年我国乡村治理以脱贫攻坚和实施乡村振兴战略为主要抓手，全面深化乡村治理改革，建立健全乡村治理体系，乡村治理成效显著。但与我国社会治理的总体要求和人民群众的美好期待相比，乡村治理还存在一定的差距和不足，2020 年需要继续加快乡村治理改革步伐，推动我国乡村治理再上新台阶。

---

* 袁金辉，中共中央党校（国家行政学院）研究员，博士生导师，主要从事基层社会治理研究。

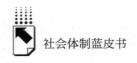

一 2019年乡村社会治理回顾

2019年是新中国成立70周年的大庆之年，也是全面建成小康社会的关键之年。过去的2019年，我们进一步深化乡村治理改革，乡村治理各项工作取得显著成绩。

（一）颁布实施了系列乡村治理政策法规

为深化乡村治理改革，2019年我国继续颁布实施了一系列重要的涉及乡村治理的政策法规。一是继续出台了2019年中央一号文件《中共中央 国务院关于坚持农业农村优先发展做好"三农"工作的若干意见》，这是21世纪我国出台的第16个中央一号文件，文件明确提出，要加快补齐农村发展短板，提升乡村建设和治理水平。二是中央层面出台了一系列加强和改进乡村治理的政策文件。2019年1月，中共中央发布了新修改的《中国共产党农村基层组织工作条例》，新条例专辟一章突出乡村治理内容。2019年5月，中共中央、国务院发布了《关于建立健全城乡融合发展体制机制和政策体系的意见》，文件规定，要重塑新型城乡关系，走城乡融合发展道路，并就改革的总方针、目标、路径等提出了具体的意见和建议。2019年8月，中共中央发布了《中国共产党农村工作条例》，把党管农村工作的总体要求细化成具体的条文规定，并从制度机制上把加强党的领导落实到了"三农"工作的方方面面。2019年6月，中共中央办公厅、国务院办公厅印发《关于加强和改进乡村治理的指导意见》。该指导意见要求，到2020年我国要基本形成现代乡村治理的制度体系和政策框架。三是相关部委出台了一些涉农政策文件。比如，2019年9月，农业农村部联合国家发改委等11个部门和单位联合印发《关于实施家庭农场培育计划的指导意见》，对加快培育发展家庭农场做出总体部署。2019年9月，中央农办、农业农村部联合中央组织部、中央宣布部等11个部门出台了《关于进一步推进移风易俗 建设文明乡风的指导意见》，提出力争通过3~5年的努力，基本健全文明乡风管理机制和工作制度。2019 年 12 月，国家发改委等 18 个部门联合发布《关于开展国家城乡融合发展试验区工作的通知》，确定设立 11 个城乡融合发展试验区。

（二）乡村基层党组织建设全面加强

办好农村的事，关键在党，关键在人，关键在党组织领导班子。《中国共产党农村工作条例》明确要求，"各级党委特别是县级党委应当认真履行农村基层党建主体责任，坚持抓乡促村，选优配强村党组织书记，整顿软弱涣散村党组织"。《中国共产党农村基层组织工作条例》也对乡镇、村党组织领导班子和干部队伍建设提出明确要求。按照两个工作条例和 2019 年中央一号文件精神，各地大力推行农村党组织负责人优化提升行动，各级党组织选派优秀干部到贫困村、软弱涣散村以及重点示范村担任第一书记。各地还结合"不忘初心、牢记使命"主题教育活动、专项整治活动，以农村为重点，以县为单位"一村一策"逐个整顿软弱涣散村党组织，对软弱涣散村党组织进行集中排查，做到不设比例、应整尽整。同时，为推动形成中央统筹、省负总责、市县乡抓落实的农村工作机制，各地制定落实五级书记齐抓乡村振兴的实施细则，通过一系列可量化的指标，层层压实地方责任，建立健全了党的农村工作机制。经过一年的整治工作，现在基层农村党组织软弱涣散的情况得到了根本好转。

（三）因地制宜加强乡村治理体系建设

在农村基层党组织的领导下，按照中央及其相关部门颁布实施的有关政策文件精神，各地因地制宜加强乡村治理体系建设，创新乡村治理方式方法，全国各地涌现了一大批好经验好做法。2019 年 6 月，农业农村部公布了 20 个全国乡村治理的典型案例，比如北京市顺义区通过村规民约推进乡村协同治理、天津市宝坻区深化基层民主协商、河北邯郸市肥乡区红白喜事规范化管理等①。这些实践探索，比较有效地解决了乡村治理当前面临的一

---

① 王丽娟：《试点经验助推乡村治理体系建设》，《中国经济时报》2019 年 12 月 30 日，第 2 版。

些痛点、难点和堵点问题，在乡村治理创新方面积累了一些经验，具有一定的复制性和可操作性。同时，为全面推进我国乡村治理体系建设。2019年6月启动了全国乡村治理试点示范和乡村治理示范村镇创建活动。截至2019年底，全国选取了115个县市区作为首批乡村治理体系建设的试点单位，试点的内容主要包括：探索党组织领导的自治、法治、德治相结合的路径，乡村治理与经济社会协同发展的机制，共建共治共享的治理机制，乡村治理的组织体系，完善基层治理方式，村级权力监督机制，创新村民议事协商形式，现代乡村治理手段八个方面的内容。同时，在各地推荐和专家评审基础上，中央农办、农业农村部、中央宣传部、民政部、司法部等5部门共同审核，确定100个乡（镇）为全国乡村治理示范乡镇，确定1000个村为全国乡村治理示范村。示范乡镇创建标准包括：乡村治理工作机制健全、基层管理服务便捷高效、农村公共事务监督有效、乡村社会治理成效明显四个方面。示范村创建的标准包括：党组织的领导有力、村民自治依法规范、法治理念深入人心、文化道德形成新风、乡村发展充满活力、农村社会安定有序六个方面。

（四）乡村治理各项改革稳步推进

2019年乡村治理各项改革继续推进并不断深化。比如，进一步深化农村承包地"三权分置"改革。2018年，全国基本完成农村承包地确权登记颁证工作，基本厘清了全国农村承包地权属，完善签订了承包合同，确权给农户承包地面积14.8亿亩，给确权农户颁发了土地承包经营权证书，让农民吃上了"定心丸"。2019年，在基本完成农村承包地确权登记颁证工作的基础上，完成了承包地确权登记颁证收尾和深化改革工作。一方面，继续完善落实集体所有权、稳定农户承包权、放活土地经营权的政策体系，发展多种形式农业适度规模经营。另一方面，研究出台了保持农村土地承包关系稳定且长久不变的配套政策措施，比如在全面贯彻实施《中华人民共和国农村土地承包法》的基础上，全国各地结合实际情况提出了第二轮土地承包到期后延包的一些具体办法，并选择一些地区开展承包期再延长30年的试点工作。针对农村宅基地改革，2019年继续选择一批市、县、区开展改革试点，在完善农村宅基地"三权分置"制度设计的基础上，积极探索盘活利用闲置宅基地和农民房屋的思路和方法。比如，江西省鹰潭市余江区作为全国农村宅基地改革试点地区，坚持规划先行，走群众路线，充分尊重农民的意愿，制定了关于宅基地退出、使用、审批、管理等改革方案，并让村民唱主角有序推进，既盘活了农村闲置宅基地，又增加了农民收入，为加强和改进乡村治理、全面推进宅基地改革提供了宝贵经验。

（五）环境整治乡风文明大为改善

根据2019年中央一号文件，2019年全国继续推进农村人居环境整治三年行动。各地充分发动人民群众，轰轰烈烈开展农村清洁行动，重点整治清理农村的生活垃圾、生活污水和畜禽粪污，同时引导村民逐步形成良好的卫生习惯，各地村容村貌得到了较大提升，农村人居环境大为改观。同时，根据2018年12月八部委发布的《关于推进农村"厕所革命"专项行动的指导意见》，2019年开始在全国大力推进农村"厕所革命"专项行动，在全国掀起了一场轰轰烈烈的"厕所革命"。在乡风文明建设方面，2019年9月出台了推进文明乡风建设的指导文件——《关于进一步推进移风易俗建设文明乡风的指导意见》，根据文件精神，各地充分挖掘和树立先进典型和道德榜样，继续做好农村精神文明建设示范县和文明村镇创建活动，推出一批农村精神文明建设示范县、文明村镇、最美家庭。同时，各地大力推进移风易俗行动，充分发挥村民自治章程和村规民约的作用，采取一些群众喜闻乐见又行之有效的办法和形式有效遏制了婚丧陋习、天价彩礼等不良社会风气。此外，继续持续推进平安乡村建设。深入推进扫黑除恶专项斗争，严厉打击农村黑恶势力，杜绝"村霸"等黑恶势力对基层政权的侵蚀，确保农村社会和谐稳定。

此外，2019年精准扶贫精准脱贫工作稳步推进，各地脱贫攻坚成就巨大。2019年是脱贫攻坚克难的关键之年，各地按照中央统一部署，扎实推进精准扶贫精准脱贫工作，年度脱贫任务如期完成，全年减少贫困人口

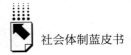

1000万人以上，340多个贫困县脱贫摘帽，"两不愁三保障"突出问题基本解决，目前全国只有约300万人还没有摆脱贫困，还有50多个贫困县没有摘帽。特别是深度贫困区脱贫攻坚取得重大成效，"三区三州"脱贫方案顺利实施推进，资金到位率和项目开工率都超过预定计划，"三区三州"建档贫困人口由2018年的172万人减少到2019年底的43万人，贫困发生率从之前的8.2%降低到2019年底的2%，下降幅度比西部地区平均水平还高3.6个百分点。[①]

二 当下乡村社会治理困境分析

近年来，我国乡村治理领域成效显著，乡村治理体系不断完善，乡村治理能力和水平快速提升，人民群众的幸福感、安全感和获得感不断增强。但与新时代乡村社会发展和人民群众的要求相比，乡村治理还存在一些问题和短板。

（一）乡村治理体系需要进一步完善

自党的十九大提出"健全自治、法治、德治相结合的乡村治理体系"以来，中央若干重要涉农政策文件都把"三治合一"作为我国乡村治理体系建设的重要内容和主要目标。但客观地看，对于我国众多地方来说，这个乡村治理体系的构建还在过程之中。一是村民自治不充分，村民参与意识不强。特别是在新的历史时期，迫切需要丰富村民自治内容，创新村民自治形式，充分发挥自治的基础作用。二是村民依法办事观念不强，民主法治意识淡薄。在用法律法规规范自治行为、化解农村社会矛盾纠纷、维护农村社会稳定等方面还有待加强。三是乡风文明建设任务艰巨。德治的引领教化作用发挥不够，大操大办、铺张浪费等问题还不同程度地存在。

[①] 国务院扶贫办：《全国扶贫开发工作会议在京召开 强调一鼓作气乘势而上 夺取脱贫攻坚全面胜利》，http://www.cpad.gov.cn/art/2019/12/20/art_624_108743.html，最后检索时间：2020年1月22日。

此外，治理"碎片化"是当下农村治理体系建设面临的一个重要现实问题。由于国家对于乡村治理政策的共时性实施，缺乏统筹协调和政出多门，乡村治理的组织机构叠加，甚至各自为政，不能形成组织合力；各项制度及其创新项目自成体系，缺乏系统性建构。本次新冠肺炎疫情也暴露出我国乡村治理体系存在的一些问题，特别是农村公共卫生体系建设还任重道远。

（二）乡村治理能力需要进一步提高

一是部分基层党组织的引领能力需要提高。近些年虽然农村基层党组织建设得到了高度重视，也得到了较快的发展，但仍存在软弱涣散、凝聚力不够、战斗力不强、示范作用发挥不够等问题。二是乡村社会矛盾纠纷化解能力还需要加强。在我国现代化进程中，社会矛盾是始终存在的，作为欠发达的乡村，矛盾纠纷更是不可避免。客观地说，近些年我们加大了德治和法治的力度，但新手段新方法还不多，以制度化来维护社会公正、社会稳定和化解社会矛盾的创新手段还不够。三是乡村公共服务供给能力需要继续提升。当下农村基础设施普遍落后、公共服务相对不足仍然是农民群众反映最强烈的现实问题，也是解决我国城乡发展不平衡的迫切问题。随着乡村经济社会的发展，农民群众对乡村有效治理有更高的期待，对公共服务产品的预期也越来越高，但当下农村公共服务的供给仍存在数量不足、质量不高、方式方法落后等问题，尤其是与城市相比，公共服务均等化差距还比较明显。

（三）乡村治理多元主体冲突依然存在

国家和社会力量对乡村治理的介入，形成了乡村治理的多元主体，多元主体协同发展助推乡村治理良性运行。但由于各治理主体的利益立场不同，乡村治理多元主体间存在一定程度的矛盾冲突。一是基层政府与村委会的冲突。按照政策文件规定，乡镇政府与村委会之间是指导与被指导的关系，而不是领导与被领导的关系，由于各自立场不同，现实中容易形成冲突和矛盾。一方面，在压力型体制下，乡镇政府为了完成上级交代的任务，必然会对村委会进行支配和控制；另一方面，村委会有可能对基层政府的行动不完全认同，甚至阳奉阴违，想方设法对乡镇政府的控制进行抵制。二是村庄内部村委会与村党组织的矛盾冲突。村支两委作为农村性质不同的治理组织，各有其治理功能。但在实际运行中，由于职能不清、管理权限重叠，不可避免地出现矛盾冲突。其突出表现就是基层党组织领导弱化，部分村民自治过度。三是村支两委与社会组织的冲突。乡村经济社会秩序的良性运行需要社会组织的参与，但也有一些与宗族或乡贤有关的社会组织，由于血缘、地缘和业缘的关系，在一些村庄事务处理中可能会与村支两委的意见不完全一致，于是形成利益冲突。此外，还有农村村支两委与村民的冲突、村民之间的冲突、社会组织与村民的冲突等。

三　未来乡村社会治理改革展望

2020 年是全面打赢脱贫攻坚战的收官之年，也是我国全面建成小康社会的目标实现之年。要顺利完成上述两大历史任务，必须加大乡村治理推进力度。2020 年中央一号文件《中共中央　国务院关于抓好"三农"领域重点工作　确保如期实现全面小康的意见》也明确提出要加强农村基层治理。为此，必须充分发挥党组织在乡村社会治理中的领导作用，调动多元主体积极参与乡村共治，加强农村基本公共服务供给，健全乡村治理工作体系，调处化解乡村矛盾纠纷，加强乡风文明和人居环境整治，促进脱贫攻坚与乡村振兴的有效衔接。

（一）加强基层党组织对乡村社会治理的领导

推进乡村治理体系现代化，党的领导是关键，是产生持续动力的火车头和发动机。农村基层党组织是乡村治理、实施乡村振兴战略的领导力量，是宣传贯彻党的各项路线、方针、政策的推动力量，是团结社会各界力量进行乡村治理、脱贫攻坚和乡村振兴的战斗堡垒，这是由党的性质、地位和农村的实际情况所决定的。基层农村党组织的战斗力、凝聚力，直接影响乡村治理的成效。目前，全国有128万个农村基层党组织，有3500万名农村党员，加强乡村善治，就要充分发挥这些基层党组织及其农村党员的作用。坚持农村基层党组织的领导核心作用，就是要强化党组织在农村工作中总览全局、协同各方的作用，在中央和各级党组织的决策部署中发挥组织者和推动者作用。强调农村基层党组织的领导核心，就要求其他各类组织都要在农村基层党组织的领导下，按照法律法规和各自章程开展工作，农村重要事项和重大问题都要由农村基层党组织研究讨论。强化农村基层党组织领导作用，还要按照中央有关文件精神要求，全面推行农村党组织负责人通过法定程序担任村委会主任以及村级集体经济组织、合作经济组织的负责人。加强基层党组织建设，还需要持续大力整顿软弱涣散的基层党组织，要配齐配强村支两委班子，继承和发扬我党一些优良的传统和群众工作方法，团结乡村各种力量推动乡村治理。

（二）大力推进乡村治理体系建设

乡村治理是一项比较复杂的系统工程，需要统筹安排和顶层设计。党的十九大报告提出要"健全自治、法治、德治相结合的乡村治理体系"。党的十九届四中全会通过的《中共中央关于坚持和完善中国特色社会主义制度、推进国家治理体系和治理能力现代化若干重大问题的决定》也明确提出，"健全党组织领导的自治、法治和德治相结合的城乡基层治理体系"。为此，要充分发挥村民自治组织的优势，最大限度地调动村民参与乡村治理的主动性和积极性。要进一步加强农村的法制建设，加快涉农立法，大力推进农业农村综合执法，健全农村法律服务体系，为乡村治理提供坚强的法治保障。德治是中国的历史传统，要继续加强农村精神文明建设，搭建农村公共文化平台，持续推进农村移风易俗，充分发挥德治在乡村治理中的基础作用。特别是要针对乡村治理"碎片化"倾向，健全"三治合一"的乡村治理体系，以增强乡村治理的有效性和系统性。同时，要建立完善以农村基层党组织为领导，村民自治和村务监督为基础，农民合作组织和集体经济组织为纽带，其他农村各种社会组织为补充的乡村治理组织体系。根据2020年中央一号

文件精神，还要建立健全乡村治理工作体系。为此，要坚持做好县、乡、村三级联动，努力推动社会治理和服务重心向基层农村下移，这样便于把更多人力、物力、财力下沉到乡镇和村庄，从而提高乡村社会的治理效能。

（三）加快构建乡村多元主体共治格局

乡村治理需要基层政府、村支两委、村民和农村各类社会组织等多元主体参与，每一个主体都有自己的角色与定位，既要分工合作，又要互相配合。特别是要把旨在强调国家与社会二元对立的管控模式转变为主张政府与社会合作协商的治理模式。[①] 乡镇政府要切实转变职能，从全能政府向有限政府、服务型政府转变，把对村庄事务的干预转变为对其监管和引导。农村党组织是村庄治理的领导力量，要密切联系群众和群众自治组织，充分发挥其领导作用，将农村党建与脱贫攻坚、乡村振兴、社会稳定等工作有机结合起来。村委会作为村民自治组织，要充分听民意、聚民智、解民忧，在自治组织权限范围内，做好村民的自我管理、自我服务、自我教育。其他社会组织也应该利用各自优势，充分发挥其在化解矛盾纠纷、维护乡村稳定、乡风文明建设中的独特作用。要鼓励农村乡贤主动担当作为，特别是要鼓励基层党员充分发挥先锋模范作用。乡村治理中要以农民为中心，充分调动农民参加村民自治的积极性和主动性，要找到农民最关心、最直接、最现实的治理难题，作为提升乡村治理有效性的切入点。此外，还要按照 2020 年中央一号文件要求，推动人才下乡工程。要畅通各类社会人才下乡的途径和渠道，支持鼓励未就业大学生、企业家等到农村干事创业。要建立城乡人才交流机制，有计划有组织地动员城镇教师、医生、规划师等专业技术人员，探索采用岗编适度分离等形式，引导城市教科文卫等事业单位专技人员服务农村，并与职称评定和职级晋升等有机衔接。总之，要调动各类主体参与乡村治理的积极性和主动性。

---

① 高千、张英魁：《乡村振兴战略下乡村治理主体冲突及其化解策略》，《宁夏社会科学》2019 年第 6 期，第 131~139 页。

（四）加强乡风文明优化人居环境

要按照《关于进一步推进移风易俗　建设文明乡风的指导意见》的要求，大力加强乡风文明建设。各级党委和政府要把推进文明乡风建设作为实施乡村振兴战略的一项重要任务。要坚持农民群众在乡风文明建设中的主体地位，让群众真正成为乡规民约的制定者、实施者和受益者。要依法依规推进农村移风易俗，特别是要对不赡养父母、虐待老人等行为加大惩罚力度。"十里不同风，百里不同俗"。要因地制宜地推进各地乡风文明建设，坚持移风易俗和乡风文明建设与当地经济社会发展水平和文化传统相适应，充分尊重当地习俗和风土人情，充分考虑到农民群众的生活习惯和接受程度，不能搞强迫命令，更不能搞"一刀切"。要继续推进农村人居环境整治三年行动，到2020年，努力达到农村人居环境得到普遍改善，村庄内部有序干净整洁，村民环境、卫生与健康意识明显增强。要使我国东部较发达地区和中西部城市近郊农村等基础条件比较好的地区，人居环境得到全面提升；中西部有一定基础和条件的乡村地区，人居环境得到较大改变，努力争取绝大多数农村生活垃圾和生活污水得到有效治理；而对于一些偏远、经济欠发达的农村地区，首先是要保证村民的基本生活需求和基本基础设施，在此基础上实现农村人居环境干净整洁，重点是推进生活垃圾治理、厕所粪污治理和农村生活污水治理等。与此同时，还要把基层组织建设与基层社会专项整治任务、扫黑除恶专项斗争结合起来，严厉打击黑恶势力团伙，营造安宁和谐的乡村社会环境，深入推进平安乡村建设。

（五）努力提高乡村公共服务供给

提高乡村公共服务产品的供给能力，不仅是满足人民群众对美好生活需要的必然要求，也是乡村治理的物质基础。首先，要按照公共服务均等化的要求，尽快补齐乡村公共服务的短板。要在继续加强道路交通、通信网络、人蓄饮水等基础设施建设的基础上，推进城镇公共服务向农村覆盖，不断提高农村医疗卫生和义务教育的水平，继续完善农村居民基本养老保障制度、基本医疗和大病保障制度、最低生活保障制度，不断完善农村留守儿童、妇女和老人的关爱服务体系，不断提高农民群众的生活质量和生活满意度。其次，要完善乡村便民服务体系。要结合"最多跑一次"改革和网上办事系统建设，推进乡村党政服务中心、社会事务办事中心和综治中心的规范化建设，同时打通与医疗卫生、民政救济、人社服务、法律服务、农业服务以及其他社会组织和水电气等的协同联动，以提高公共服务和社会事务办理的时效性和满意度。此外，要利用智能技术最新成果来推动乡村治理的现代化水平，特别是要利用智能手机等移动终端，开发完善新型的电子政务，使乡村公共服务全面延伸到社会"末梢"。

（六）推动脱贫攻坚与乡村振兴统筹衔接

精准扶贫精准脱贫的目标任务将在 2020 年确保实现，但实现乡村振兴却是未来较长时期内一项重要的历史任务。一方面，打赢脱贫攻坚战以后，巩固脱贫成果和阻止返贫任务仍然艰巨，贫困治理永远在路上。另一方面，要努力构建解决乡村相对贫困问题的长效机制，将解决相对贫困纳入实施乡村振兴战略的统筹安排之中。① 同时，也要将乡村治理放到乡村振兴战略的大格局中，实现乡村治理与乡村振兴的有机衔接。乡村治理不能就治理谈治理，而要广泛吸纳社会各方面力量积极参与，努力打造共建共治共享的乡村治理格局。

总之，乡村社会治理是一项庞大的系统工程。未来乡村治理要在 2019 年的基础上继续前行，要充分发挥 2019 年公布的 20 个乡村治理典型案例和 115 个乡村治理体系建设试点县的示范引领作用，积累 11 个城乡融合试验区的试点经验；同时也要鼓励各地因地制宜探索不同地区乡村治理的新路子和新做法。特别是要针对本次疫情暴露出来的一些乡村治理的痛点和难点问题，找差距补短板，努力推动和实现乡村有效治理。

---

① 袁金辉：《构建解决相对贫困的长效机制》，《中国党政干部论坛》2019 年第 12 期，第 70～72 页。

参考文献

姜晓萍、许丹：《新时代乡村治理的维度透视与融合路径》，《四川大学学报》（哲学社会科学版）2019 年第 4 期。

蒋小杰、王燕玲：《县域社会治理的行动者分析与模式构建》，《行政论坛》2019 年第 2 期。

王斌通：《新时代"枫桥经验"与基层善治体系创新——以新乡贤参与治理为视角》，《国家行政学院学报》2018 年第 4 期。

习近平：《习近平谈治国理政》（第二卷），外文出版社，2017。

袁金辉、乔彦斌：《自治到共治：中国乡村治理改革 40 年回顾与展望》，《行政论坛》2018 年第 6 期。

周雪光：《中国国家治理的制度逻辑——一个组织学研究》，生活·读书·新知三联书店，2017。

B.6
2019年中国智慧社会建设进展及展望

姬凌岩*

摘 要： 智慧社会建设是党的十九大明确提出的社会发展目标。2019年，我国在智慧社会建设领域取得了丰硕的成果。明确政策导向，强化基础设施建设，规范建设标准，出台人才政策，分享交流科研实践成果，进一步加快了智慧社会建设步伐，促进了经济产业结构优化调整，提升了政府公共服务质量与效率，增强了社会公众在智慧社会中的体验感与获得感。然而，核心技术短板、配套法治尚不完善、城乡信息化发展不均衡、人才队伍基础薄弱等，依旧是我国智慧社会发展亟须应对和解决的问题。以人为本，缩小城乡数字鸿沟、升级信息化基础设施、加大人才队伍建设力度、完善配套法律法规，是我国智慧社会发展的主要趋势。

关键词： 智慧社会 信息通信技术 数字农村

党的十九大首次正式提出建设智慧社会的目标后，社会各领域积极响应，踊跃探索应用人工智能、大数据、云计算、物联网、移动互联网等新兴信息通信技术，优化完善业务流程，提高服务效率，便利百姓生活。

---

* 姬凌岩，中共中央党校（国家行政学院）信息技术部调研员，主要研究方向为网络社会治理、网络教育。

一　2019年智慧社会建设进展

新中国成立70周年之际，我国进一步加大了智慧社会建设发展力度，不断提升政策扶持水平，在信息化融合应用、通信基础设施升级、标准规范制定和人才基础建设等方面取得了众多成果。

（一）智慧社会建设进一步深入

随着大数据、移动互联网、云计算及5G技术在社会信息化建设中的进一步深度融合应用，2019年，我国在智慧社会建设领域取得了众多实践成果。人们已进入一部手机走天下的时代，手机支付、网上挂号、App打车、在线学习、协同办公已经成为人们生活工作的常态。

2019年，智慧医疗逐步启用，在线诊疗、远程会诊、移动护理、移动查房、远程手术等服务渐渐步入人们的生活，缩短了患者就医时间，提高了民众医疗效率，促进了社会优质医疗资源的合理分配。智慧交通成为人们生活常态，为改善交通拥堵、便捷出行提供了智能化途径。"交通大脑"，实时感知交通流量，提高了道路通行能力。"互联网＋政务"整体水平进一步提升，据《第44次中国互联网发展状况统计报告》数据显示，截至2019年6月，我国互联网政务用户规模达5.09亿人，全国31个省（自治区、直辖市）及新疆生产建设兵团、40余个国务院部门，均已开通网上政务服务平台。[①]

（二）信息通信基础设施升级

2019年4月，工业和信息化部为深入贯彻落实《推进互联网协议第六

[①] 《第44次中国互联网发展状况统计报告》，中国互联网络信息中心，http：//103.78.124.87/ 2Q2W6DA83B84C225EA1D20A863515C0E8D0FD6F948FD _ unknown _ E7A5B6D2DF10A283 BE722EF2E9F9659B99E60124 _ 4/www.cnnic.cn/hlwfzyj/hlwxzbg/hlwtjbg/201908/P020190830 356787490958.pdf，最后检索时间：2020年1月16日。

版（IPv6）规模部署行动计划》，启动了 2019 年 IPv6 网络就绪专项行动，加速推进我国 IPv6 发展进程。据《第 44 次中国互联网发展状况统计报告》数据显示，截至 2019 年 6 月，我国 IPv6 地址数量居全球第一，为 50286 块/32①，IPv6 用户活跃数达 1.3 亿人，基础电信企业已经分配 IPv6 地址用户 12.07 亿人②。丰富的 IPv6 资源也为相关领域的应用提供了良好的支撑。91.2% 的政府门户网站、80.2% 的中央企业门户网站可以通过 IPv6 访问③。截至 2019 年底，工业和信息化部表示 IPv6 基础设施现已全面就绪。

2019 年，我国正式启动 5G 商用，全国共开通 5G 基站 12.6 万个，多数基站部署在北上广等一线城市。北京市通信管理局公布的数据显示，截至 2019 年 12 月底，北京共建设 5G 基站 17357 个，共享 5G 基站 8400 多个，5G 用户 42.7 万人。上海市经信委数据显示，2019 年上海共建成 5G 宏基站约 1.6 万个、5G 室内小站 1.3 万个，实现了中心城区和郊区重点区域 5G 网络全覆盖。广东省则已建成开通 5G 基站 3 万余个。

2019 年 5 月，工业和信息化部、国有资产监督管理委员会启动深入推进宽带网络提速降费、支撑经济高质量发展 2019 年专项行动，开展"双 G 双提""同网同速""精准降费"等具体行动；重点组织了千兆宽带入户示范、移动网络扩容升级、电信普遍服务试点、网络架构完善、互联网应用能力增强、远程教育网络覆盖、远程医疗网络能力提升、移动物联网应用发展、精准降费、套餐设置规范化等工作。

与此同时，我国加大力度推进数字乡村建设。据《第 44 次中国互联网发展状况统计报告》数据显示，截至 2019 年 6 月，行政村通光纤和通 4G

---

① 《第 44 次中国互联网发展状况统计报告》，中国互联网络信息中心，http://103.78.124.87/2Q2W6DA83B84C225EA1D20A863515C0E8D0FD6F948FD _ unknown _ E7A5B6D2DF10A283 BE722EF2E9F9659B99E60124_ 4/www.cnnic.cn/hlwfzyj/hlwxzbg/hlwtjbg/201908/P020190830 356787490958.pdf，最后检索时间：2020 年 1 月 16 日。
② 《中国 IPv6 发展状况》，推进 IPv6 规模部署专家委员会，https://www.isc.org.cn/editor/attached/file/20190711/20190711191804_ 77655.pdf，最后检索时间：2020 年 1 月 22 日。
③ 《中国 IPv6 发展状况》，推进 IPv6 规模部署专家委员会，https://www.isc.org.cn/editor/attached/file/20190711/20190711191804_ 77655.pdf，最后检索时间：2020 年 1 月 22 日。

的比例均超过98%。农村网民规模达2.25亿人，较2018年底增长305万人，半年增长率为1.4%。[①]

（三）政策规划扶持力度加大

根据中国政府网政策文件库检索信息统计，为全方位推进智慧社会建设进程，2019年党中央、国务院及相关部委相继出台了有关规定、规划、方案、指南、办法、战略、指导意见等政策文件70余件，旨在引导全社会各领域积极合理科学有效运用云计算、大数据、移动互联网、新一代通信技术等，助力智慧社会全方位建设。

其中，涉及人工智能、信息应用、在线平台、数字经济等领域专项应用的政策文件30余件，包括数字农村、数字文化、数字交通、数字药监、互联网＋医疗、农村电商、智能电网、智能航运、智能快递、平台经济、在线教育、数字化文物管理、能源互联网建设、公共服务平台统一化以及林业草原人工智能等专项内容。涉及安全领域的相关政策文件7件，包括儿童个人信息网络保护规定、提升网络数据安全保护能力专项行动方案、云计算服务安全评估办法、"守护消费"专项执法行动通知、App侵害用户权益专项整治工作通知、加强工业互联网安全工作的指导意见等。

此外，提及智慧应用、数据共享等具体发展要求的有关文件30余件。涵盖农业、交通、水利、体育、食品安全、城市管理、电力管理、广播电视、自贸区建设、雄安新区建设、粤港澳大湾区发展、长江三角洲区域发展、林草产业、物流产业等众多领域。

（四）标准规范逐步出台

标准规范是社会数据信息共享的基础，是各类应用安全高效的保障，也

[①] 《第44次中国互联网发展状况统计报告》，中国互联网络信息中心，http://103.78.124.87/2Q2W6DA83B84C225EA1D20A863515C0E8D0FD6F948FD_unknown_E7A5B6D2DF10A283BE722EF2E9F9659B99E60124_4/www.cnnic.cn/hlwfzyj/hlwxzbg/hlwtjbg/201908/P020190830356787490958.pdf，最后检索时间：2020年1月16日。

是实施统一化管理的根本。标准规范的建设和推广使用，是智慧社会建设中的关键环节。2019 年，为加大智慧社会技术、信息、数据的标准化、规范性建设，相关部门制定出台了有关标准规范 100 余个，涉及智慧社会建设中的诸多领域，既包括具体技术应用实施的要求和方法，也涵盖信息安全和数据安全、相关应用领域数据信息的基本规范等。

其中，涉及技术层面的标准 70 余个，包括虚拟现实、信息设备互联、移动设备生物特征识别、智能移动终端应用软件、教育和培训、系统间通信和交换、工业云、传感器网络、大数据分析、云计算、增强现实、存储管理、多媒体编码、数据交易平台、云资源监控等领域。涉及信息技术安全层面的标准 30 余个，包括网络安全等级保护、操作系统安全、网络交换机安全、路由器安全、大数据安全、桌面云安全、云计算安全、移动终端安全、网络存储安全、工业控制系统安全、政府网站云计算安全等领域。涉及信息技术服务层面标准 8 个，主要包括从业人员基本能力、运行维护、外包、咨询设计、服务管理、监理等领域。此外，还包括物联网、智慧城市等标准 8 个，农田、交通、物流等领域标准约 15 个。

（五）社会宣传交流更为广泛

2019 年 5 月，国家互联网信息办公室、国家发展和改革委员会、工业和信息化部、福建省人民政府共同举办了第二届数字中国建设峰会，峰会聚焦电子政务、数字经济、大数据、智慧社会、工业互联网、网络科技、数字生态、数字健康、卫星应用、物联网等领域，国家互联网信息办公室在本次峰会上发布了《数字中国建设发展报告（2018 年）》。

2019 年 10 月，国家互联网信息办公室和浙江省人民政府主办了第六届世界互联网大会，重点关注了人工智能、5G 等前沿技术，组织了网络空间发展、信息技术创新成果展示，在"互联网之光"博览会上，来自 38 个国家和地区的 600 余家中外企业，展示和发布了包括鲲鹏 920、特斯拉完全自动驾驶芯片、飞桨、POLARDB、IPv6 超大规模部署实践与技术创新等在内的新成果、新技术、新应用。

2019 年 11 月，中国测绘学会、中国城市公共交通协会、中国海洋工程咨询协会等单位共同举办了第十三届中国智慧城市大会，重点围绕智慧城市、智慧建造、智慧水务、数字城管等领域进行了交流研讨，展示了城市管理、城市规划、智慧水务、智慧园区、智慧建造等智慧城市领域的相关技术和产品。

（六）人才建设导向性增强

近年来，随着科学技术的不断发展进步，人工智能、大数据、云计算等新兴技术与各行各业不断深度融合，催生了许多新兴职业。为了适应经济社会发展和科技进步的客观需要，2019 年，有关部门相继出台了专门文件，规范和支持新兴职业科学健康有序发展。

2019 年 1 月，人力资源和社会保障部联合工业和信息化部组织有关专家，制定并颁布了信息通信网络机务员、信息通信网络线务员、信息通信网络运行管理员、信息通信网络终端维修员、电子产品制版工、印制电路制作工、液晶显示器件制造工、半导体芯片制造工、半导体分立器件和集成电路装调工、计算机及外部设备装配调试员、广电和通信设备电子装接工、广电和通信设备调试工等 12 个国家职业技能标准，明确规定了对应岗位人员的职业功能、工作内容、技能要求和应当具备的技术知识要求，以及对应职业技能等级划分与等级鉴定的标准与方式。

2019 年 4 月，人力资源和社会保障部办公厅、国家市场监管总局办公厅、国家统计局办公室联合印发了《关于发布人工智能工程技术人员等职业信息的通知》。其中，确定了包括人工智能工程技术人员、大数据工程技术人员、云计算工程技术人员、数字化管理师、无人机驾驶员、物联网安装调试员、工业机器人系统操作员、工业机器人系统运维员等 13 个新职业信息，并明确了对应职业的基本定义和主要工作任务。

2019 年 5 月，国务院办公厅印发了《职业技能提升行动方案（2019～2021 年）》，要求在 2019～2021 年，持续开展职业技能提升行动，到 2021 年底技能劳动者占就业人员总量的比例达到 25%以上，高技能人才占技能

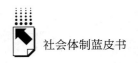

劳动者的比例达到30%以上；同时要求不断创新培训内容，围绕经济社会发展，开展先进制造业、战略性新兴产业、现代服务业以及循环农业、智慧农业、智能建筑、智慧城市建设等新兴产业培训；并明确提出加大人工智能、云计算、大数据等新职业新技能的培训力度。

二 智慧社会发展中存在的问题

虽然，2019年我国智慧社会建设取得了丰硕成果，但是核心技术自主化依然不够、数字鸿沟和信息孤岛仍旧存在、人才缺口较大等，依旧是我国智慧社会建设和发展面临的主要挑战。

（一）信息通信技术自主化水平有待进一步提升

长期以来，我国在信息技术和高科技领域一直向先进国家学习技术、引进技术，而后将其消化吸收，进而在国内应用创新，缺少完全自主的技术，特别是缺失核心技术。核心技术受制于他人是我国经济社会进一步发展的最大隐患，核心技术的国产化替代、技术的安全可控是摆在当前的重中之重。

目前，虽然我国在信息化服务和软件应用领域具有相对优势，国产化比率和水平不断提升，但是在传统的信息化基础设施方面，还存在相当差距。在服务器、计算机和网络安全设备领域，我国国产化率比较高，党政军领域依靠华为、浪潮、联想等基本实现了全面国产化。然而，中间件、存储等高端产品市场仍然被国外厂商占领。芯片、系统软件目前仍然是我国国产化程度最低的两个领域，特别是由于操作系统、数据库和虚拟化系统具有技术要求高、研发难度大、研究周期长等特点，目前这些领域基本被国外厂商垄断。例如，在数据库领域，由于数据库技术门槛较高，我国厂商的竞争实力相对较弱，国产化率仍然处于较低水平，目前Oracle、IBM和微软三大厂商依旧占据着市场的半壁江山。虽然，2019年我国政府开始在党政机关大力推广搭载国产操作系统、拥有国产芯片的计算机和服务器，但由于软硬件兼容性较差，系统配套应用过少，实际使用率较低，推广效果不明显，尚不具备大批量商业化应用的基础。

（二）城乡间信息化鸿沟依然存在

我国长期以来存在城镇、乡村信息化发展不均衡现象，城乡在网络普及率、网络基础设施建设以及信息化应用水平等方面存在较大差异。

在网络普及率方面，《第44次中国互联网发展状况统计报告》数据显示，截至2019年6月，我国城镇网民规模为6.30亿人，占城镇总人口的85.8%，占网民总数的73.7%，农村网民规模为2.25亿人，占农村总人口的39.3%，占网民整体的26.3%。而在5.41亿非网民中，农村地区非网民数量占非网民总数的62.8%，是非网民的主要群体。不懂电脑或网络、不懂拼音等文化程度限制、没有电脑等上网设备，是非网民不能上网的主要原因。①

在网络基础设施建设方面，由于偏远地区、自然条件复杂地区建设网络基础设施难度较大、相对投入较高，很大程度上阻碍了农村偏远地区网络基础设施建设进程，成为信息化应用无法推进的根本原因。据《2019全国县域数字农业农村发展水平评价报告》数据显示，全国县域数字农业农村发展总体水平为33%，其中东部地区为36%，中部地区为33%，西部地区为30%。②

在信息化应用水平方面，据《2019全国县域数字农业农村电子商务发展报告》数据显示，2018年网络销售百强县（区）中，74%分布在华东地区，12%在华北地区，9%在华南地区，3%在华中地区，2%在西南地区。③

---

① 《第44次中国互联网发展状况统计报告》，中国互联网络信息中心，http://103.78.124.87/2Q2W6DA83B84C225EA1D20A863515C0E8D0FD6F948FD _ unknown _ E7A5B6D2DF10A283BE722EF2E9F9659B99E60124_ 4/www.cnnic.cn/hlwfzyj/hlwxzbg/hlwtjbg/201908/P020190830356787490958.pdf，最后检索时间：2020年1月16日。

② 《2019全国县域数字农业农村发展水平评价报告》，农业农村部信息中心，http://www.agri.cn/V20/ztzl _ 1/sznync/gzdt/201904/P020190419608214653715.pdf，最后检索时间：2020年1月20日。

③ 《2019全国县域数字农业农村电子商务发展报告》，农业农村部信息中心，http://www.agri.cn/V20/ztzl _ 1/sznync/ltbg/201904/P020190419786421231378.pdf，最后检索时间：2020年1月20日。

从综合发展水平看，据《2019 全国县域数字农业农村发展水平评价报告》数据显示，我国农村信息化建设区域失衡，东强中西弱。其中，浙江的农业农村数字化水平最高，东部地区在人均年财政投入、农产品网络零售、农产品质量安全追溯应用等方面大幅领先，比中西部地区高一倍以上。从省域发展情况来看，浙江、重庆的年人均信息化财政投入远高于全国平均水平，西藏等地区的电子商务服务站覆盖率远低于全国平均水平。[①]

（三）智慧社会建设人才队伍缺口较大

智慧社会建设需要大量信息通信领域的专业技术人才和综合性管理人才，而信息通信领域属于知识密集型产业，具有知识高敏感性和人才高依赖性，据工业和信息化部统计数据显示，信息通信相关产业产值年均增速为 20% 以上，但是每年信息通信领域毕业生人数增长率却低于 10%。据华为与中国软件行业协会、信息技术工科产学研联盟联合发布的《中国 ICT 人才生态白皮书》数据显示，2017 年，我国信息技术产业人才总体需求缺口达 765 万人，并表现出人才需求数量巨大和人才错位两个显著特征。与此同时，随着新技术的不断涌现、持续发展和迅速普及，信息通信人才需求将更多集中在新兴的云计算、大数据、物联网、人工智能等领域。[②]

同时，传统的人才培养模式、供给方式也已经与信息化社会需要不相适应，亟待更新。当前迫切需要基于新的产业领域、需求内容，建立一套科学、可持续，产学研一体化，高校、企业、机构和基础教育密切互动的教育、培训和职业发展体系，以营造一个良性、可持续的人才供给生态环境。

---

① 《2019 全国县域数字农业农村发展水平评价报告》，农业农村部信息中心，http：//www.agri.cn/V20/ztzl_1/sznync/gzdt/201904/P020190419608214653715.pdf，最后检索时间：2020 年 1 月 20 日。

② 《中国 ICT 人才生态白皮书》，华为技术有限公司，http：//www.csia.org.cn/content.jsp？id=8a9e2bad6484e0ba01651da6038500c3，最后检索时间：2020 年 1 月 30 日。

（四）信息孤岛有待进一步消除

随着智慧社会建设的深度开展，特别是政府面向公众的智慧公共服务建设的深入，地区各自为政、分散化建设带来的问题日益突出。地区建成的智慧公共服务平台之间没有彼此联通，甚至由于建设标准不统一，各个平台数据难以交换与共享，给人民群众带来诸多不便，影响了智慧政府的办事效率和效能。

建成的数据中心，由于部门间权益划分造成数据彼此分割，甚至有些建成的数据中心本身就成了信息孤岛，无法实现数据中心彼此间数据共享。同时，一些农村边远地区，由于信息化基础设施不到位，信息化程度较低，根本无法收集到智慧社会建设所需的数据与信息，严重放慢了智慧社会建设的整体步伐。

与此同时，一些地方智慧政府建设的思想观念没有摆正，仅仅把信息通信技术应用作为简单的技术手段升级，用其替换传统的技术手段，而没有深度挖掘信息通信技术的应用内涵和服务潜力，没有将信息通信技术与推动社会经济发展、改善社会民生深度融合，智慧社会发展过程中建成的各类应用服务缺乏科学论证、统一规划，最终造成智慧服务仅体现在一处或一点，而没有形成体系。政务服务平台建设管理分散、办事系统繁杂、事项标准不一、数据共享不畅、业务协同不足、数据开放滞后①等问题较为普遍，制约了大数据的发展与应用。

三　未来智慧社会建设展望

为推进我国智慧社会科学、健康、可持续发展，切实提升政府治理水平、促进经济产业结构优化，真正实现便民利民惠民，未来我国智慧社会建

---

① 《国务院关于加快推进全国一体化在线政务服务平台建设的指导意见》，国发〔2018〕27号，http://www.gov.cn/zhengce/content/2018 – 07/31/content_ 5310797.htm，最后检索时间：2020 年 1 月 22 日。

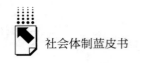

设需要始终坚持以人为本，着力缩小社会数字鸿沟，以法治完善为智慧社会保驾护航，以人才建设带动信息化融合应用，以信息化素养培育增强公民获得感。

（一）始终坚持以人为本建设智慧社会

智慧社会建设与人民生活密切相关，体现了人民群众对美好生活的具体要求。让人民具有获得感，是智慧社会建设的根本目标。党的十八大以来，党中央始终坚持以人为本、执政为民，始终保持党同人民群众的血肉联系。"以民为本、以人为本"的执政理念愈加深入人心，成为党和国家各项事业发展的基本指导原则。早在2015年12月，习近平总书记在中央城市工作会议上就明确指出，"城市的核心是人，关键是十二个字：衣食住行、生老病死、安居乐业。城市工作做得好不好，老百姓满意不满意，生活方便不方便，城市管理和服务状况是重要评判标准"。

智慧社会建设应当始终以人为本、以民为本，把百姓的实际需求和对美好生活的追求放在第一位，紧紧围绕习近平总书记提出的十二个字，以便民、惠民为根本出发点，着手解决城镇居民和农村百姓最关心、最急迫的问题。智慧社会建设既要着眼于城市管理和城市公共服务建设，为城镇居民提供高质量、高效率、覆盖广、层次多的公共服务，也要面向广大农村地区，因地制宜，按照农民日常生活需求、农业生产需要，开展农村地区智慧社会建设。同时智慧社会建设不应生搬硬套国外经验，应运用中国智慧解决中国问题，结合我国实际，摸索中国经验，建设与我国城镇乡村发展水平相适应的智慧社会。

（二）加快提升农村信息化建设水平

各级政府要统筹规划，协同并进，切实贯彻落实党中央、国务院关于全国农业农村信息化建设的决策部署，落地实施《数字乡村发展战略纲要》《数字农业农村发展规划（2019～2025年）》《"十三五"全国农业农村信息化发展规划》等系列文件要求，科学合理、因地制宜地做好本地政策规划制定和贯彻执行。

同时，各级政府应积极鼓励社会力量参与农业农村信息化建设；一是大力推进偏远地区信息通信基础设施建设，重点着眼于偏远地区宽带网络和4G通信设施建设，真正实现城乡同网同速；二是进一步加大村级益农信息社建设力度，为农民提供便民服务、电商服务、公益服务和培训服务；三是大力加强农民信息技术应用培训，各地相关部门协同有关企业，采用线上线下相结合的混合模式，培训广大农民如何线上销售农产品，获取相关帮扶服务。

（三）进一步落实相关人才队伍建设规划

政府需要重点培育与智慧社会建设相适应的综合型管理人才，相关组织部门要围绕数字中国、智慧社会建设，设置专题培训班次，组织开展领导干部专题业务培训，各级领导干部培训机构要科学规划设置培训内容，充分利用案例教学、现场教学、模拟演练、专题讲座、在线学习等教学模式，提升领导干部数字化、智慧化执政能力和工作水平。

教育部门要根据科学技术发展趋势与经济社会发展需要，科学合理制定各层各级各类信息通信人才建设规划和智慧社会人才素养培养方案，认真组织开发制定适用于基础教育、职业教育、高等教育的学科体系和教学内容，进一步支持推进高等院校产学研一体化，提升人才科研实干能力，切实培养出符合社会发展需要的建设人才。相关部门应配套出台新兴岗位人员职业评估标准和在职培训要求，确保在职人员实现自身职业的可持续健康成长。

同时，有关部门需要创新人才管理制度，建立一套科学有效的政策，引进留住优秀人才，建立一系列行之有效的人才奖励激励机制，突破原有僵化的用人机制，鼓励高科技人才在社会各领域流转，为智慧社会发展提供复合型人才。

（四）着力强化智慧社会法治建设

智慧社会在有效推进社会经济高质量发展、大力提升社会治理水平、便利人民群众生活的同时，也对传统社会治理方式、公众权益保障带来了不可避免的挑战。智慧社会是以大数据为基础的，收集的庞大数据，既包括自然环境、公共场所产生的公共数据，也涉及大量的个人信息、私人物产等隐私数据。公共数据的暴露，会对社会秩序、公共安全乃至国家安全产生威胁，而隐私数据的泄露或不当利用，则会危害个人利益。因此，在智慧社会建设的同时政府必须加强相关法治建设，建立和完善智慧社会建设的相关法律法规；一方面，要认真执行国家现有网络安全法及相关网络信息保护法律法规；另一方面，要加强数据、信息领域相关法律法规制定工作，保障智慧社会健康发展，更有力度地确保国家安全和公民个人安全；同时，进一步加大相关法律法规宣传教育力度，大幅度提升智慧社会公众法律意识。

（五）亟须培育全民信息素养

信息化素养是信息化时代人们具备的一种基本综合能力，是一种适应信息社会的能力，包括信息的意识、信息的能力和信息的应用三个层面。具有高水平信息素养的人，能够判断何时需要信息，如何获取信息以及如何评价和有效利用掌握的信息。智慧社会建设，需要全民参与、全民享用。全民信息素养水平对智慧社会建设成功与否，有较大的影响。只有全面提升全民信息素养，才能真正发挥智慧社会的高效、智能，才能让百姓真正享受到智慧社会带来的便利，才能提高智慧社会中民众的安全意识，才能发挥智慧社会建设带来的最大效益。

B.7
新时代"枫桥经验"与社会矛盾
预防化解机制创新*

刘 冰**

摘　要： 新时代"枫桥经验"经过制度化、理论化和实体化的发展成为我国预防化解社会矛盾的基本方法。在过去一年中，我国社会矛盾预防化解机制创新主要表现为矛盾纠纷多元化解机制有效衔接、构建社会治理共同体预防化解矛盾、部门联动应对社会矛盾综合体以及科技支撑社会矛盾治理平台建设。社会矛盾化解机制具有更加突出的综合性、群众性、协同性和技术性。在未来发展中，新时代枫桥经验和社会矛盾预防化解将与社会治理现代化的重点任务紧密结合，在市域范围探索预防化解社会矛盾的综合机制，进一步加强社会矛盾预防化解的智能化水平，并强化社会矛盾源头治理机制。

关键词： 新时代枫桥经验　社会矛盾　社会治理

　　社会治理的最佳效果，是将矛盾消解于未然，将风险化解于无形，确保人民安居乐业、社会安定有序。正确处理新形势下人民内部矛盾是维护社会

　*　本文为国家社会科学基金"复合型邻避补偿政策设计及运行机制研究"（资助号：18BGL211）及国家社会科学基金重大研究专项"社会治理现代化指标构建研究"（资助号：17VZL004）的阶段性成果。
　**　刘冰，北京师范大学中国社会管理研究院/社会学院副教授，主要研究方向为风险与社会治理。

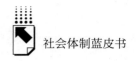

稳定和国家安全的重要任务。新中国成立 70 年来，我国在正确处理人民内部矛盾方面创造了许多宝贵经验，其中最突出的是"枫桥经验"。诞生于 20 世纪 60 年代的"枫桥经验"经过不断创新发展，展现出历久弥新的生命力。2019 年，"新时代'枫桥经验'"被写入中国共产党十九届四中全会《中共中央关于坚持和完善中国特色社会主义制度 推进国家治理体系和治理能力现代化若干重大问题的决定》（以下简称《决定》），标志着新时代"枫桥经验"成为我国共建共治共享的社会治理制度的重要组成部分，为预防化解社会矛盾、创新基层社会治理提供了基本的方法论。

一 新时代"枫桥经验"的发展和升华

（一）新时代"枫桥经验"制度化

20 世纪 60 年代初，浙江省诸暨市枫桥镇的干部群众创造了一套"发动和依靠群众，坚持矛盾不上交、就地解决，实现捕人少、治安好"的社会矛盾调解经验。50 多年来，"枫桥经验"不断被注入新的时代内涵，逐步成为化解矛盾纠纷和完善基层社会治理的普遍经验。

党和国家领导人高度重视新时代"枫桥经验"的提炼和推广。2003 年 11 月，时任浙江省委书记的习近平同志强调，要充分珍惜、大力推广、不断创新"枫桥经验"，切实维护社会稳定。2013 年 10 月，习近平总书记就坚持和发展"枫桥经验"做出重要指示，要求把"枫桥经验"坚持好、发展好，把党的群众路线坚持好、贯彻好[1]。在党和国家的号召下，各地方各部门积极探索社会治理新思路新举措，从源头上预防和化解社会矛盾，逐步形成了新时代"枫桥经验"的精神实质，为"枫桥经验"的制度化建设奠定了基础。

---

① 习近平：《把"枫桥经验"坚持好、发展好 把党的群众路线坚持好、贯彻好》，《人民日报》2013 年 10 月 12 日，第 1 版。

2019 年 1 月 21 日,习近平总书记在省部级主要领导干部坚持底线思维着力防范化解重大风险专题研讨班上发表重要讲话,提出"要推进社会治理现代化,坚持和发展'枫桥经验',健全平安建设社会协同机制,从源头上提升维护社会稳定能力和水平。"① 5 月 7~8 日,习近平总书记在全国公安工作会议上再次强调要"把'枫桥经验'坚持好、发展好,把党的群众路线坚持好、贯彻好,充分发动群众、组织群众、依靠群众,推进基层社会治理创新,努力建设更高水平的平安中国"②。2019 年 10 月,"坚持和发展新时代'枫桥经验'"历史性地被写入《决定》③,标志着新时代"枫桥经验"上升到制度层面,成为我国在推进社会治理现代化过程中具有普遍指导意义的基本经验。

(二)新时代"枫桥经验"理论化

典型地方经验在向全国推广的过程中必然要经历一个理论化的过程。从 20 世纪 60 年代的"小事不出村、大事不出镇、矛盾不上交"发展到新时代的"矛盾不上交、平安不出事、服务不缺位","枫桥经验"始终是以简单实用的工作经验进行交流和推广,精练地揭示了社会治理的目标和内容。新时代"枫桥经验"要上升为社会治理的方法论,还需要从理论上回答新时代"枫桥经验"的基本内涵。

社会治理的实践者和研究者都展开了对"枫桥经验"理论化的探索④。"枫桥经验"的发源地浙江省绍兴市将新时代"枫桥经验"的基本方法提炼为

---

① 《习近平在省部级主要领导干部坚持底线思维着力防范化解重大风险专题研讨班开班式上发表重要讲话》,中国政府网,http://www.gov.cn/xinwen/2019-01/21/content_5359898.htm,最后检索时间:2020 年 1 月 21 日。
② 《习近平出席全国公安工作会议并发表重要讲话》,中国政府网,http://www.gov.cn/xinwen/2019-05/08/content_5389743.htm,最后检索时间:2020 年 1 月 21 日。
③ 本书编写组:《中共中央关于坚持和完善中国特色社会主义制度 推进国家治理体系和治理能力现代化若干重大问题的决定》,人民出版社,2019。
④ 彭宗超:《中国社会矛盾的全面风险治理——兼谈"枫桥经验"》,《公安学刊(浙江警察学院学报)》2013 年第 3 期;任建通、冯景:《纠纷解决与基层社会治理——以"枫桥经验"为例》,《社会科学论坛》2016 年第 1 期;孔祥涛:《坚持和发展新时代"枫桥经验"的三个向度》,《中国党政干部论坛》2019 年第 12 期。

党建引领、人民主体、"三治融合"①、"四化并举"② 和共建共享③。理论界也逐步将新时代"枫桥经验"视为"在党的领导下由枫桥等地人民创造和发展起来的化解矛盾、促进和谐、引领风尚、保障发展的一整套行之有效并且具有典型意义和示范作用的基层社会治理机制和方法",集中展现了基层社会治理的中国智慧和中国方案④。

党的十九届四中全会以后,为了进一步推广"枫桥经验"和指导社会治理创新,我国将新时代"枫桥经验"的核心要义概括为"五个根本":新时代"枫桥经验"的根本原则是坚持党的领导,根本立场是以人民为中心,根本途径是综合施策,根本理念是关口前移,根本支撑是基层基础(见图1)⑤。"五个根本"是新时代"枫桥经验"理论化的重要成果,体现了中国特色社会治理的制度优势,反映了社会治理规律,为各地在"枫桥经验"的基础上创新社会治理提供了基本的理论支点。新时代"枫桥经验"的理论化还将继续丰富,最终构成新时代社会治理理论体系。

图1 新时代"枫桥经验"的理论化

(三)新时代"枫桥经验"实体化

新时代"枫桥经验"在全国的推广在不同领域依托了不同的载体,其中影响最为广泛的是公安系统开展的"枫桥式公安派出所"创建活动。

---

① "三治融合"是指自治、法治、德治在社会治理中的融合应用。
② "四化并举"是指在社会治理中提高社会化、法治化、智能化、专业化水平。
③ 马卫光:《坚持和发展新时代"枫桥经验"》,《求是》2018年第23期。
④ 张文显:《新时代"枫桥经验"的理论命题》,《法制与社会发展》2018年第6期。
⑤ 陈一新:《完善正确处理新形势下人民内部矛盾有效机制》,《人民日报》2019年12月9日,第9版。

2019 年初,公安部在全国公安厅局长会议上部署了"枫桥式公安派出所"创建活动。2019 年底,公安部命名首批 100 所"枫桥式公安派出所",在全国起到了示范引领作用,切实体现了坚持和加强党的领导、以人民为中心、以改革创新为动力、以基层基础建设为保障的新时代"枫桥精神"[①]。

除此之外,新时代"枫桥经验"还在社会治理的各部门各地方以各种实体化形式生根发芽。2019 年 7 月,最高人民法院出台《最高人民法院关于建设一站式多元解纷机制 一站式诉讼服务中心的意见》,推进一站式诉讼服务中心建设[②],为当事人提供诉讼指引、便民服务、诉讼辅助、纠纷解决、审判事务等服务,并在浙江试点建立了"在线矛盾纠纷多元化解平台",成为新时代"枫桥经验"的网络化载体。从地方上看,浙江省在 2019年大力探索建设县级社会矛盾纠纷调处化解中心(即"信访超市")[③],满足了群众解决矛盾"最多跑一地"的需求。各种基层社会治理实体的建立本身就是新时代"枫桥经验"的具体体现,同时又为坚持和发展"枫桥经验"提供了载体。

二 2019年新时代"枫桥经验"与社会矛盾预防化解机制创新

(一)综合性:矛盾纠纷多元化解机制有效衔接

"枫桥经验"特别注重采用调解方式就地解决矛盾。我国在化解社会矛盾的过程中采取了多种形式的调解机制,主要包括人民调解、行政调解和司法调解。近年来,我国在已有的矛盾纠纷多元化解方式的基础之上,着力推

---

① 张璁:《做新时代枫桥经验的践行者》,《人民日报》2019 年 11 月 29 日,第 1 版。
② 最高人民法院官方网站,http://www.court.gov.cn/fabu-xiangqing-174602.html,最后检索时间:2020 年 2 月 4 日。
③ 吴佳蔚:《一站式化解矛盾 浙江今年将实现县市区"信访超市"全覆盖》,http://js.zjol.com.cn/ycxw_zxtf/201906/t20190613_10327813.shtml,最后检索时间:2020 年 2 月 4 日。

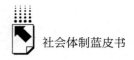

动三大调解机制之间、调解机制与其他矛盾解决机制之间的有效衔接，形成了综合性的社会矛盾化解机制。

这种综合性首先表现为人民调解、行政调解和司法调解的联动，初步构建了"大调解"工作格局。2019年，一些地方在落实政府机构改革方案的过程中，将原司法局和原法制办各项调解职能整合，使人民调解和行政调解的衔接更加顺畅。随着社会矛盾专业性增强，如物业纠纷、医疗纠纷、金融借贷纠纷等，许多地方大力推动行业性、专业性人民调解委员会建立，推动了矛盾调解的细分和专业化，有效提升了调解的成功率。

各类调解在化解社会矛盾特别是解决民间纠纷方面的作用显著提升。我国2009年调解民间纠纷579.3万件，近十年跃升到新台阶，2018年调解民间纠纷达到953.2万件（见图2），其中邻里纠纷占26.2%，婚姻家庭纠纷占17.6%。

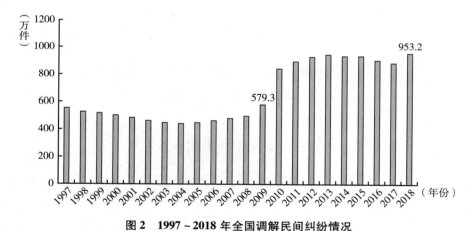

图2 1997～2018年全国调解民间纠纷情况

资料来源：作者根据历年《中国统计年鉴》整理。

社会矛盾预防化解机制的综合性还表现在调解机制与其他矛盾解决机制之间相衔接，建立了诉调、警调、检调、专调和访调之间的对接机制。村镇基层则直接采取了综治工作站、人民调解室、驻村警务室"三位一体"的模式。空间融合倒逼组织协同和流程再造，矛盾化解由碎片治理走向整合治理。社会矛盾预防化解机制的综合性增强,有利于应对新形势下矛盾纠纷所呈现的主体多元化、诉求复杂化、类型多样化等特征。

(二)群众性:构建社会治理共同体预防化解矛盾

"枫桥经验"是党的群众路线的具体体现,为了群众是"枫桥经验"的根本宗旨,依靠群众是"枫桥经验"的基本方法。预防化解社会矛盾重点在基层,关键在群众。我国社会治理强调重心下移、资源下沉。"枫桥式公安派出所"密切联系群众,推动矛盾纠纷排查的常态化,并通过积极干预实现矛盾纠纷的就地化解。2019 年 6 月,中办、国办印发《关于加强和改进乡村治理的指导意见》,推动法院跨域立案系统、检察服务平台、公安综合窗口、人民调解组织延伸至基层,提高响应群众诉求和为民服务能力水平①。2019 年 7 月《关于加快推进公共法律服务体系建设的意见》印发,提出加强基层公共法律服务,均衡配置城乡基本公共法律服务资源。基层化解矛盾的能力不断增强。

各类社会组织积极参与社会治理的机制日趋完善。群团组织积极维护公共利益、救助困难群体、预防违法犯罪,起到了从源头预防社会矛盾的作用。社区自治组织在调处民间矛盾方面具有优势,通过自治章程、村规民约、居民公约发挥自律规范作用,运用民事民议、民事民办、民事民管的方法解决人民内部矛盾。政府通过购买服务、定向委托的方式大力培育专业性社会组织参与基层生活服务、矛盾调处、心理干预、治保维稳等治理。

群众参与社会治理的机制逐步建立。浙江涌现出"红枫义警""武林大妈"等志愿者投身到维护治安、预防矛盾的工作中。天津市公安局宝坻分局林亭口派出所创新推出"连心卡""守望哨"等群众警务模式。在矛盾纠纷的调解中,一些地方还探索了"乡贤调解"机制,从当地老干部、老党员、老教师、老医务工作者中聘用乡贤充实基层调解队伍。一些致富能手和产业带头人也主动担任调解顾问,充分发挥熟人社会中彼此信任和人际网络

---

① 《中共中央办公厅 国务院办公厅印发〈关于加强和改进乡村治理的指导意见〉》,中国政府网,http://www.gov.cn/zhengce/2019 – 06/23/content_ 5402625.htm,最后检索时间:2020 年 2 月 1 日。

优势就地化解矛盾。多元参与机制在矛盾预防化解领域构建了社会治理共同体，形成了政府治理、社会调节、居民自治良性互动的格局。

（三）协同性：部门联动应对社会矛盾综合体

当前的社会矛盾出现跨界性增强、传导性加快的特征，局部矛盾向外扩散、向上传导扩大了矛盾影响范围，形成较为复杂的社会矛盾综合体。一些聚众性社会矛盾涉及人数众多，要求多部门联动协同应对。比如近年来影响广泛的金融类矛盾纠纷，不仅涉及人数众多、金额巨大，而且涉及多个金融业监管部门。2019 年 11 月 20 日，最高人民法院、中国人民银行、中国银行保险监督管理委员会联合印发《关于全面推进金融纠纷多元化解机制建设的意见》（以下简称《意见》），对金融纠纷多元化解机制的案件范围、调解协议的司法确认制度做出规定，三部门联合成立金融纠纷多元化解机制工作小组，具体负责金融纠纷多元化解机制建设的指导和协调工作，切实保护金融消费者的合法权益。

在地方上，浙江在全省范围内建设县级社会矛盾纠纷调处化解中心，多部门联合进驻办事大厅，形成了一站式化解矛盾的"信访超市"。如杭州市将综治工作中心、人民来访（联合）接待中心等 15 个中心整合到一起，用常驻、轮驻、随驻 3 种形式统筹 12 个部门 30 余项职能①，有效改善了以往推诿扯皮的现象，多部门形成合力及时化解社会矛盾。

信访代办是基层实现部门协同的一种创新机制。2019 年 3 月开始，浙江省绍兴市在诸暨市枫桥镇启动信访代办制试点工作，在镇、村两级以及社会服务组织建立代办服务站，由专职代理员替群众反映问题，各职能办主任、纪委副书记、驻镇站所负责人等组成的信访代理服务团，负责对信访代理员提交的案件进行调查和处置。浙江省多地推广信访代办机制，创新了"矛盾就地解决"的枫桥经验。

---

① 张彧等：《一个"信访超市"背后的矛盾化解机制创新》，浙江省人民政府网，http：//www.zhejiang.gov.cn/art/2019/11/12/art_ 1554470_ 40088775. html，最后检索时间：2020 年 2 月 1 日。

（四）技术性：科技支撑社会矛盾治理平台建设

党的十九届四中全会强调了科技支撑在社会治理中的重要作用。以科技为支撑的社会治理是传统社会向信息社会转型过程中的必然趋势。技术赋能极大地改变了预防和化解社会矛盾的方式，形成了互联网上的"枫桥经验"。先进技术手段的应用也倒逼矛盾预防化解的运行机制创新。

"在线矛盾纠纷多元化解平台"（ODR，online dispute resolution）从试点进入推广，集成了在线咨询、在线评估、在线调解、在线仲裁、在线诉讼五大服务功能。目前，浙江省有 106 家法院和 11 家仲裁机构进驻 ODR 平台，注册办案法官 891 名，咨询师 1445 名，调解师 45196 名。该平台现有注册用户约 126 万人，自平台运行以来已受理咨询、调解案件 731087 例，调解成功率为 89%[①]。ODR 平台实现了线上与线下结合、诉讼与调解对接的司法服务，运用信息化手段整合社会资源，低成本、高效率化解纠纷。

信息技术在信访、公安、司法等领域也获得快速发展。网上信访成为群众信访的主要渠道，信访数据的互联互通提升了访调对接、部门联动等多元方式化解矛盾的效率。2019 年 6 月，国家信访局业务智能辅助系统集成上线，针对特定矛盾提供辅助办信、智能接谈、智能研判等技术支持。政法系统高度重视智能化建设，各地积极探索"智慧政法"的新模式，以原有的信息化建设为基础，形成政法云数据中心，为矛盾化解提供技术支持。

三　2020年新时代"枫桥经验"与社会矛盾预防化解展望

（一）探索市域范围的社会矛盾预防化解综合机制

加快推进市域社会治理现代化是党的十九届四中全会提出的一项重要任

---

① 在线矛盾纠纷多元化解平台，https://www.yundr.gov.cn，最后检索时间：2020 年 1 月 30 日。

务。市域社会治理现代化将成为我国推进社会治理现代化的重要突破口。2019 年底，全国市域社会治理现代化工作会议明确提出"要推动'枫桥经验'由乡村治理向城镇社区治理延伸、由社会治安向各个领域扩展"。这意味着新时代"枫桥经验"将涉及从乡村延伸到城市、从基层提升到市域、从社会治安扩展到城市社会治理的综合事务，在更广阔的空间、层级和领域发挥作用，反过来也将推动新时代"枫桥经验"在更高的平台和载体上不断丰富和创新。作为"枫桥经验"发源地的绍兴市率先开始了在市域社会治理现代化中运用"枫桥经验"的实践。2019 年 12 月 31 日，绍兴市出台《坚持和发展新时代"枫桥经验" 更高水平推进市域社会治理现代化的实施意见》，全力推动"枫桥经验"体系化、指标化、实体化、全域化、数字化，进一步防范化解市域社会治理中的重大风险①。

防止矛盾风险溢出是市域社会治理的目标。市域在国家治理体系中具有承上启下的枢纽作用，市域成为防范化解矛盾风险的关键层级。新时代"枫桥经验"从原则、理念和路径上为市域社会治理提供了基本的方法论，同时还需要根据市域社会治理的特点不断丰富和完善。这是因为市域层面的社会矛盾与村镇或县域并不完全相同。一方面，市域层面具有与村镇基层相似的社会矛盾，如邻里矛盾、家庭矛盾、借贷纠纷、意外伤害等，这些矛盾常常可以借鉴"枫桥经验"的调解机制实现就地化解；另一方面，市域层面还会集聚一些具有群体性、系统性和复杂性特征的社会矛盾，这些矛盾常常需要通过有效的公共政策加以解决，如邻避问题、金融纠纷、商品房交易纠纷、流动人口问题等，这不仅需要有效衔接的调解机制，还需要不断完善民主协商、决策听证、社会稳定风险评估等公共决策机制，从源头上预防社会矛盾的滋生。市域社会治理现代化需要通过制度供给实现新时代"枫桥经验"在市域社会治理结构中的有效嵌入，不断发展出各具特色的"城市版"。

---

① 绍兴市人民政府：《坚持和发展新时代"枫桥经验" 更高水平推进市域社会治理现代化的实施意见》，http：//www.sx.gov.cn/art/2020/1/6/art_1462938_41452689.html，最后检索时间：2020 年 1 月 20 日。

（二）提升社会矛盾预防化解的智能化水平

"智慧政法""智慧信访"等系统的建立实现了传统矛盾化解工作的信息化，下一阶段必然加深信息系统的智能化程度，向数据分析、趋势研判和辅助决策的方向发展。智能化技术将大大提升矛盾预防的前瞻性和精准性。大数据技术捕捉大量个体和群体的行为信息，通过数据挖掘技术及时了解舆情和民意，对具有模式化特征的社会矛盾提出预警，促进社会的动态治理。"智慧政法""智慧信访"提供智能分析和辅助系统，能提升矛盾化解的效率。

当前，我国社会矛盾预防化解的相关部门逐步建立的与职能相关的信息系统，已经具备良好的信息化基础。下一步的发展会以预防和化解矛盾纠纷为根本任务，加快各类系统的纵向贯通和横向集成，通过一体化的矛盾纠纷多元化解平台实现诉讼服务、立案登记、诉调对接、诉讼信访等多项功能。在一些地方，预防化解社会矛盾的信息系统还可能与原有的网格治理、智能服务等实现整合。随着矛盾预防化解方式的发展，未来还可能延伸出心理服务、危机干预等新功能。矛盾化解功能与社会治理功能的融合发展将大大拓展现有信息系统的服务对象，覆盖更广泛的人群，最终形成线上线下互动、共建共治共享的社会治理服务新格局。

（三）强化社会矛盾源头治理机制

从社会矛盾发生、发展、演变的过程来看，社会矛盾演化的各个环节都需要建立强有力的应对机制。当前，社会矛盾显现后的化解机制发展较为完备。相对于矛盾纠纷解决机制而言，社会矛盾预防环节仍显薄弱。为适应我国社会治理现代化的要求，从源头上有效预防社会矛盾仍然有较大改进空间。党的十九届四中全会为社会矛盾的源头治理指明了两个方向：一是畅通和规范群众诉求表达、利益协调和权利保障通道；二是健全社会心理服务体系和危机干预机制。前者是宏观层面的制度框架，后者是微观层面的具体方法，这两个层面的设计都将预防矛盾纠纷的关口前移到了社会矛盾的发生环节，将与现有的较为完备的矛盾化解机制构成社会矛盾的全链条治理。

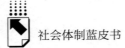

利益冲突是社会矛盾的主要表现形式。对群众诉求、利益和权利的保护意味着多元利益将被动态地整合到公共决策、政策执行和常态治理之中，诉求和回应之间的匹配将大幅减少矛盾的发生。我国在这方面已经建立了决策听证和社会稳定风险评估制度，还需要建立更多的渠道和平台加强社会协商对话。社会心理服务和干预机制可以被看作微观层面化解矛盾和避免极端事件发生的重要方法，但同时也需要总体的社会心态监测、特定群体心理服务和特殊个体的心理干预，建立一个多层次、立体化的社会心态引导机制。

总体来看，中国特色社会主义进入新时代，我国社会主要矛盾已经转化为人民日益增长的美好生活需要和不平衡不充分的发展之间的矛盾①。人民对美好生活的需要表现在民主、法治、公平、正义、安全、环境等多个方面，在社会治理中要求享有更多的知情权、参与权、表达权和监督权，因此，不断完善共建共治共享的社会治理制度是预防和化解社会矛盾的根本途径。

参考文献

陈一新：《完善正确处理新形势下人民内部矛盾有效机制》，《人民日报》2019年12月9日，第9版。

马卫光：《坚持和发展新时代"枫桥经验"》，《求是》2018年第23期。

孔祥涛：《坚持和发展新时代"枫桥经验"的三个向度》，《中国党政干部论坛》2019年第12期。

彭宗超：《中国社会矛盾的全面风险治理——兼谈"枫桥经验"》，《公安学刊（浙江警察学院学报）》2013年第3期。

任建通、冯景：《纠纷解决与基层社会治理——以"枫桥经验"为例》，《社会科学论坛》2016年第1期。

张文显：《新时代"枫桥经验"的理论命题》，《法制与社会发展》2018年第6期。

---

① 习近平：《决胜全面建成小康社会　夺取新时代中国特色社会主义伟大胜利——在中国共产党第十九次全国代表大会上的报告》，人民出版社，2017。

基本公共服务篇

Basic Public Service Reports

B.8

2019年中国教育体制改革进展与展望

朱国仁*

摘　要：　2019年，我国在推进教育现代化和深化育人体制、职业教育、义务教育等方面的改革取得明显进展。教育制度建设和治理能力建设、完善党对教育工作全面领导制度、健全育人体制机制、构建全民终身学习的教育体系和教育督导体制机制改革等，将成为2020年及以后我国教育体制改革的重点。

关键词：　教育体制　教育改革　教育治理　教育现代化

2019年是新中国成立70周年。在党的领导下，经过70年的不懈努力，

---

* 朱国仁，中共中央党校（国家行政学院）研究生院常务副院长，研究员，主要研究方向为教育理论、教育管理与教育政策。

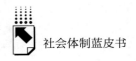

我国教育事业取得了举世瞩目的成就。经过 70 年的不断探索，我国逐步确立和形成了中国特色社会主义教育体制。2019 年，在迈向教育现代化的进程中，我国教育体制改革持续深化，取得新的进展。2020 年是我国全面建成小康社会，实现第一个百年奋斗目标的关键之年，也是各项教育发展规划的收官之年，教育体制改革将继续向前推进。

一　2019年教育体制改革进展

2019 年，为贯彻落实习近平总书记在全国教育大会上的重要讲话，一系列重要的教育政策和改革举措相继出台，教育体制改革进展明显。

（一）颁布《中国教育现代化2035》，教育体制改革方向进一步明确

教育在现代化建设中具有基础性、全局性、先导性作用。优先发展教育事业是改革开放以来党中央做出的一项重要战略举措。教育现代化既是国家现代化的重要组成部分，也是国家现代化的重要支撑，所以，在推进社会主义现代化建设进程中，必须加快教育现代化。继党的十七大提出"提高教育现代化水平"后，2010 年 7 月中共中央、国务院发布的《国家中长期教育改革和发展规划纲要（2010～2020 年)》提出"到 2020 年，基本实现教育现代化"的战略目标，2016 年 3 月发布的《中华人民共和国国民经济和社会发展第十三个五年规划纲要》提出"推进教育现代化"，党的十九大提出"加快教育现代化"，中共中央、国务院于 2019 年 2 月印发的《中国教育现代化2035》，明确提出了推进我国教育现代化的战略背景、指导思想、基本理念、总体思路、总体目标、战略任务、实施路径和保障措施，全面规划了教育现代化的蓝图，明确了教育现代化的时间表和路线图，是我国第一个以教育现代化为主题指导我国教育现代化建设的纲领性文件。《中国教育现代化2035》提出的战略目标是：到 2020 年，"教育现代化取得重要进展"，"到 2035 年，总体实现教育现代化"。这表明，教育现代化目标要比党的十九大提出的到

2035 年基本实现社会主义现代化、到 21 世纪中叶全面建成社会主义现代化强国的战略目标整整提前了 15 年。教育现代化是一个系统工程，教育体制的现代化既是教育现代化的主要内容也是教育现代化的重要保证。教育体制改革贯穿教育现代化全过程，因此，《中国教育现代化 2035》也为新时代我国教育体制改革指明了方向。在《中国教育现代化 2035》发布的同时，中办、国办发布了《加快推进教育现代化实施方案（2018~2022 年)》，提出了 2018 年到2022 年加快推进教育现代化的指导思想、实施原则、重点任务和保障措施。这是推进我国教育现代化的近期行动计划，为加快教育现代化也为今后几年我国教育体制改革提供了具体指导。《中国教育现代化 2035》和《加快推进教育现代化实施方案（2018~2022 年)》的实施，将全面推进我国教育体制的现代化，标志着我国教育体制改革进入了新的阶段。

（二）加强综合素质教育，学校育人体系进一步完善

习近平总书记在全国教育大会上提出，要在坚定理想信念、厚植爱国主义情怀、加强品德修养、增长知识见识、培养奋斗精神和增强综合素质等方面下功夫，努力构建德智体美劳全面培养的教育体系，形成更高水平的人才培养体系。2019 年，在加强全面素质教育、完善育人体系方面的主要措施有以下几点：一是深化学校思想政治理论课的改革创新。在 3 月 18 日召开的学校思想政治理论课教师座谈会上，习近平总书记发表重要讲话，深刻论述了学校思想政治理论课对落实立德树人根本任务、培养德智体美劳全面发展的社会主义建设者和接班人的重要意义，对推进学校思想政治理论课改革创新和学校思想政治理论课教师队伍建设做出了重要指示，为深化新时代学校思想政治理论课改革、落实立德树人根本任务，提供了重要指导。8 月，中办、国办印发《关于深化新时代学校思想政治理论课改革创新的若干意见》，贯彻落实习近平总书记重要讲话精神，深化新时代学校思想政治理论课改革创新，从重要意义和总体要求、完善思政课课程教材体系、思政课教师队伍建设、加强思政课建设、党对思政课建设的领导等 5 个方面提出了20 条具体要求。同时，教育部也先后采取了一系列具体措施，如教育部印

发《普通高等学校思想政治理论课教师队伍培养规划（2019~2023年）》（4月）、教育部等五部门印发《关于加强新时代中小学思想政治理论课教师队伍建设的意见》（9月）。教育部还组织开展了高校思想政治理论课骨干教师研修、暑期高校思想政治理论课骨干教师社会实践研修、全国高校思想政治理论课建设优秀成果巡礼，举办了首届全国高校思想政治理论课教学展示、新时代高校思想政治理论课创优行动、"一省一策思政课"集体行动等活动。各地方、学校也积极行动，采取了一系列相应的具体措施。学校思想政治理论课得到普遍重视和加强，对弥补相关方面的短板和不足、完善学校育人体系发挥了积极作用。二是加强体育、美育和劳动教育。体育、美育和劳动教育是当前学校育人体系中的短板，针对这一问题，教育部等部门采取了相应的措施。在体育方面，教育部等六部门开展了全国学生体质与健康调研及国家学生体质健康标准抽查复核工作。为加强对大中小学健康教育教学的咨询、研究、评估和指导，教育部组建了首届全国高校健康教育教学指导委员会和首届全国中小学健康教育教学指导委员会。在美育方面，教育部印发《关于切实加强新时代高等学校美育工作的意见》，决定筹建首届全国高校美育教学指导委员会，举办了全国普通高等学校美术教育专业教师基本功展示活动。在劳动教育方面，11月，中央全面深化改革委员会第十一次会议审议通过《关于全面加强新时代大中小学劳动教育的意见》，强调劳动教育是中国特色社会主义教育制度的重要内容，并对加强新时代大中小学劳动教育提出了明确的要求。三是加强学生爱国主义教育和德育。中共中央、国务院于11月印发《新时代爱国主义教育实施纲要》，对面向全体人民开展爱国主义教育进行了部署，其中针对青少年特别是各级各类学校青少年学生的爱国主义教育，提出了更加明确的要求。教育部办公厅在11月印发的《关于加强和改进新时代中等职业学校德育工作的意见》，适应新时代要求和中等职业学校培养目标与教育的特点，对加强和改进中等职业学校德育工作提出了全面系统的要求。四是推进育人方式的改革。6月，国办印发《关于新时代推进普通高中育人方式改革的指导意见》，基于普通高中教育在国民教育体系中的重要地位和在人才培养过程中的关键作用以及普通高中教育的特点，从总体要求、培养体系、课程实施、教学组织管理、学生发展指导、考试和招生制度完善、师资和条件保障、组织领导等 8 个方面提出了 23 条指导意见，对改革普通高中育人方式、完善普通高中育人体系具有重要指导意义。

（三）职业教育加速发展，职业教育改革取得新进展

职业教育对经济发展特别是产业升级、经济结构调整、劳动者素质提升、脱贫攻坚和扩大就业等都具有直接的促进作用。近年来，我国职业教育发展与改革也一直备受重视。但是，在我国整个教育体系中，职业教育仍然是一个短板。2019 年，国家出台了一些重大的改革举措，职业教育发展与改革也成了当年教育领域的一大亮点。一是扩大高职招生规模。3 月 5 日，李克强总理在第十三届全国人大第二次会议上作的政府工作报告中郑重提出，2019 年高职院校扩招 100 万人。根据全国落实的高职招生计划数，实际比上年净增 115 万人。如此大规模扩招，在高职乃至高等教育史上也是第一次。为确保扩招工作的顺利进行，5 月，教育部等部门印发《高职扩招专项工作实施方案》、教育部办公厅印发《关于做好 2019 年高职扩招专项考试招生工作的通知》，对高职扩招工作进行部署并提出明确要求。为适应扩招后高职生源多元化、发展需求多样化的特点并保证高职教育质量，12 月，教育部办公厅印发《关于做好扩招后高职教育教学管理工作的指导意见》，对高职教育教学管理工作提出了具体要求。二是颁布国家职业教育改革实施方案。针对我国职业教育现实存在的不足和问题，2 月，国务院印发《国家职业教育改革实施方案》，提出了改革的总体要求与目标和具体指标，并从完善国家职业教育制度体系、构建职业教育国家标准、促进产教融合校企"双元"育人、建设多元办学格局、完善技术技能人才保障政策、加强职业教育办学质量督导评价、做好改革组织实施工作等 7 个方面，提出了 20 条具体改革措施。该方案以问题和目标为导向，对深化职业教育改革具有很强的针对性和指导性。为了保证国务院方案的贯彻落实，4 月，全国深化职业教育改革电视电话会议召开；5 月，教育部发出《关于深入学习贯彻〈国家职业教育改革实施方案〉的通知》。三是出台推进职业教育改革发展的具体

措施。为加快推进职业教育改革发展，教育部及相关部门制定并采取了一系列具体措施。4 月，教育部和财政部出台《关于实施中国特色高水平高职学校和专业建设计划的意见》（以下简称"双高计划"）等相关文件，面向全国高职学校启动第一轮遴选工作；10 月，对初步遴选的高职学校和专业群进行公示；12 月，正式公布入选的第一轮建设的高职学校和专业群。其中，入选高水平学校建设的高职学校 56 所，入选高水平专业群建设的高职学校141 所。① 中央财政每年提供 20 余亿元引导资金，对入选高职学校予以重点支持。提高高职教育办学层次，将部分办学水平和教育质量较高的专科层次的高等职业技术学院升格为本科层次的职业大学。6 月，第一批 15 所高等职业技术学院得到升格；12 月，第二批得到升格的有 7 所。此外，教育部会同其他部门出台了《深化新时代职业教育"双师型"教师队伍建设改革实施方案》《职业教育改革成效明显的省（区、市）激励措施实施办法》《关于职业院校专业人才培养方案制订与实施工作的指导意见》《关于在院校实施"学历证书＋若干职业技能等级证书"制度试点方案》《建设产教融合型企业实施办法（试行）》《国家产教融合建设试点实施方案》《职业院校全面开展职业培训　促进就业创业行动计划》《关于全面推进现代学徒制工作的通知》《职业院校教材管理办法》《高等职业学校物流管理专业实训教学条件建设标准》《中等职业教育国家奖学金评审暂行办法》《关于办好深度贫困地区职业教育助力脱贫攻坚的指导意见》《关于全面做好退役士兵职业教育工作的通知》等文件；开展了职业教育活动周、建设职业教育专业教学资源库、建设国家级职业教育教师教学创新团队、建设全国职业教育教师企业实践基地等项目；建立中等职业学校学历教育招生资质定期公布制度；发布《中华人民共和国职业教育法修订草案（征求意见稿）》；组建国家职业教育指导咨询委员会。

（四）全面提高教育质量，义务教育改革进一步深化

义务教育在教育体系中具有基础性作用，关乎儿童健康成长、国家发展

①　高靓：《职业教育"双高计划"建设名单公布》，《中国教育报》2019 年 12 月 19 日，第 1版。

和民族未来，是政府必须提供的基本公共服务。我国目前实行的是九年制（小学 6 年、初中 3 年）义务教育，党和政府始终高度重视，作为教育中的重中之重，我国义务教育得到了较好的发展，普及率和巩固率比较高。据统计，2018 年我国义务教育阶段学校在校学生达 1.5 亿人，约占当年各级各类学历教育在校生 2.76 亿人的 54.35%，入学率基本达到百分之百，巩固率达到 94.2%。① 总体上看，我国义务教育虽然普及率高、质量较高，为世界所公认，但是，仍然存在不少问题，与党的教育方针和新时代的要求还有一定差距，教育质量还有较大提升空间，进一步深化教育教学改革势在必行。2019 年 7 月，中共中央、国务院印发《关于深化教育教学改革全面提高义务教育质量的意见》（以下简称《意见》），针对目前影响义务教育质量的因素，从坚持立德树人、坚持"五育"并举、强化课堂主阵地作用、建设高素质专业化教师队伍、深化关键领域改革和加强组织领导等 6 个方面提出了 26 条深化改革的措施和要求，为我国今后义务教育改革提供了基本遵循。为贯彻落实《意见》，教育部等三部门先后印发了《关于切实做好义务教育薄弱环节改善与能力提升工作的意见》和《关于编制义务教育薄弱环节改善与能力提升工作项目规划（2019～2020 年）的通知》，对改革做出了具体部署。12 月，中办、国办印发《关于减轻中小学教师负担进一步营造教育教学良好环境的若干意见》，围绕减轻中小学教师负担，营造教育教学良好环境，让广大中小学教师全身心投入教书育人工作，提出了 20 条具体措施。此外，为保证义务教育健康发展和提高教育质量，教育部还先后印发了《禁止妨碍义务教育实施的若干规定》《义务教育领域基层政务公开标准指引》《关于加强初中学业水平考试命题工作的意见》《中小学教材管理办法》《关于进一步规范义务教育阶段家庭经济困难学生生活补助工作的通知》等，制定并发布了初中物理、化学、生物学、地理、数学和小学数学 6 个学科的教学装备配置标准。

---

① 教育部：《2018 年全国教育事业发展统计公报》，《中国教育报》2019 年 7 月 25 日，第 2 版。

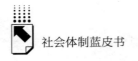

（五）其他方面的改革

2019年我国教育体制改革进展还表现在以下方面。

一是扩大普惠性学前教育资源，进一步解决"入园难、入园贵"问题。为落实《中共中央　国务院关于学前教育深化改革规范发展的若干意见》，2019年1月，国办发出《关于开展城镇小区配套幼儿园治理工作的通知》，启动了针对城镇小区配套幼儿园规划、建设、移交、办园等环节存在的突出问题的治理工作。为落实国务院部署，推进治理工作，2月，教育部等五部门召开城镇小区配套幼儿园治理工作座谈会；10月，教育部组织召开了城镇小区配套幼儿园治理工作中期推进电视电话会议。各地积极落实国务院及相关部门的部署和要求，治理工作全面有序开展。为保证幼儿园建设质量，1月，教育部与住房和城乡建设部联合印发了《幼儿园标准设计样图》。此外，为督促幼儿园规范办园行为，6月，教育部印发了《幼儿园责任督学挂牌督导办法》。值得注意的是，国办在5月印发《关于促进3岁以下婴幼儿照护服务发展的指导意见》，就0~3岁婴幼儿照护服务发展做出规划。这表明，3岁以下婴幼儿照护服务得到了国家层面的重视。这一重要的民生领域将得到支持、规范和发展。

二是着眼于内涵式发展，高等教育改革持续发力。继2018年确定把本科教育作为高等教育改革重点后，教育部在2019年10月印发《关于深化本科教育教学改革　全面提高人才培养质量的意见》，提出了深化本科教学课程改革的22条具体措施，启动了一流本科专业建设"双万计划"。根据该计划，教育部从2019年到2021年，分三年建设10000个左右国家级一流本科专业点和10000个左右省级一流本科专业点。12月，2019年度入选的国家级和省级一流本科专业建设点名单正式公布，其中，入选国家级一流本科专业建设点4054个、省级一流本科专业建设点6210个。同时，教育部还实施了"六卓越一拔尖"计划2.0和基础学科拔尖人才培养基地建设计划。这些专项建设计划的实施，将对本科教育质量的提升发挥积极的促进作用。此外，教育部还完成了"双一流"建设的中期评估工作；10月和12月，教育部先后印发了《高等学校国家重大科技基础设施建设管理办法（暂行）》《普通高等学校教材管理办法》；7月，科技部、教育部等六部门印发了《关于扩大高校和科研院所科研相关自主权的若干意见》；为提高研究生教育质量，3月，教育部办公厅发布了《关于进一步规范和加强研究生培养管理的通知》。

三是考试招生治理力度加大，考试招生制度改革取得新进展。针对各级教育入学考试和招生过程中出现的问题，为进一步规范考试招生工作，2019年，教育部出台了一系列政策措施，考试招生治理力度明显加大。针对各级学校（教育）的招生，教育部先后发布《关于做好2019年普通中小学招生入学工作的通知》《关于严格规范大中小学招生秩序的紧急通知》《关于进一步规范和加强研究生考试招生工作的通知》，进一步明确和强化了有关规定，对研究生和大中小学招生工作提出了更加严格、具体的规范和要求。针对高校自主招生和特殊类型招生，教育部专门发布了《关于做好2019年高校自主招生工作的通知》《关于做好2019年普通高校部分特殊类型招生工作的通知》和《关于加强高校特殊类型招生校考管理工作的通知》。对高校自主招生从严格执行招生政策、全面规范招生程序和切实加强招生管理3个方面，明确提出了"十个严格"规定，提高了报名资格条件，控制了自主招生规模；对高校特殊类型招生和考试工作提出了全面、规范和严格的管理要求。最高人民法院、最高人民检察院于2019年9月联合发布《关于办理组织考试作弊等刑事案件适用法律若干问题的解释》，对包括普通高等学校招生考试、研究生招生考试在内的国家考试中的作弊犯罪行为的处罚，做出了明确的司法解释。此外，4月，广东等8个省市相继发布新高考改革方案，高考制度改革取得明显进展。

四是规范校外线上教育，校外培训治理进一步深化。2018年全面开展的校外培训机构专项治理取得了明显成效，校外培训机构得到规范，校外培训无序发展的状况得到改善。为巩固治理成果，国家有关部门加强了督导检查。2019年2月，国务院教育督导委员会办公室通报了几起校外培训机构违规开展培训查处情况；5月，教育部开展了校外培训机构专项治理"回头

看"活动；7月，国务院教育督导委员会办公室又通报了一些地区个别校外培训机构违规经营查处情况。在开展线下培训机构治理的同时，教育部启动了线上教育（培训）治理。近年来，随着网络技术的发展和广泛应用，在线教育作为一个新兴行业迅速发展起来，对终身教育体系和学习型社会建设发挥着重要的作用。但是，由于监管不到位，不少在线教育企业为盈利不顾底线，造成不良影响，甚至一些有害的 App 进入中小学校园。为促进在线教育的健康、规范和有序发展，9月，教育部等十一个部门联合印发《关于促进在线教育健康发展的指导意见》，在要求扶持和服务在线教育发展的同时，提出了治理和规范要求。此外，继 2018 年 12 月教育部印发《关于加强网络学习空间建设与应用的指导意见》和《关于严禁有害 App 进入中小学校园的通知》后，2019 年 8 月，教育部会同有关部门印发了《关于规范校外线上培训的实施意见》和《关于引导规范教育移动互联网应用有序健康发展的意见》；11 月，教育部办公厅又印发了《教育移动互联网应用程序备案管理办法》等。一系列政策措施的出台，有力推进了我国在线教育健康发展。

此外，为深入贯彻落实《中共中央　国务院关于全面深化新时代教师队伍建设改革的意见》，提升教师思想政治素质和职业道德水平，推进教师队伍健康发展，教育部等七部门于 12 月印发《关于加强和改进新时代师德师风建设的意见》，要求把师德师风作为评价教师队伍素质的第一标准，对加强和改进新时代师德师风建设提出了明确的要求。为提高教师教育水平，建设高素质教师队伍，加强对教师教育改革的研究、咨询和指导，7 月，教育部成立了国家教师教育咨询专家委员会。

二　2020 年教育体制改革展望

2020 年意义非凡，"十三五"规划将圆满收官，我国将全面建成小康社会，实现第一个百年奋斗目标。2020 年是全面完成《国家中长期教育改革和发展规划纲要（2010~2020 年)》《国家教育事业发展"十三五"规划》

确定的目标任务和实施《中国教育现代化2035》《加快推进教育现代化实施方案（2018～2022年）》的重要一年，也是谋划"十四五"的关键之年。2019年10月召开的党的十九届四中全会具有里程碑意义。会议通过的《中共中央关于坚持和完善中国特色社会主义制度、推进国家治理体系和治理能力现代化若干重大问题的决定》（以下简称《决定》），不仅对实现我国全面深化改革总目标、建设社会主义现代化国家具有十分重要的意义，也为深化教育改革、加快教育现代化、建设教育强国提供了重要指导。《决定》提出"构建服务全民终身学习的教育体系"的总体要求，明确了教育制度建设的重点，为继续深化教育体制改革提供了基本遵循。习近平总书记明确指出，"把制度建设和治理能力建设摆到更加突出的位置，继续深化各领域各方面体制机制改革，推动各方面制度更加成熟更加定型，推进国家治理体系和治理能力现代化。"[1] 这既是对各领域各方面也是对教育提出的要求。加强教育制度建设，提高教育治理能力和效能，进一步深化教育体制改革，推进教育治理体系和治理能力现代化，将是2020年乃至之后一定时期我国教育改革的目标和方向。

（一）重视制度建设和治理能力建设，增强教育改革的系统性、整体性、协同性

党的十八大以来，我国教育体制改革全面展开，一系列重大政策出台和实施，推进改革不断深化。在总结改革经验的基础上，进一步完善教育制度，提高教育治理效能，加快教育治理体系和治理能力现代化，已成为教育体制改革的主攻方向。为此，一要做好顶层设计，加强系统集成，增强教育改革的系统性、整体性、协同性。在保证各项既定改革任务完成的同时，对近些年来制定的制度、政策进行系统总结梳理，把被实践证明切实可行有效的确定下来，对尚不完善或实践中发现不足的加以完善和调整，对一些薄弱

---

[1] 习近平：《关于〈中共中央关于坚持和完善中国特色社会主义制度　推进国家治理体系和治理能力现代化若干重大问题的决定〉说明》，《人民日报》2019年11月6日，第4版。

环节或以往关注不到位而问题较突出的方面作为重点加以重视和弥补。同时，还要加强教育改革与其他相关领域改革的协同。二要强化制度和政策落实，不断提高教育治理能力和治理效能。建立健全科学的教育制度执行和政策落实评估机制，加强各项教育制度和政策实施的跟踪检查和指导。重视典型示范，推广成功经验，鼓励实践创新，调动各方面积极性。开展以提高制度和政策执行力为专题的培训，着力提高教育管理者和相关人员的制度意识、政策素质和工作能力。三要完善教育法治，推进依法治教。加快相关教育法律法规的制定、修订，加大教育执法、普法力度，推进全面依法治教。四要做好"十四五"教育规划的研制，把教育制度建设和治理能力建设作为今后教育改革发展的重点任务，制定切实可行的措施。

（二）坚持和完善党对教育工作全面领导的制度体系

加强党的领导是我国教育事业健康发展的根本保证。党的领导是我国教育体制的重要构成，也是我国教育体制的最大特色和最大优势。新时代加强党对教育工作的全面领导，必须坚持和完善相关的制度体系。一要建立健全和严格执行党的理论学习教育制度。以提高广大教育工作者政治素质、理论修养和理想信念为目的，加强教育领域马克思主义理论学习，强化中国特色社会主义理论体系特别是习近平新时代中国特色社会主义思想武装，完善教育系统各级党组织学习制度，推进党的理论学习经常化、制度化、规范化。二要建立党的理论贯彻落实体系。巩固马克思主义在教育领域的指导地位，牢牢掌握意识形态领导权和主导权，完善学校意识形态工作责任制，健全习近平新时代中国特色社会主义思想在教育系统的"三进"工作机制，确保各级各类学校社会主义办学方向。三要健全和落实党对教育工作全面领导的体制和机制。在教育系统特别是学校，要切实加强党的建设，健全党的各级组织，发挥党组织在教育管理、教育教学等各项工作中的领导和战斗堡垒作用以及党员的先锋模范带头作用，坚持和完善高校党委领导下的校长负责制，发挥党组织在中小学和其他教育机构工作中的政治核心作用。四要完善和落实教育系统全面从严治党责任制。进一步明确教育系统党组织特别是各级领导干部全面从严治党的职责，健全教育系统政治巡视巡查制度和责任追究机制，严明政治纪律和政治规矩，坚持全面从严治党与全面从严治校、从严治教和从严治学的有机统一，确保党的教育方针、政策得到全面贯彻落实。

（三）坚持立德树人，健全育人体制机制

立德树人是教育的根本任务。贯彻党的教育方针，培养社会主义建设者和接班人，必须把立德树人放在首位，完善全员育人、全程育人和全方位育人的"三全育人"体制机制。一要牢固树立育人意识，坚持全面发展以德为先，切实加强和改进学校思想政治教育和道德教育工作，加大学校思想政治理论课改革创新力度，重视中华优秀传统文化、革命文化和社会主义先进文化教育，把马克思主义教育、社会主义核心价值观教育和理想信念教育贯穿学校教育全过程。二要完善育人体制，增强育人合力，健全学校、家庭和社会同频共振、"三位一体"的育人机制。深化教育评价制度改革，形成学校评价重视立德树人成果、教师评价重视教书育人效果、学生鉴定重视思想品格表现的导向。三要加强学校思想政治工作队伍（包括思想政治理论课和课程思政建设教师队伍）建设，配齐配强思想政治工作专职队伍，优选兼职教育人员，全面推进思政课程和课程思政建设，提高教师教书育人能力，调动各方面参与育人的积极性，把思想政治教育贯穿人才培养体系，形成管理育人、教书育人、服务育人的格局。四要净化育人环境，创新育人方式，丰富育人形式，拓展育人途径，建设积极向上的校园文化，加强校园网络管理，探索线下教育与线上教育相融合的育人模式。

（四）构建服务全民终身学习的教育体系，完善教育协调发展机制

终身学习是时代的要求，既是个体发展的需求，也是社会发展的需要。建设服务全民终身学习的教育体系已成为新时代政府重要的教育职责。党中央不失时机地提出"构建服务全民终身学习的教育体系"，为新时代深化教育体制改革提供了指引。服务全民终身学习的教育体系的构建，必须适应经济社会发展趋势，立足于我国教育发展实际，满足人民对多样化教育需要，

加强顶层设计。一要统筹协调职业技术教育、高等教育和继续教育发展。着力优化教育类型结构，加快建设现代职业教育体系和继续教育制度，推进职业技术教育、高等教育、继续教育协同发展，完善职业教育与普通教育、学历教育与非学历教育联通机制和学分转换互认制度，支持不同类型教育机构、科研机构、企业在人才培养和科技创新方面的协同与合作。二要重视义务教育、学前教育、特殊教育和普及高中阶段教育保障机制建设，着力补齐教育发展短板。加快推进城乡义务教育一体化建设，完善义务教育均衡发展保障机制，扩大义务教育优质资源供给，着力提高义务教育质量。完善学前教育投入体制，加大学前教育财政支持力度，扩大普惠性幼儿园覆盖面，加强学前教育队伍建设，支持和规范3岁以下婴幼儿照护服务发展。完善特殊教育经费保障机制，健全特殊教育机构，丰富特殊教育形式，提高特殊教育质量，重视农村、贫困和边远地区残疾儿童和青少年的教育，切实保障残疾人平等接受各级各类教育的权益。完善高中阶段教育投入体制，优化高中阶段教育结构，建立合理的高中教育成本分担机制，加大中等职业技术教育支持力度，加快普及高中阶段教育。三要着力提高家庭教育的能力和水平。加大覆盖城乡家庭教育指导服务体系建设力度，完善学校与家长联系制度，建立学生家长培训制度和家庭教育指导服务机构，拓展家庭教育指导服务供给渠道。四要支持和规范民办教育，加大社会力量兴办教育鼓励和引导力度，出台《中华人民共和国民办教育促进法实施条例》，推进民办教育健康发展。支持和规范中外合作办学，提高中外合作办学质量，提升教育对外开放水平。五要支持和规范网络教育，提高网络教育质量，鼓励运用互联网、新媒体、人工智能等现代技术创新教育和学习方式、扩大优质教育和学习资源供给，满足多样化、便捷化教育和学习需求，建设更加开放灵活的教育体系，加快建设"人人皆学、处处能学、时时可学"的学习型社会。

（五）推动教育改革政策落实，深化教育督导体制机制改革

教育督导体制机制是教育体制的重要构成，是推动党的教育方针、教育法律制度和改革政策落实的重要保证。我国教育督导制度的建立和实施，在

推进依法治教和教育改革发展中，发挥了重要的作用。党的十九大明确要求"加强教育督导工作"，2019年11月召开的中央改革委员会第十一次会议，审议通过了《关于深化新时代教育督导体制机制改革的意见》，健全新时代教育督导体制机制将成为今后深化教育体制改革、推进教育治理体系和治理能力现代化的着力点。适应新时代教育改革发展的要求，深化教育督导体制机制改革，一要依法健全各级教育督导机构，明确教育督导职责，加强教育督导特别是地方教育督导工作管理，进一步完善督学资格准入、持证履职、聘任考核、聘期管理制度和学校视导员制度，提高教育督导工作的制度化和规范化。二要完善督政、督学、评估检测"三位一体"督导体系，着力提高教育督导的质量和水平；加强对有关职能部门和各级地方政府教育职责履行、各项重大教育政策落实的督导，加大对各级各类学校和其他教育机构办学行为和办学条件督导的力度，推进教育督导全覆盖；加快各级各类教育质量监测指标体系建设，着力提高教育质量评估监测的标准化和科学化水平。三要加强教育督导队伍和学校视导队伍建设，完善教育督学和学校视导员选聘机制和培训指导制度，着力建设高素质、科学化和专业化的教育督导队伍和学校视导队伍。四要健全教育督导问责机制和激励机制，完善教育督导报告发布制度，强化督导结果运用，提高教育督导效能，增强教育督导的权威性和公信力。

参考文献

陈宝生：《推进教育治理体系和治理能力现代化》，《旗帜》2019年第11期。

陈松友、王楠：《构建服务全民终身学习的教育体系》，《光明日报》2019年11月25日，第2版。

张力：《教育治理体系和治理能力现代化的历史方位》，《中国教育报》2020年1月6日，第1版。

《〈中共中央关于坚持和完善中国特色社会主义制度　推进国家治理体系和治理能力现代化若干重大问题的决定〉辅导读本》，人民出版社，2019。

B.9
2019年中国社会保障改革进展与展望

李志明[*]

摘　要： 新中国成立70年来，中国逐渐建立起了世界上最大的民生安全网。2019年，中国在养老保障、医疗保障、社会保险、社会福利与慈善事业、军人保障、住房保障等诸多社会保障领域取得了改革进展。展望2020年，随着全面建成小康社会进入收官之年，中国社会保障制度有望在社会保险、社会救助与社会福利以及军人保障、住房保障等领域进一步采取改革措施，取得重大进展。

关键词： 社会保障制度　体制改革　小康社会

一　引言

2019年，是新中国成立70周年。70年来，中国社会保障制度从无到有、从城镇地区到农村地区、从企业职工到城乡居民，逐渐建立起世界上最大的民生安全网。新中国成立之初，中国在社会保障领域基本处于空白状态。20世纪50~70年代，国家和单位开始为城镇职工提供劳动保险、集体福利等保障待遇，并由农村社队集体对农民实施合作医疗、五保供养等少量保障。改革开放以来，为适应经济体制改革和社会协调发展需要，中国逐步

---

　* 李志明，中共中央党校（国家行政学院）社会和生态文明教研部教授，主要研究方向为社会政策、社会保障。

建立起适应社会主义市场经济体制的社会保障制度，覆盖范围持续扩大，待遇水平稳步提升。党的十八大以来，多层次社会保障体系加快构建，更多的国民被纳入保障范围，社会保障水平稳步提高。

2019年是社会保障改革全面推进的一年，也是取得多方面重要进展的一年，亮点不少。这一年中出台的社会保障领域重大改革举措均关乎基本民生，充分反映了党和政府对社会保障制度改革发展的高度重视。2020年，中国社会保障体制改革仍将深入推进，并有望在许多重点领域取得关键进展。

二　2019年中国社会保障制度改革进展

在2018年优化管理体制的基础上，2019年中国继续推进社会保障制度深化改革，部分领域取得重要进展。最重要的进展体现在党中央关于民生保障制度的理论创新及战略部署。党的十九届四中全会通过的《中共中央关于坚持和完善中国特色社会主义制度推进国家治理体系和治理能力现代化若干重大问题的决定》（以下简称《决定》）首次将民生保障概念上升到制度建设层面，提出"坚持和完善统筹城乡的民生保障制度"，并将其作为坚持和完善中国特色社会主义制度、推进国家治理体系和治理能力现代化的重点工作任务加以部署。这意味着中国将统筹考虑并协同推进就业促进机制、教育体系、社会保障体系、健康保障制度等民生保障制度，逐步取代过往单项推进的做法。《决定》提出了坚持和完善社会保障制度的总体目标——"完善覆盖全民的社会保障体系"，并为之提出了一系列重点举措和制度建设任务，成为未来一段时间中国推进社会保障制度建设的根本遵循。

（一）养老保障体系建设取得新进展

1. 谋划构建中长期为老服务和产品供给体系

2019年11月，中共中央、国务院发布《国家积极应对人口老龄化中长期规划》，为完善我国应对老龄化政策体系及中长期行动方案提供了依据，是到21世纪中叶中国积极应对人口老龄化的战略性、综合性、指导性文件。该

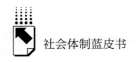

规划在养老保障方面的部署包括：增强应对人口老龄化的经济基础，注重提高社会保障能力；构建以居家为基础、社区为依托、机构充分发展、医养有机结合的多层次养老服务体系，建立综合和连续的老年全健康服务体系、促进老年人身心健康，发展银发经济，着力推动增加为老服务和产品有效供给。

2. 基本养老保险基金全国统筹得以稳步推进

2019 年基本养老保险全国统筹继续向前推进，不仅政策层面有具体推进措施，党的十九届四中全会也有总体部署和要求。在政策层面，2019 年 4 月 4 日，国务院办公厅印发《降低社会保险费率综合方案》，决定在降低养老保险单位缴费比例至 16%、调整社会保险缴费基数的同时，加快推进企业职工基本养老保险省级统筹并限期（2020 年底）完成基金省级统收统支，将企业职工基本养老保险基金中央调剂比例从 3%提高至 3.5%。

党的十九届四中全会《决定》提出，加快建立基本养老保险全国统筹制度。这意味着实现基本养老保险全国统筹已经从政策操作层面正式上升到制度安排层面。中国继 2018 年建立实施企业职工基本养老保险基金中央调剂制度、迈出全国统筹的第一步后，还需要经过完善省级统筹制度等一系列制度建设努力，最终推动建立以统一全国费率和基金收支管理为核心、以信息系统和经办管理服务全国一体化为依托的基本养老保险全国统筹制度。同时，《决定》在健全充分发挥中央和地方两个积极性体制机制中也创造性地首次提出，适当加强中央在养老保险方面的事权，减少并规范中央和地方共同事权。这也是对中央与地方在建立基本养老保险全国统筹制度的过程中相互关系的明确规范，表明中央将在实现基本养老保险全国统筹中承担更多的事权和支出责任。

3. 设机构、发文件，双管齐下推进养老服务体系建设

除了养老保险制度外，2019 年中国在全面推进养老服务体系发展方面也迈出了新步伐。一是加强了养老服务专司机构建设。2019 年 1 月，民政部根据中共中央办公厅、国务院办公厅于 2018 年 12 月 31 日发布的《民政部职能配置、内设机构和人员编制规定》，正式成立养老服务司，专门承担老年人福利工作，拟定老年人福利补贴制度和养老服务体系建设规划、政

策、标准，协调推进农村留守老年人关爱服务工作，指导养老服务、老年人福利、特困人员救助供养机构管理工作。民政部设立养老服务司，表明中国养老服务行政管理的加强，养老服务业发展将进入新的历史时期。

二是出台了新的指导性文件。2019 年 4 月 16 日，国务院办公厅发布《关于推进养老服务发展的意见》，提出持续完善以"居家为基础、社区为依托、机构为补充、医养相结合"的养老服务体系，以及建立健全主要服务于高龄、失能老年人的长期照护服务体系，并要求相关部委以及地方各级人民政府对这两个养老服务体系强化以"信用为核心、质量为保障""放权与监管并重"的服务管理体系。这是中央政府继 2013 年发布《关于加快发展养老服务业的若干意见》后，再次出台综合性养老服务政策文件，为打通"堵点"、消除"痛点"，促进养老服务业健康发展提供了新的政策依据。2019 年 10 月 23 日，国家卫生健康委、民政部等 12 个部门联合印发《关于深入推进医养结合发展的若干意见》，从强化医疗卫生与养老服务衔接、推进医养结合机构"放管服"改革、加大政府支持力度、优化保障政策、加强队伍建设等方面就完善养老服务体系中的"医养相结合"这个关键要素制定了专门规范。

（二）医疗保障制度建设迈出新步伐

随着医疗保障领域中央和地方机构改革的基本完成，2019 年中国加大了医疗保障制度建设和改革力度，并在以下四个方面进行了有益探索。

第一，取消城乡居民基本医疗保险个人（家庭）账户。2019 年，中国医疗保障领域最具改革意义的制度建设进展，当属国家医疗保障局、财政部于 2019 年 4 月 26 日联合印发的《关于做好 2019 年城乡居民基本医疗保障工作的通知》中关于取消城乡居民基本医疗保险制度的个人（家庭）账户的规定。该项规定的初衷是为了强化城乡居民基本医疗保险的互助共济功能、提升该项制度的待遇保障水平；其意义在于发出了促使中国基本医疗保险制度回归现收现付的本质规定的明确信号，对完善城镇职工基本医疗保险的制度结构也具有示范意义。

第二，积极推进医疗保障标准化建设。中国医疗保障制度自 1998 年正式建立至今已经运行了 20 多年，但是，却一直没有形成统一的标准化体系，难以适应新时代医疗保障治理现代化要求。为加快推进医疗保障标准化建设，2019 年 6 月 20 日，国家医疗保障局印发《医疗保障标准化工作指导意见》，全面启动标准化建设，致力于建立由该局主导、相关部门认同、各地协同推进的标准化工作机制，形成与医疗保障改革发展相适应的标准化体系。这是中国医疗保障领域一项重大的基础性工程，将有助于打破医疗保障领域内的信息壁垒，从标准层面促使该制度逐步走向全国统一。

第三，推进国家组织药品集中采购和使用试点。2019 年，为深化医药卫生体制改革，中国组织开展了药品集中采购和使用专项试点，经过局部试点以及全面推开试点，有力地促进了药品价格形成机制的完善。2019 年 1 月 1 日，国务院办公厅发布《国家组织药品集中采购和使用试点方案》，选择北京、天津、上海、重庆、沈阳、大连、厦门、广州、深圳、成都、西安 11 个城市开展药品集中采购和使用的局部试点。试点启动后，取得了积极进展和成效，中选药品在保障质量和供应的同时大幅降价，显著减轻了相关疾病药费负担。为进一步扩大改革效应，让改革成果惠及全国人民，2019 年 9 月 25 日，国家医疗保障局等 9 部门联合发布《关于国家组织药品集中采购和使用试点扩大区域范围的实施意见》，决定全面推开试点，组织试点城市和先行跟进试点的省份之外 25 个省（区）和新疆生产建设兵团形成联盟，开展跨区域联盟集中带量采购。

第四，进一步加强医疗保障基金监管。2019 年 2 月 20 日，国家医疗保障局印发《关于做好 2019 年医疗保障基金监管工作的通知》（医保发〔2019〕14 号），在 2018 年开展打击医疗保障欺诈专项行动的基础上，继续推进打击欺诈骗保专项治理，加强医疗保障基金监管，切实保障基金安全，其目的是治理医疗保障中的欺诈行为。

（三）社会保险体系的其他改革新举措

第一，降低社会保险费率。近年来，为减轻企业负担、优化营商环境、完善社会保险制度，党中央、国务院多次做出决策部署，要求降低社会保险费率。在之前多次阶段性降低社会保险费的基础上，2019年4月1日，国务院办公厅发布《关于印发降低社会保险费率综合方案的通知》，统筹考虑降低社会保险费率、完善社会保险制度、稳步推进社会保险费征收体制改革。其中，较大幅度地降低社会保险费率不仅减轻了用人单位的社会保险缴费负担，亦倒逼着社会保险制度改革走向全面深化，例如，尽快实现基本养老保险全国统筹。只有全面深化社会保险制度改革，进一步降低社会保险费率才有空间和支撑。

第二，规范港澳台居民在内地（大陆）参加社会保险。长期以来，中国香港、澳门、台湾居民在内地（大陆）参加社会保险一直处于无据可依的状态，给两岸四地的人员往来和劳动力流动带来诸多不便。为了维护港澳台居民在内地（大陆）依法参加社会保险的合法权益，2019年11月29日，人力资源和社会保障部、国家医疗保障局联合发布《香港澳门台湾居民在内地（大陆）参加社会保险暂行办法》，规定在内地（大陆）就业的港澳台居民应当参加五项基本社会保险；在内地（大陆）从事个体工商经营、灵活就业的港澳台居民，或者在内地（大陆）居住的未就业港澳台居民，可以在注册地或居住地按规定参加城乡居民基本养老保险和医疗保险；在内地（大陆）就读的港澳台大学生，应当按规定参加高等教育机构所在地城乡居民基本医疗保险。

第三，推进社会保险领域信用体系建设。与医疗保障领域加强对欺诈骗保行为的治理相对应，2019年10月28日，人力资源和社会保障部印发《社会保险领域严重失信人名单管理暂行办法》，规范基本养老保险、失业保险和工伤保险等领域有严重失信行为的用人单位、社会保险服务机构及其有关人员、参保及待遇领取人员等严重失信人名单管理工作。这标志着中国社会保险领域信用体系建设迈出了新的步伐，也有利于推进社会信用体系建设。

第四，加快推进工伤保险基金省级统筹。2019年9月26日，人力资源和社会保障部办公厅印发《关于加快推进工伤保险基金省级统筹工作的通知》，这是对2017年出台的《人力资源社会保障部　财政部关于工伤保险基金省级统筹的指导意见》的再落实，督促部分进展较慢的省份加快推进

工伤保险基金省级统筹工作，确保 2020 年实现省级统筹的目标。

第五，出台失业保险基金省级统筹指导性文件。2019 年 9 月 11 日，人力资源和社会保障部、财政部、国家税务总局联合出台《关于失业保险基金省级统筹的指导意见》（人社部发〔2019〕95 号），提出力争在 2023 年底前全面实现省级统筹。这表明，失业保险基金实现省级统筹的进程将得到加快，有利于提高失业保险基金的统筹调剂能力、基金保障水平以及进一步降低失业保险费率。

（四）社会福利与慈善事业取得新进展

一是儿童福利领域取得较大进展。2019 年 1 月，民政部正式成立儿童福利司，明确了儿童福利的部门管理职责，将为中国儿童福利事业的健康发展起到促进作用。随后，在儿童福利专司部门的努力下，2019 年 4 月、6 月民政部等部门先后制定了《关于进一步健全农村留守儿童和困境儿童关爱服务体系的意见》和《关于进一步加强事实无人抚养儿童保障工作的意见》，这标志着农村留守儿童、困境儿童保障工作得到进一步强化；2019 年 5 月 9 日，国务院办公厅印发《关于促进 3 岁以下婴幼儿照护服务发展的指导意见》，将 3 岁以下婴幼儿照护服务纳入社会政策范畴，建立完善促进婴幼儿照护服务发展的政策法规体系、标准规范体系和服务供给体系，回应了人民群众对婴幼儿照护服务的关切。

二是企业扶贫捐赠支出得以税前扣除。2019 年 4 月 2 日，财政部、税务总局、国务院扶贫办联合发出《关于企业扶贫捐赠所得税税前扣除政策的公告》，对于促进企业通过捐赠支持"目标脱贫地区"的脱贫攻坚工作给予财税政策优惠。这将激励更多的企业参与到当前的脱贫攻坚乃至 2020 年后欠发达地区的进一步帮扶工作中。

（五）其他相关方面改革进展

1. 军人保障的重要性和工作推进力度不断加强

从 20 世纪 90 年代开始，随着经济体制改革特别是国有企业改革重组，中国出现了就业渠道变窄、岗位资源较少和较大规模的职工下岗等情况，一些退役士兵未能及时参加基本养老、基本医疗保险或参保后因企业经营困难、下岗失业等原因缴费中断，享受养老、医疗保障待遇面临困难。为了使退役士兵退休后能够享受基本养老、基本医疗保险待遇，2019年4月，中共中央办公厅、国务院办公厅发布《关于解决部分退役士兵社会保险问题的意见》，专门解决部分退役士兵社会保险转移接续问题。

2019年7月28日，中共中央、国务院、中央军委出台了《关于加强新时代退役军人工作的意见》，成为指导当前和今后一个时期退役军人工作的指导纲领。虽然该意见尚未公开发布，但是，它对退役军人实际工作的促进作用是巨大的。

2019年12月16日，退役军人事务部审议通过《伤残抚恤管理办法》，进一步规范和加强了退役军人事务部门管理的伤残抚恤工作。这是2018年退役军人事务部组建后所修订的第一部部门规章，对包括残疾军人等在内的6类伤残人员享受伤残抚恤待遇进行了规范。

2. 公租房在住房保障体系中的兜底性作用进一步增强

目前，公租房作为配租型保障性住房，在城镇住房保障体系中发挥着兜底性、支柱性作用，但是，其发展仍然存在不平衡不充分的问题，尤其是对住房困难的新就业无房职工、稳定就业外来务工人员的保障门槛较高、力度不够。为了进一步规范发展公租房，2019年5月7日，住房和城乡建设部等4部委联合出台关于《进一步规范发展公租房的意见》，针对城镇中等偏下及以下收入住房困难家庭以及新就业无房职工、城镇稳定就业外来务工人员，通过实物保障与租赁补贴并举的方式，满足上述住房困难群体多样化的居住需求。

三 2020年中国社会保障制度改革展望

习近平总书记在新年贺词中说，2020年是具有里程碑意义的一年。我们将全面建成小康社会，实现第一个百年奋斗目标。同时，2020年也是国

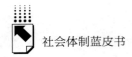
家"十三五"规划的收官之年。因此，全面建成小康社会以及国家"十三五"规划设定的目标将倒逼 2020 年中国在社会保障领域采取更多的改革举措。

（一）社会保险制度建设有望取得实质性进展

在养老保险方面，全面建立更加规范的基本养老保险省级统筹制度可期。截至 2019 年底，中国已有 13 个省份实现基本养老保险基金省级统筹统支。早在 1991 年就已经提出的"提高养老保险统筹层次"以及"实现省级统筹"的目标将在 2020 年迎来转折点。随着越来越多的省份实现真正意义上的省级统筹，更加规范的省级统筹制度将于 2020 年在全国范围内全面建立，并为推进实现全国统筹奠定坚实基础。

在医疗保险方面，城乡居民基本医疗保险个人（家庭）账户将全面向门诊统筹平稳过渡。现行的城乡居民基本医疗保险制度由原新型农村合作医疗制度和原城镇居民基本医疗保险制度整合统一而来。自 2003 年开始推行的原新型农村合作医疗制度，在建立大病统筹基金的同时，建立了个人（家庭）账户，主要用于支付参保人在门诊发生的医疗费用；自 2007年起开始推行的原城镇居民基本医疗保险制度则直接开展门诊统筹、不设个人账户。由于个人（家庭）账户额度小、共济性弱且容易导致滥用，所支付的费用实际上是全部由个人或家庭承担的，而门诊统筹将参保人门诊小病以及一些慢性病、特殊疾病医疗费用纳入统筹基金支付范围，因此，个人（家庭）账户逐步向门诊统筹过渡，实际上将减轻参保人的门诊就医负担。

在失业保险方面，修订后的《失业保险条例》有望在年内颁布施行。目前，《失业保险条例》修订草案公开征求意见后修订完善工作已经进行了一年多时间了。严峻的国内外经济形势以及新冠肺炎疫情给"稳就业"带来的不利影响，急切需要修订后的《失业保险条例》尽快颁布施行，从法律规范层面明确扩展失业保险基金支出范围，将实践中已经探索使用的就业促进政策加以制度化，实现失业保险功能向稳定就业和预防失业的延伸。

在工伤保险领域，实现基金省级统筹能够取得较大进展。由于《人力资源和社会保障事业发展"十三五"规划纲要》提出"全面实施工伤保险省级统筹"，2019年9月26日人力资源和社会保障部办公厅印发的《关于加快推进工伤保险基金省级统筹工作的通知》也再次强调了2020年实现工伤保险基金省级统筹的目标，因此，一些此前工作推进相对缓慢的省份有望在2020年加快推进工伤保险基金省级统筹工作。

在探索中的长期护理保险方面，已经开展了三年多的长期护理保险试点有望在2020年进一步扩大试点范围。2019年政府工作报告提出"扩大长期护理保险制度试点"的任务要求，国家医疗保障局也在积极会同有关部门研究该项制度扩大试点的方案。这项没有在2019年内完成的工作，有望在2020年正式启动展开，从而促进在扩大试点基础上尽快全面建立长期护理保险制度。

此外，由于实施全民参保计划、基本实现法定人员全覆盖的目标时点将近，2020年中国将加大工作力度，以农民工、中小微企业、灵活就业人员和新业态从业人员等群体为重点，持续扩大社会保险参保覆盖面，并促进和引导各类单位和符合条件的人员长期持续参保。

（二）社会救助与社会福利发展持续推进

2020年是脱贫攻坚战收官之年，全国2019年底尚未脱贫的551万农村贫困人口必须在2020年全面脱贫。在剩余的551万建档立卡贫困人口中，老年人、患病者、残疾人占据相当比例，并且他们还往往无法通过发展产业或转移就业等其他帮扶方式实现脱贫，只能依靠社会保障尤其是社会救助制度来兜底。因此，2020年，中国社会救助制度将在打赢脱贫攻坚战、确保现行标准下农村贫困人口全部脱贫中发挥更重要的作用，用于社会救助兜底脱贫的资金投入量还将继续加大。

随着民政部养老服务司、儿童福利司的成立，养老服务和儿童福利事业发展有了较高级别的行政部门来专司负责，有利于促进这两个领域保障工作的开展。2019年12月10～12日召开的中央经济工作会议在部署2020年工

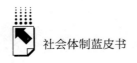

作时强调，要重视解决好"一老一小"问题，加快建设养老服务体系，支持社会力量发展普惠托育服务。因此，2020 年中国养老服务体系和 3 岁以下婴幼儿托育服务有望获得较大发展，社会化、市场化的服务供给将发育发展。

（三）军人保障、住房保障重点领域有望取得新进展

2018 年退役军人事务部成立后不久就立即着手起草《退役军人保障法》，随后被纳入《十三届全国人大常委会立法规划》，并被列入 47 件"需要抓紧工作、条件成熟时提请审议的法律草案"之一。2019 年纲领性的《关于加强新时代退役军人工作的意见》出台后，《退役军人保障法》立法进程必将加快，2020 年将提交全国人大常委会审议。与《退役军人保障法》相配套的《退役军人安置条例》《军人抚恤优待条例》《烈士褒扬条例》等目前也在制定和修订当中，预计也将在 2020 年取得重大进展，届时将为建立起比较完备的退役军人工作法律体系奠定良好的基础。

党的十八大关于全面建成小康社会的目标中提出了"住房保障体系基本形成"的要求，预计 2020 年中国将花费更多的精力在住房保障领域，解决重点人群的住房困难。2019 年 12 月 10～12 日召开的中央经济工作会议在部署 2020 年工作时也强调，要加大城市困难群众住房保障工作，加强城市更新和存量住房改造提升，做好城镇老旧小区改造，大力发展租赁住房。这表明，在决胜全面建成小康社会目标的倒逼下，2020 年中国将通过弥补大中城市公租房保障供需缺口来更好地解决城镇中低收入居民和新市民住房问题。

参考文献

林闽钢、霍萱：《中国社会保障的制度变迁——以 1997、2008 年经济危机为关键节点的考察》，《武汉大学学报》（哲学社会科学版）2019 年第 6 期。

郑秉文、张笑丽：《中国社会保障 70 年：助推封闭型经济转向开放型经济》，《China Economist》2019 年第 4 期。

郑秉文：《社会保障：2019 年政府工作报告十一项改革热点解读》，《第一财经日报》2019 年 3 月 11 日，第 A12 版。

郑功成：《中国社会保障 70 年发展（1949～2019）：回顾与展望》，《中国人民大学学报》2019 年第 5 期。

B.10
2019年养老服务发展回顾与展望

叶响裙*

摘　要： 2019年，我国持续推进养老服务体系建设，加强养老服务设施建设，健全福利补贴制度建设，国家大力引导社会力量进入养老服务业，各地积极探索创新养老服务供给方式，农村地区补足养老服务短板，探索发展互助养老服务。展望2020年，需要明确居家养老的核心地位，促进居家、社区、机构养老服务融合发展；在全国范围内加快建立长期照护服务体系；挖掘社会和市场潜力，培养多种形式的养老服务主体；进一步推动养老服务专业化发展，全面提升养老服务水平。

关键词： 养老服务　人口老龄化　居家养老　长期照护服务

　　人口老龄化是我国当前及今后长时期面临的重大问题。我国老龄人口基数大，人口老龄化发展进程快，高龄老人、失能半失能老人多，养老服务需求强劲增长，对现有的养老服务体系建设提出巨大挑战。推动养老服务持续发展，优化养老服务供给，是保障和改善民生、增进人民福祉的必然要求，是推进国家治理现代化的重要举措。

　　2019年3月29日，国务院办公厅印发了《关于推进养老服务发展的意见》。按照该意见及国家对养老服务发展的规划部署，2019年各地积极探索

---

　　* 叶响裙，中共中央党校（国家行政学院）公共管理教研部教授，主要研究方向为公共政策、社会保障。

养老服务模式创新，改善养老服务供给，提升养老服务质量，以积极应对人口老龄化的挑战。

一 2019年养老服务发展状况

（一）加强养老服务设施建设，健全福利补贴制度

随着我国老龄化程度不断加深，全社会对养老服务需求在快速增长。与之相应，政府对养老服务的投入也在不断增加。近年来，我国社会服务事业经费支出快速增长，占国家财政支出比重呈上升趋势。为支持各地开展养老服务改革试点，中央财政将养老服务业、健康服务业纳入促进服务业发展专项资金支持范围，为各地改革探索提供有力的资助。

随着国家财政投入持续加大，我国养老服务设施建设取得明显成效。一方面，养老机构建设力度加大，尤其是对于经济困难的失能老人、高龄老人，政府履行"保基本"的职责，制定实施社会服务兜底保障政策，由中央财政专门安排一部分投资预算，重点支持各地社会福利院、农村敬老院等设施建设，为这部分困难老年人提供基本养老护理服务。① 另一方面，注重社区日间照料中心、托老所等养老服务设施建设。2019年4月，多部门联合印发《关于做好2019年老旧小区改造工作的通知》，将老旧小区改造纳入城镇保障性安居工程，给予中央补助资金支持。

为进一步落实养老服务设施分区分级规划建设要求，有关部门联合部署在全国范围内开展养老服务设施规划建设情况监督检查，以推动各地完善社区养老设施建设。截至2019年9月底，全国有各类养老机构3.26万个，社区养老服务机构和设施14.57万个，各类养老服务床位合计754.6万张。养老服务设施覆盖水平和养老服务能力明显提升。

---

① 王皓田：《养老服务上半年工作进展、问题及下半年建议》，《中国经贸导刊》2019年第15期，第19～21页。

与此同时，为提高老年人对养老服务的消费能力，政府除了推动养老保险制度的建立与完善外，还注重健全福利补贴制度，强化养老服务资金保障。据民政部统计资料显示，目前全国各省级层面已实现高龄津贴制度全覆盖，2680 万老年人领取高龄津贴；30 个省份建立了养老服务补贴制度，354 万老年人得到养老服务补贴；29 个省份建立了老年人护理补贴制度，61 万失能老年人享受护理补贴。

（二）加大政策支持力度，引导社会力量进入养老服务业

自 2019 年 1 月起，新修改的《中华人民共和国老年人权益保障法》要求，取消养老机构设立许可，各级民政部门不再实施养老机构设立许可，而是依法按照国家法规政策规定，实行养老机构登记和备案管理，加强事中事后监管。

2019 年 3 月，国务院办公厅发布《关于推进养老服务发展的意见》，明确提出深化"放管服"改革，放宽养老服务业准入条件，破除制度障碍，优化市场环境，激发社会活力，充分发挥社会力量主体作用，健全养老服务体系。随后，有关部门制定的推进养老服务发展的一系列配套政策文件相继出台，内容包括规划建设、土地供应、投融资、税费优惠、补贴支持、人才培养等方面。

2019 年 4 月以来，国家发改委联合民政部、卫健委，实施"城企联动普惠养老专项行动"，按照"政府支持、社会运营、合理定价"的基本原则，通过城企联动，将养老服务需求强劲的城市与有资质的企业对接，发挥中央预算内投资的引导作用，带动地方政府提供优惠扶持政策，支持企业发行养老产业专项债券，拓宽社会资本融资渠道，提高社会资本参与养老服务的积极性，推动养老服务业高质量发展，为广大老年人增加普惠性养老服务供给。民政部资料显示，2019 年专项行动已下达中央预算内投资 14 亿元，支持 100 多个项目，新增养老床位 7 万张。

2019 年 6 月，民政部联合财政部等印发《关于养老、托育、家政等社区家庭服务业税费优惠政策的公告》，为社区养老服务机构和家政服务企业

提供税费优惠。即从 2019 年到 2025 年底，对社区养老服务收入免征增值税，并按 90% 计入所得税应纳税所得额，对承受或提供房产、土地用于养老服务的，免征契税、房产税、城镇土地使用税和城市基础设施配套费、不动产登记费等 6 项费用。针对水电气热价格优惠政策落实难问题，提出社区养老服务机构享受水电气热居民价格政策的操作性指引，切实推进优惠政策落地见效。

随着国家政策支持力度的加大和市场需求的激增，各类市场主体进入养老服务业，养老服务业显示出巨大的吸引力与发展潜力。万科、恒大等房产企业部署居家养老计划，建设各种形式的养老地产项目。泰康、合众等保险机构利用其资金规模大、周期长的优势，致力于建设养老社区；一些投资与实业机构开创绿色生态医疗健康和老年养护基地建设，还有一些外资养老服务运营商瞄准高端养老服务市场，推广国外老年住宅模式。①

（三）持续推进改革试点，创新养老服务供给方式

2019 年，在总结前三批居家社区养老服务改革试点经验的基础上，继续开展第四批和第五批改革试点。国家对社区提供日间照料、助餐助行、康复护理等服务的机构给予税费减免等扶持政策，在试点地区带动下，一些地方从实际出发，因地制宜，逐步形成各具特色的养老服务典型模式，对其他地方产生较强的引领示范作用。

上海作为我国最早进入人口老龄化阶段的城市，在全国率先进行社区居家养老服务的探索，大力发展社区嵌入式养老服务。在街道辖区内，依托社区养老服务站点，建设小规模、多功能、专业化、综合型的养老设施，促进居家、社区、机构养老服务融合发展，为老年人打造 15 分钟养老服务圈。目前上海已经建立了全国最为完善的社区居家养老服务网络，出台了居家养

---

① 向运华、王晓慧：《新中国 70 年养老服务体系建设、评估与展望》，《广西财经学院学报》2019 年第 6 期，第 9~21 页。

老服务评估指标体系和居家养老服务标准。[①]

浙江在推动养老服务发展的过程中，利用民营经济较发达的优势，制定实施财政补贴和税收优惠政策，引导支持社会力量进入养老服务业。与此同时，浙江省杭州市采用国际通用的评估工具，建立全市统一的居家养老服务需求信息库以及老年人入住养老机构评估体系，为养老服务资源供需精准对接奠定了基础。

广东省深圳市推行"管办分离"改革，促进养老服务发展。政府不再直接兴建管理养老机构，而是切实履行制定政策、实施服务监管的职责。与此同时，政府按照不同标准，对经济困难老年人进行"托底保障"，直接给予养老服务补贴。给老人发放"服务券"，由他们自由选择服务机构和服务内容。深圳市率先探索社会组织管理体制改革创新，支持社会福利、公益慈善类组织发展，为养老服务领域"管办分离"改革的施行提供了有利条件。养老服务方式的改革创新，又进一步促进了社会组织的发展。

江苏省南京市鼓楼区由于地处市中心，老小区集中，人口老龄化问题突出。为满足老年人居家养老的需求，鼓楼区建立"居家养老服务网"，政府出资租赁闲置厂房，以政府购买服务的方式，委托社会组织为区域内 70 岁以上独居和困难老人提供生活照料服务。

（四）注重补短板，促进农村互助养老服务发展

我国广大农村地区经济社会发展整体上远远落后于城市，且农村"留守老人""空巢老人"数量多，养老负担重，服务供需矛盾较城市更为突出。近年来，各地结合农村社会经济发展实际，探索出一些颇具特色的养老服务方式，尤其是农村互助式养老发展初显成效。

互助养老一般由村级组织兴办，由身体健康的老人们为同村的老人提供个性化的养老服务；政府制定优惠政策，进行管理服务指导，组织开展培

---

① 上海市民政局：《上海市构建特大型城市特色养老服务体系》，《中国社会报》2019 年 6 月 13 日，第 4 版。

训，并在村民自助互助的基础上给予一定资助。近年来，各地利用福利彩票公益金，大力发展政府扶得起、村里办得起、农民用得上、服务可持续的农村互助养老设施，加强老年人力资源开发，通过亲友相助、邻里互助、志愿服务、低龄老年人服务高龄老年人的"时间银行"等方式，大力推动农村互助养老服务发展。截至目前，全国共有大约7.5万个农村互助养老服务设施。

各地从农村居民现实养老需求出发，积极探索"离家不离村、离亲不离情"的农村互助养老服务模式。内蒙古化德县统筹农村各类公共服务资源，打造"集中居住、分户生活、统一管理、互帮互助"的互助养老模式。四川眉山市在面向农村老年人整合开放村文化服务中心、社区综合服务设施、党员活动室等公共服务设施基础上，利用农家大院、小区院落建立互助养老服务站点，完善互助养老服务站点功能，形成服务设施网络。河北省邯郸市肥乡县村集体经济薄弱，实行"自我保障、互助服务"的办院方式，由其子女承担入院老人相互照顾、吃、穿、医等费用。

二 2020年养老服务展望与建议

（一）明确居家养老的核心地位，促进居家、社区、机构养老服务融合发展

推进养老服务体系建设，要明确居家养老的核心地位。从老年人居住方式看，养老服务可分为两大类，一类是居家养老，另一类是机构养老。居家养老能充分满足老年人在家颐养天年的养老意愿，符合中国传统文化和社会心理，有利于提升老人的安全感和幸福感。在推进社会养老服务体系建设过程中，政府和社会各方面要更加明确居家养老的重要地位，加大对居家养老的政策支持力度。当前，我国要加快建立老年人家庭照顾者支持政策。通过制定实施税收、住房、社会保障方面的优惠政策，激励家庭成员与老年人共同生活或者就近居住。

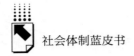

居家养老不同于家庭养老，而是需要社区内外服务机构提供及时便捷的专业支撑。为此，在新时代，要以老年人需求为中心，促进居家社区机构养老融合发展。居家养老与社区和机构服务是紧密相连的。社区设施和养老机构包括多种形式，如社区日间照料中心、托老所、老年人活动中心、社区医疗卫生机构、住宿照料站点，以及其他住宿型养老服务机构，这些设施和机构既可为居家老人提供上门服务、日间照料，也可作为临时性或长期住所，为有需要的老年人提供全面的生活照料和护理康复服务。

上海、北京等地积极探索居家社区养老服务模式创新，在街道、乡镇层面建立社区养老服务中心等综合性养老服务平台。这些社区嵌入型养老机构，能有效整合社区、家庭和养老机构资源，实现优势互补。总结这些地方居家社区养老服务发展经验，我国今后要大力发展具有综合功能的社区养老服务机构，鼓励各地制定实施优惠政策，引进优质的服务机构，形成"嵌入社区、嵌入家庭"的服务模式，丰富居家养老服务内容，促进居家社区和机构养老融合发展，从而更好地满足老年人多样化的养老需求。

（二）把握养老服务的重点需求，加快建立长期照护服务体系

基于我国多年来养老服务发展实践，当前政府应加强顶层设计和统筹规划，明确将失能失智老年人作为养老服务重点关注对象，以为失能失智老年人提供长期照护服务为重点，在全国范围内加快建设长期照护服务体系。

一般来说，健康老年人和其他年龄段的群体在基本生活和社会服务需求方面没有明显不同。当老年人随着年龄增长或患病而出现身体衰弱、生活难以自理的时候，才迫切需要得到家庭成员或专业护理人员的照顾。为这些失能半失能老人提供的生活照料和护理康复服务，即长期照护服务，正是养老服务的重点内容。西方一些较早进入人口老龄化阶段的国家，已经通过立法形式，建立了长期护理保险制度，为失能老年人提供长期照护服务。

我国已开展长期护理保险制度试点，各试点地区积极探索长期护理保险的制度模式与运行机制，取得诸多成效和有益的实践经验，但是由于各地在护理保险覆盖范围、缴费办法、支付方式等方面存在较大差异，制约了全国

范围内长期护理保险制度的推广和照护服务的发展。我国现有 4000 多万失能半失能老年人，其中有 1000 万重度失能失智老年人，他们迫切需要得到长期照护服务。为此，我国要加快建立全国统一的长期护理保险制度，加强养老护理服务的资金保障，以切实推动长期照护服务的发展，为失能失智老人、高龄独居老人等有特殊需要的老人提供适宜的生活照料及养老护理服务。

借鉴各地试点实践经验，我国长期护理保障可选择以社会护理保险为主，以商业保险、社会救助和福利津贴为补充的多层次护理保障模式。按照"护理保险跟随医疗保险"原则，确定社会护理保险的参保对象。社会护理保险建立用人单位、个人、政府多元主体责任共担的筹资机制，强调互助共济功能，有效分散个人风险。

制定科学合理的护理等级评定标准和评估制度，是有效提供长期照护服务的基础。我国长期护理保险试点地区对护理等级的评估标准不尽相同。若要在全国范围内推广建立长期护理保险制度，就必须建立一套统一科学的护理等级评定标准和评估制度。提出申请的老年人要经过专业机构的评估，确定其护理等级。长期护理保险待遇的发放和服务的提供，就建立在护理等级评估的基础上。一般来说，老年人失能程度越高，对生活照料和护理服务供给的依赖程度就越高，其所获得的待遇和服务给付水平也会越高。

（三）挖掘社会和市场潜力，培养多种形式的养老服务主体

面对严峻的人口老龄化形势和强劲增长的养老服务需求，我国需要大力培育各种社会化养老服务主体，促使政府、社会、家庭、个人多方联动，形成多元主体供给养老服务的格局，从而不断扩大和优化养老服务供给。

要继续深化"放管服"改革。我国目前民间资本参与中低端养老服务的积极性仍然不高，在建项目主要集中于高端养老服务市场，中低收入老年人难以承受。今后要全面落实养老机构取消许可要求，为社会资本进入养老服务业营造良好环境。突破社会资本参与养老服务的困境，细化、落实准入、税费、土地、金融等优惠扶持政策，提高社会资本参与养老服务业的积

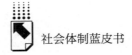

极性。拓宽社会力量参与渠道，探索政府与企业、社会合作发展模式，培育一批具有影响力和竞争力的养老服务企业，扩大和优化养老服务供给。

要完善养老服务管理运行机制。政府在养老服务发展中的职责主要包括：做好顶层设计和统筹规划，制定养老服务规划、制度、标准；分配重要的财政资源，为特困供养老年人、经济困难老年人、计划生育特殊困难家庭老年人提供基本养老服务保障；进行养老服务监管。政府在切实履行自身职责的基础上，要进一步理顺自身与企业、社会组织关系，引入市场竞争机制和合同管理方式，公平对待营利性、非营利性养老服务机构。对提供同类养老服务的不同性质的养老机构，要提供同样的扶持政策和运营补贴。同时，加大对养老服务机构的监管，确保养老服务市场多元主体公平竞争、规范运行，使服务对象有更充分的选择权，从而促使养老服务持续健康发展。

（四）促进养老服务专业化发展，全面提升养老服务水平

加快建立完善养老服务人员的教育培训体系。大力推进养老服务相关专业建设，分类培养社会工作、老年医学、护理、营养、心理等各类人才，着重加强养老护理人员的专业化教育培训。加快建立全国统一的养老护理员技能认证体系，养老护理人员要接受系统的教育培训，达到一定资质才能上岗从业。由于我国养老护理专业发展尚处于初步阶段，因此可探索教育培训的多种形式，加大养老护理人员培养力度，如支持鼓励中外卫生职业院校合作办学，建立专门的养老护理专业学院，鼓励养老护理人员参加在职培训等。通过教育培训，引导养老服务人员不断提升专业技能，并重视养老过程中的人文关怀，增强服务意识，从而全面提升养老服务水平。

积极推进智慧养老服务创新发展。互联网、大数据、云计算等为提升养老服务水平提供了强大的技术支持。我国要大力推进智慧养老服务创新发展，将"线上"信息化平台与"线下"实体性机构养老服务、居家上门服务、社区养老服务相结合，建设安全便捷的智慧养老社区，探索多样化的互助式养老服务方式，开发创新型养老服务产品。为满足失能、独居、空巢、留守老年人养老服务需求，在社区推广安装智能呼叫服务系统和应急救援服

务系统，提供自动报警、远程提醒、动态监测等智能化巡防与应急救援服务。打造养老健康综合服务平台，建设医养结合数据库和信息服务系统，将养老服务机构、医疗服务机构、运营商、服务商、个人和家庭连接起来，将养老资源和医疗资源进行有效整合，并和老年人需求进行精准对接，为老年人提供个性化、智能化服务，从而全面提升养老服务专业化水平，更好地满足老年人的健康养老服务需求。

B.11
2019年医药卫生体制改革进展与展望

胡　薇*

摘　要： 2019 年，医药卫生体制改革在医联体建设、药品集中采购、互联网医疗、社会化办医、医学和医疗中心建设等方面取得了令人瞩目的成绩。年末发生的新冠肺炎疫情则暴露出我国卫生事业中医疗与预防长期分离、基层服务能力薄弱、医疗物资战略储备不足等问题，亟须进一步深化改革。在"大健康"和"新医保"的时代背景下，未来医药卫生体制改革将在"强基层""重预防"上持续发力，同时通过医保支付深入推动"三医联动"向高质量发展。

关键词： 互联网＋医疗健康　医联体　药品集采　医保谈判

2019 年医药卫生体制改革在医联体建设、药品集中采购、互联网医疗、社会化办医、医学和医疗中心建设等方面取得了令人瞩目的重要进展，一方面切实缓解了长久以来困扰群众的看病贵、看病难问题，另一方面则体现了我国卫生事业发展的重要转向，即更加注重预防、基层和健康。2019 年末暴发的新型冠状病毒肺炎疫情是医疗卫生事业的一次大考，更是医药卫生体制改革的重要转折点。在疫情中，广大医务工作者和各级医疗机构发挥了中流砥柱的作用，充分体现了我国医疗卫生事业

---

* 胡薇，博士，中共中央党校（国家行政学院）副教授，主要研究方向为社会保障与社会政策。

发展的成就，但同时也暴露了一些积弊已久的问题，迫切需要进一步改革。

一 2019年医药卫生体制改革的总体趋势

（一）"新医保"发力，医改取得重大进展

2018 年新成立的医保局承担了战略性购买、专业化监管、价格调整和经办管理等重要职能，成为下一步医改的重要看点。2019 年，医保的重要作用主要体现在医保药品目录调整和集中采购两个方面。2019 年，医保局启动了史上最大规模的医保药品目录调整，同时将药品带量采购扩大至 25 个省份，极大地挤出了药品价格虚高水分。7 月，国务院办公厅印发《治理高值医用耗材改革方案》，拉开医用耗材集中带量采购的大幕。11 月，《国务院深化医药卫生体制改革领导小组关于进一步推广福建省和三明市深化医药卫生体制改革经验的通知》要求，年底前各个省份要全面执行国家药品集采 25 种药品的采购和使用政策，2020 年 9 月底之前，综合医改省份要率先探索对 25 种药品之外的药品和高值医用耗材进行分类集中采购。可以预见，药品耗材带量采购范围的扩大并向全国范围推广是大势所趋，此举将加速医药行业市场格局的大调整和公立医院医疗服务行为的转变。

此外，在 2019 年末暴发的新冠肺炎疫情中，医保通过"两个确保"，为打赢疫情防控阻击战做出了重大贡献。截至 2020 年 4 月 6 日，全国涉及新冠肺炎疫情的总费用约为 14.86 亿元，医保支付比例为 66.6%，达到 9.9 亿元。① 此外，通过阶段性降低企业医疗保险费、探索互联网＋医保服务、支付制度改革、跨省异地就医直接结算、医疗保障基金监管等，医保还进一

---

① 《国家医保局熊先军司长专访：医保为新冠疫情防控提供坚实资金保障》，https：//www.tmtpost.com/4310702.html，最后检索时间：2020 年 6 月 21 日。

步强化了对医疗服务的调控作用，推动"三医联动"不断走向深入。2020年2月25日，《中共中央　国务院关于深化医疗保障制度改革的意见》（以下简称《意见》）印发，《意见》对今后相当长时间的医疗保障制度改革做出了方向性指导，标志着医疗保障制度改革进入新的历史性阶段。

（二）"大健康"时代，医改不断面临新挑战

当下，中国的医药卫生体制改革正在向"以人民健康为中心"转变，"大健康"时代凸显公共卫生、预防和基层的重要性，期待更加开放、系统的医药卫生体制改革。2019年，为加快推进健康中国建设，国务院印发《关于实施健康中国行动的意见》，这是国家层面指导未来疾病预防和健康促进的重要文件。《意见》要求开展健康知识普及行动、合理膳食行动、全民健身行动、控烟行动、心理健康促进行动等15项专项行动，并成立"健康中国行动推进委员会"，统筹推进健康中国行动的组织实施、监测和考核等相关工作。《意见》与同时发布的《健康中国行动（2019~2030年）》和《健康中国行动组织实施和考核方案》共同构成了新时期推进健康中国建设的系列重要文件。

但是面临健康需求的变化，我国健康服务供给的能力却存在相当大的不足，如城乡和地区差异巨大、基层服务能力薄弱、疾病预防和健康促进明显不足、心理健康问题重视不足等。2019年末暴发的新冠肺炎疫情及其防控过程更是放大了这些不足，凸显了医疗和预防并重、生理与心理并重的重要性，更凸显了全民健康素养亟待提升的迫切性。"大健康"时代下，"健康"已不再仅仅是医学课题，而是一个复杂的社会学、环境学、心理学等多学科相互影响的系统性问题。

（三）"新冠肺炎疫情"大考，医改暴露诸多短板

新冠肺炎疫情是医改的一次大考，考验公共卫生危机的应对能力，检验传染病防治、公共卫生体系建设、基层救治能力、分级诊疗和医保改革的成效等。在这次大考中，广大医务工作者和各级医疗卫生机构在前沿防控中发

挥了中流砥柱的作用，交出了令群众满意和称赞的答卷，但也暴露出医疗卫生事业发展中一些积弊已久，如医防长期分离、传染病防治薄弱、公众健康素养不足、基层医疗服务能力不强、医疗资源战略储备不足、居民就医习惯难以改变等。但是另一方面，疫情也是医改的一次重要转机，后疫情时代的医疗卫生体制改革必将从中吸取经验，有所调整。可以预见，今后医改中"强基层"的主调将会越来越强，公共卫生服务体系、医疗服务信息化和智能化、"互联网＋医疗健康"、社会化办医、传染病防治、医患关系改善等各项改革将会走向快车道。

二 2019年医药卫生体制改革主要亮点

按照《深化医药卫生体制改革2019年重点工作任务》的要求，2019年度共计有36项重点任务，除制定15个重要文件之外，21项重点工作主要围绕解决看病贵、看病难和提升医疗服务能力三个方面展开。在看病难方面，重点以医疗资源的均衡配置为中心，包括推进国家医学中心和区域医疗中心建设、有序发展医联体、促进社会化办医和"互联网＋医疗健康"发展等；在看病贵方面，则主要围绕医药价格的调整，包括推进药品集中采购、高值医药耗材改革、完善国家基本药物制度、推进医保支付方式改革、完善公立医院补偿机制等；在提升医疗服务能力方面，则主要围绕医疗服务的高质量发展展开，包括开展公立医院绩效考核、提升县级医院综合能力、深入实施进一步改善医疗服务行动计划等。

（一）医联体建设

医联体建设是推动医疗资源均衡化发展，特别是分级诊疗的重要手段。2017年《关于推进医疗联合体建设和发展的指导意见》提出了城市医疗集团、县域医共体、跨区域专科联盟和远程医疗协作网等四种不同的医疗联合体建设模式。据悉，2018年底全国共组建城市医疗集团1860个、县域医疗共同体3129个。2018年98.4%的城市医疗集团、91%的县域医疗共同体内

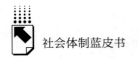

建立起双向转诊的"绿色通道"。① 2019 年，我国医联体建设的重点内容是启动了 118 个城市医疗集团建设和 567 个县的紧密型县域医疗共同体建设。

"网格化布局组建城市医疗集团"的观点自 2018 年提出，意指按照地区特点，综合考虑人口分布、医疗需求和供给分布的特点，将服务区域划分为网格，在网格内建立由三级公立医院或其他有水平的医院牵头参与的医联体，由其统筹负责网格内居民的健康管理、疾病诊治和康复护理工作。在地方改革中，医疗集团网格化的建设速度不一，许多省市如甘肃在 2018 年底即已实现全覆盖。按照 2019 年《城市医疗联合体建设试点工作方案》的要求，118 个试点城市启动了网格化医联体建设。与以往相比，"网格化"更加强调区域内医疗资源配置的精细化和医疗服务的连续性、整体性，不同层级医疗机构将形成预防、诊断、治疗、康复、护理一体化的连续性医疗。更为重要的是，网格化的医联体将不再能跨医保统筹区域来组建。医共体是比医联体更加紧密的医疗联合方式，目前全国已组建 3000 余个县域医疗共同体，还出现了如山西模式、安徽天长模式等地方改革典型。2019 年 5 月，国家卫健委、国家中医药管理局发布《关于推进紧密型县域医疗卫生共同体的通知》，要求试点县逐步形成服务、责任、利益、管理的医疗共同体。

在推进医联体建设中，利益与责任共担是核心，资源的共享与流动是关键，而基层医疗服务能力的整体提升是最终目标。医联体成员存在标准化还是同质化、互补还是吞并、资源下沉还是跑马圈地的种种疑虑，在人才、技术、管理、品牌和学科上都面临着融合或共享的难题，而医联体的绩效考核更是重中之重。

（二）互联网＋医疗健康

互联网对医疗健康的影响可在预约、分诊、诊疗、支付、药品网售、健康管理等各个环节，是医药卫生事业发展的大势所趋。2019 年《国家医疗

---

① 《国新办举行深化医药卫生体制改革 2019 年重点工作任务吹风会图文实录》，http://www.scio.gov.cn/32344/32345/39620/40640/tw40642/Document/1656293/1656293.htm，最后检索时间：2020 年 6 月 21 日。

保障局关于完善"互联网+"医疗服务价格和医保支付政策的指导意见》强调"互联网+"医疗服务是线下已有医疗服务的线上延伸，服务价格、医保支付政策基本参考线下服务的相关规定，特别是医保支付主要针对的依然是定点医疗机构服务的线上延伸。该意见的出台为互联网医疗的医保支付打开了缺口。

在抗击新冠肺炎疫情的过程中，互联网医疗大放异彩。各大医院相继开展互联网诊疗或线上咨询，一些重要的互联网平台如京东、阿里健康、叮当快药、平安好医生、丁香医生、微医、腾讯健康等都开展了线上诊疗以缓解线下压力，一些城市如武汉还专门开通了线上问诊的官方平台。2020年2月26日，国务院联防联控机制综合组印发《关于开展线上服务进一步加强湖北疫情防控工作的通知》，要求拓展线上服务空间缓解线下诊疗压力。2020年3月，国家医保局和国家卫健委发布《关于推进新冠肺炎疫情防控期间开展"互联网+"医保服务的指导意见》，提出将符合条件的"互联网+"医疗服务费用纳入医保的支付范围。此后国家相继发布一系列的积极政策，如国家发改委等发布《关于推进"上云用数赋智"行动，培育新经济发展实施方案》、国家卫健委办公厅发布《关于进一步完善预约诊疗制度加强智慧医院建设的通知》等，互联网医疗迎来一系列的政策利好。但是对照以往来看，互联网医疗的发展政策仅在医保政策上有所突破，在依托现有实体机构、禁止首诊等方面依然维持"原判"。2020年5月，国家卫健委办公厅发布《关于进一步推动互联网医疗服务发展和规范管理的通知》，强调要坚守医疗质量和患者安全底线，不得突破现有法律法规和《国务院办公厅关于促进"互联网+医疗健康"发展的意见》明确的有关规定。这意味着，互联网+医疗健康依然面临诸多政策天花板。

（三）社会化办医

社会办医是增加医疗资源供给总量和促进医疗资源均衡配置的重要抓手，但社会办医一直面临审批、登记、土地、税收、人才、医保等多方面的"玻璃天花板"，媒体和公众对社会办医的认可度都不强。政府一直重视社

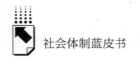

会化办医的发展，李克强总理多次对促进社会化办医做出重要部署。2019年5月22日，国务院常务会议对积极促进社会化办医做出重大政策推进，包括不再对社会办医的区域总量和空间布局做规划限制、加大对社会办医在基本医保定点及跨省异地就医直接结算的政策支持等，并要求年底前各地要建立社会办医跨部门联动审批机制。

这一年，关于社会化办医有众多利好政策出台。2019年初，国家发改委等9部门发布了《关于优化社会办医疗机构跨部门审批工作的通知》（这一通知于2018年8月制定），要求取消一些前置条件和申请材料，如简化设置审批、消防审核、环境评价等，以降低社会办医进入医疗市场的制度成本。2019年6月多部门联合印发《关于促进社会办医持续健康规范发展的意见》，要求严控公立医院的数量和规模，为社会办医留足发展空间，并提出要在扩大用地供给、推广政府购买服务、落实税收优惠政策、深化"放管服"改革等方面发力，持续推动社会办医发展，鼓励社会办医加入甚至是牵头成立医联体。为保障社会办医的服务质量，同期还印发了《关于提升社会办医疗机构管理能力和医疗质量安全水平的通知》《关于印发开展促进诊所发展试点意见的通知》等。

数据显示，截至2018年底，社会办医疗机构数量达到45.9万个，占46%；社会办医院数量达到2.1万个，占63.5%；社会办医床位、人员、诊疗量占比均持续增长。[①] 虽然社会办医的数量多，但体量小、质量不高始终是顽疾。

（四）药品耗材集采

在2018年《国家组织药品集中采购试点方案》的要求下，2019年末"4+7"城市试点药品集采，拟中选采购价格平均降幅在52%，最高达到96%。[②]

[①] 《〈关于促进社会办医持续健康规范发展的意见〉政策解读》，http：//www.gov.cn/zhengce/2019-06/12/content_5399589.htm，最后检索时间：2020年6月21日。

[②] 《我国推进国家组织药品集中采购"4+7"城市药品拟中选价平均降幅52%》，http：//www.gov.cn/xinwen/2018-12/08/content_5347073.htm，最后检索时间：2020年6月21日。

2019 年，在"4 + 7"的基础上，药品集采进一步扩围至 25 个省份。截至 2019 年底，试点地区 25 个中选药品平均完成约定采购量的 183%，中选药品的采购量占同一通用名药品采购量的 78%，扩围的价格平均降低 59%，在试点城市的基础上又降低了 25%。① 通过集采，药品的价格水分不断被挤出，为医疗服务价格的合理调整和医院收入结构的合理化创造了"腾笼换鸟"的空间。

2019 年，带量采购也扩展至高值耗材。此前，高值耗材带量采购的试点已在安徽、江苏等部分省份展开，京津冀等跨省市的联合采购平台也于 2016 年开始搭建，并于 2019 年末签署《京津冀药品医用耗材集中采购合作框架协议》，成为国内首家可能也是规模最大的跨省带量采购联盟。2020 年 5 月，京津冀和黑吉辽蒙晋鲁"3 + 6"采购联盟完成人工晶体类眼科耗材的首次跨省带量采购。

（五）取消耗材加成

医疗耗材，特别是高值耗材的加成与药品加成一样是医院的创收来源，为 5% ~ 10%。耗材供应价格的上升会相应扩大医院的加价范围，成为价格虚高、过度使用、滋生腐败的重要原因，群众的反映一直非常强烈。随着药品加成的取消，取消医用耗材加成的改革步伐也在加快。《深化医药卫生体制改革 2019 年重点工作任务》要求取消公立医疗机构医用耗材加成，并妥善解决由于取消加成而减少的合理收入的补偿问题。国务院办公厅印发《治理高值医用耗材改革方案》《医疗机构医用耗材管理办法（试行）》等，要求 2019 年底前全部实现公立医疗机构医用耗材"零差率"销售，高值医用耗材销售价格按采购价格执行，公立医院要切实履行主体责任，规范化使用高值医用耗材。年内，一些省市如北京、浙江、云南、湖北、山东等地也开始全面取消公立医院的耗材加成。耗材加成的取消与集中采购一起压缩了

---

① 《2019 年医疗保障事业发展统计快报》，http://www.nhsa.gov.cn/art/2020/3/30/art_ 7_ 2930. html，最后检索时间：2020 年 6 月 21 日。

医疗耗材的成本，挤压了医疗机构不合理的收入空间，极大地减轻了病人的负担，并为调整医疗服务价格打下了基础。

（六）国家医学中心和国家区域医疗中心

建立国家医学中心和国家区域医疗中心的目的是发挥中心的引领和辐射作用，逐步推进医疗资源的区域共享，解决长期困扰的患者异地就医和跨区域流动的问题，建立更加符合国情的分级诊疗制度。按照 2017 年《"十三五"国家医学中心及国家区域医疗中心设置规划》的要求，国家医学中心定位为疑难危重症的诊疗、高层次医学人才培养、高水平医学研究和临床成果转化等，代表全国顶尖水平，分不同专科进行设置；国家区域医疗中心则代表区域的顶尖水平，以省为范围设置。2019 年《国家医学中心和国家区域医疗中心设置实施方案》发布，标志着中国医疗资源的发展真正进入国家设计阶段。

2019 年国家卫健委出台了呼吸、神经疾病、精神等 6 个专业类别的国家医学中心和国家区域医疗中心以及心血管、癌症类别国家区域医疗中心的设置标准。2019 年 10 月，国家发改委、国家卫健委等部门联合印发《区域医疗中心建设试点工作方案》，选择 30 家试点输出医院在 8 个省份开展试点建设。据《国家卫生健康委办公厅关于加快推进国家医学中心和国家区域医疗中心设置工作的通知》，目前已完成心血管、癌症、老年、儿童、创伤、重大公共卫生事件等类别的国家医疗中心设置工作。

（七）医保支付改革

由于中国医保几乎是单一支付方，因此可以在谈判准入、带量采购和资金支付等各个方面全面发挥对医药价格的影响作用。2019 年国家医保局启动了史上最大规模的医保药品准入谈判，网上爆红的"灵魂砍价"视频集中展现了医保谈判在降低药价中的巨大作用。2019 年的医保谈判重点考虑了肿瘤、罕见病、慢性病和儿童用药，所涉药品全部谈判成功，许多"贵族药"还开出了"平民价"。谈判准入不仅极大地保障了患者的利益，如新增药品的价格平均降幅达到60.7%，还为医保基金的可持续发展腾出150亿元的空间。① 经过常规准入和谈判准入后，2019年国家医保目录调整全面完成，并于2020年1月1日起开始实行，基本医保的保障能力达到新的高度。

此外，2019年度医保继续深入推进支付方式改革，积极推行以按病种付费为主的多元复合式医保支付方式，推广DRG，即按疾病诊断相关分组付费。2019年5月20日，DRG付费国家试点工作启动，全国共30个试点城市，将分三年有序推进DRG付费，目标是2020年模拟运行，2021年启动实际付费。9月成立DRG付费国家试点专家组，10月公布《国家医疗保障DRG分组与付费技术规范》和《国家医疗保障DRG（CHS-DRG）分组方案》两个技术标准，后者明确了CHS-DRG是全国医疗保障部门开展DRG付费的统一工作标准。DRG付费改革是大势所趋，更是医疗保障资金可持续发展的迫切要求，它将倒逼医疗机构加强成本管控，进行更加精细化、规范化的管理，医务人员的行为也将随之改变，如规范填写病案首页等。

（八）公立医院综合改革

城市和县级公立医院综合改革自2010年、2012年试点以来，在转变运行机制、建立现代医院管理制度、形成分工协作的分级诊疗体系等方面不断进步。2019年，公立医院综合改革的亮点主要在以下三方面。

一是进一步理顺公立医院的服务价格。近几年随着药品和耗材加成的取消，以及医保支付制度的不断改革，公立医院的服务价格在"腾笼换鸟"下逐渐理顺。2018年共计有19个省份调整了医疗服务价格②，山东、福建

---

① 胡静林：《全面深化医疗保障制度改革　努力把制度优势转化为治理效能》，《旗帜》2020年第4期，第16~18页。

② 《国家卫生健康委员会就全国公立医院综合改革进展情况举行新闻发布会》，http：//www.gov.cn/xinwen/2019-06/14/content_5400227.htm#1，最后检索时间：2020年6月21日。

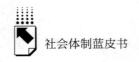

等地还明确规定每年调整 1 次价格。2019 年 12 月 26 日，国家卫健委和国家中医药管理局印发《医疗机构内部价格行为管理规定》，要求医疗机构建立价格管理体系、设立价格管理委员会和相应的价格管理部门和人员，并将价格管理工作纳入医疗机构年度考核指标。该规定强化了医疗机构的成本核算与成本控制，加强了对公立医疗机构的内部价格行为管理。

二是不断完善对公立医院的补偿机制。以往医院以药养医的主要原因是财政投入不足，新医改以来，财政不断加强对公立医院的投入和补偿。2013 ~ 2018 年，各级政府对公立医院的直接投入从 1297 亿元增加到 2705 亿元，来自医保基金支付的收入在 2018 年已占公立医院医疗收入的 51.5%。[1] 取消药品加成后，为补偿减少的合理收入，各级财政也都按比例对医院予以补偿，财政补偿占公立医院收入的比重越来越高。如陕西省 2019 年为省属 15 家公立医院补偿 2504 万元。[2]

三是加快推进人事薪酬制度改革。2019 年开始，北京市等 148 家医院按照《关于开展建立健全现代医院管理制度试点的通知》的要求，展开了建立现代医院管理制度的试点。该通知要求"深化公立医院人事制度改革"和"开展薪酬制度改革"，其中"依法全面推行聘用制度和岗位管理制度""科学制定医院内部绩效分配办法"尤为引人瞩目。实际上 2019 年在各省展开试点的医院并不仅限于这 148 家，如四川省遴选 43 家医院[3]、陕西省遴选 53 家医院[4]、河北省遴选 180 家医院[5]、甘肃省遴选 45 家医院等开展

---

[1] 《国新办举办深化医药卫生体制改革 2019 年重点工作任务吹风会图文实录》，http://www.scio.gov.cn/32344/32345/39620/40640/tw40642/Document/1656293/1656293.htm，最后检索时间：2020 年 6 月 21 日。

[2] 《陕西省下达省属公立医院取消药品加成补偿资金 2504 万元》，http://www.gov.cn/xinwen/2019 - 07/22/content_ 5412435.htm，最后检索时间：2020 年 6 月 21 日。

[3] 《我省稳步推进现代医院管理制度试点工作》，http://wsjkw.sc.gov.cn/scwsjkw/gzdt/2019/7/6/18d6a33c43bf430397918821be78f3ab.shtml，最后检索时间：2020 年 6 月 21 日。

[4] 《关于开展建立健全现代医院管理制度试点的通知》，http://sxwjw.shaanxi.gov.cn/art/2019/3/20/art_ 10_ 61451.html，最后检索时间：2020 年 6 月 21 日。

[5] 《河北省医改领导小组办公室关于扩大省级现代医院管理制度试点范围的通知》，http://wsjkw.hebei.gov.cn/index.do? templet = content&id = 385918&cid = 43，最后检索时间：2020 年 6 月 21 日。

了省级的试点工作①。山东、广东、宁夏等地还实行人员总量管理，2019 年上半年全国 2800 多家公立医院开展了薪酬制度改革试点，落实"两个允许"政策②。

三 下一步医药卫生体制改革趋势

（一）改革的成效与不足

2019 年的医药卫生体制改革延续了前期以调整医药价格和均衡化配置医疗资源为中心的改革重点，前者如继续取消药品耗材加成、推动药品耗材集采、开展医保谈判、加大对公立医院的投入等，后者如推动社会化办医、互联网医疗和分级诊疗建设。同时，2019 年还继续深入开展改善医疗服务行动，如印发《2019 年深入落实进一步改善医疗服务行动计划重点工作方案》，出台《医疗机构投诉管理办法》《医疗乱象专项整治行动方案》，不断整治医疗秩序等。整体来看，医药卫生体制改革正在不断向"提质增效"的高质量阶段迈进，"看病贵"与"看病难"问题确实得到了缓解，群众的改革获得感明显增强。

但是医药卫生体制改革的一些顽疾依然存在，如社会化办医难以突破、分级诊疗成效不显著、人事薪酬制度改革进展不明显等。2019 年末的新冠肺炎疫情则暴露了公共卫生和医疗服务体系的一些短板和不足，特别是医疗和预防长期分离、公共卫生投入不足、地位不高、人才缺乏等问题。疫情防控还集中凸显了医疗资源的战略储备和常态化供给不足、基层医疗服务能力亟待提高的问题。尽管医保在疫情防控中发挥了定心丸的作用，通过先治病后支付的政策保证了患者不因费用问题而影响就医、医疗机构不因支付政策

---

① 《关于开展建立健全现代医院管理制度省级试点的通知》（甘卫发〔2019〕147 号），http：//wsjk. gansu. gov. cn/single/11205/79475. html，最后检索时间：2020 年 6 月 21 日。

② 《国家卫生健康委员会 2019 年 6 月 14 日例行新闻发布会文字实录》，http：//www. gov. cn/guowuyuan/2019 – 06/16/content_ 5400686. htm，最后检索时间：2020 年 6 月 21 日。

而影响救治，但医保支付面临的压力也非常大，加之疫情后期阶段性降低医保缴费，医保的可持续性发展问题愈发严峻。

（二）下一步改革重点

1. 进一步完善应对突发公共卫生事件的长效机制

针对这次疫情，下一步的医改将重点加强和完善传染病报告制度、公共卫生事件的应急处置能力建设、疫情中的分级分流救治机制、疾控机构与医疗机构、社区的联动机制等。构建"平战结合"富有弹性的医疗服务体系，完善突发公共卫生事件中常备药物、器材等物资的战略保障体系等。2020年4月27日，中央深改委审议通过了《关于健全公共卫生应急物资保障体系的实施方案》，要求打造医疗防治、物资储备、产能动员"三位一体"的物资保障体系。2020年2月25日，《中共中央 国务院关于深化医疗保障制度改革的意见》印发，要求"完善重大疫情医疗救治费用保障机制"等。这些举措都是疫情后深化医改的重要信号。

2. 更加注重预防

健康中国建设的需要和新冠肺炎疫情的启示要求我们更加注重预防。2020年"两会"期间，习近平总书记在参加湖北代表团审议时强调，"预防是最经济最有效的健康策略"。为此，下一步改革将会更加重视公共卫生服务体系建设、改善公共卫生服务体系的基础条件，加大投入、培养人才、增强激励；要更加注重优化疾病预防控制机构的职能设置，加强医防融合，特别是从基层做起，强化各级医疗机构在预防方面的职责；深入开展爱国卫生运动和健康宣教活动，不断提升居民的健康素养和科学素养。

3. 更加侧重强基层

疫情防控既凸显了基层防控的重要性，也暴露出基层防控能力的不足。"强基层"虽然一直是医改的重要主张，但始终推进缓慢。未来要继续深入推进医联体建设，建立分工明确、协同有效的分级诊疗体系；要切实提升基层医疗服务能力，加强全科医生、家庭医生建设，继续开展社区医院建设试点工作；要发挥社会办医和"互联网＋医疗健康"的作用，增强居民就医的方便性、快捷性。

此外，医保对"三医联动"的撬动作用还将继续增强，药品集采和使用将实现常态化运作，DRG 付费改革将模拟运行，这些必将倒逼医院行为发生转变。此外，2020 年高血压和糖尿病的"两病"用药被纳入城乡居民医保，医改对治未病、重预防的作用发挥也将愈加明显。

参考文献

胡静林：《全面深化医疗保障制度改革 努力把制度优势转化为治理效能》，《旗帜》2020 年第 4 期。

胡薇：《新型冠状病毒肺炎疫情中分级诊疗的作用及启示》，《辽宁行政学院学报》2020 年第 3 期。

黄柳：《医保准入一鸣惊人》，《中国医院院长》2020 年第 2 期。

李海涛：《"4 + 7"药品集采：中国医疗行业生态体系面临重构——以武汉市新冠肺炎疫情防控为例》，《第一财经日报》2019 年 2 月 12 日，第 11 版。

卿菁：《特大城市疫情防控机制：经验、困境与重构》，《湖北大学学报》（哲学社会科学版）2020 年第 3 期。

王一琳、方鹏骞：《关于医疗联合体与"三医联动"关系的思考》，《中国医院管理》2018 年第 5 期。

B.12
2019年中国儿童早期照顾服务：
进展、挑战与未来

陈 偲[*]

摘　要： 2019年，中国儿童早期照顾领域出台多项政策，重新界定政府、家庭、社会在儿童早期照顾中的责任划分，明确儿童早期照顾服务的发展目标、发展方向、政策支持方式，进一步完善宏观管理机制等。儿童早期照顾服务在快速发展的同时，也面临着一系列挑战，如服务供给不足、托育服务质量参差不齐、服务结构等有待调整、托育机构登记注册难运营成本高等。未来，儿童早期照顾领域的"机会窗口"开启，同时也可能面临发展不均衡的问题。下一步，需优化服务供给，规范发展多样化、多层次的服务，进一步将放权与加强监管相结合。

关键词： 儿童早期照顾服务　托育服务　家庭科学养育服务

　　儿童早期照顾是指对0~3岁儿童的照看，包括为儿童提供日常的、社会心理的、情感的和身体的照料，这种照料可以是有酬或无酬的，非正式或正式的，家庭内或家庭外的。随着现代化进程推进和家庭变迁，家庭时间资

---

* 陈偲，社会保障学博士，中共中央党校（国家行政学院）报刊社编辑，主要研究方向为儿童早期照顾、社会治理。

源和人力资源的双重短缺使家庭照料功能弱化趋势明显①。在全球女性高就业率的背景下，儿童照料赤字已发展为一个全球性问题，父母无法为儿童提供所需的照料资源成为现代家庭的普遍现象②。儿童早期照顾服务是一项重要的发展型社会政策，其供给直接影响着儿童早期发展、父母劳动参与、生育率等家庭和社会发展的诸多方面。

我国儿童早期照顾服务经历了曲折发展的过程，从新中国成立初期至20世纪80年代，"单位制"背景下儿童早期照顾社会服务供给较为充足。之后20多年来，儿童早期照顾服务支持逐渐减少，家庭几乎承担儿童早期照顾的所有责任。党的十九大以后，儿童早期照顾再次成为重要的公共议题。党的十九大报告首次增加了"幼有所育"一词，提出要坚持在发展中保障和改善民生，在幼有所育等方面不断取得新进展。2017年，中央经济工作会议明确指出要"解决好婴幼儿照护和儿童早期教育服务问题"。2019年，国家将儿童早期照顾服务发展问题纳入顶层设计，并逐步建立完善政策法规体系。

在此背景下，本文将对2019年儿童早期照顾服务的政策与实践发展进行梳理，并在此基础上进行思考与展望。

一 2019年儿童早期照顾服务的政策发展

（一）政策进展

2019年，儿童早期照顾问题再次成为重要的公共议题之一，政府先后出台多项政策支持儿童早期照顾服务的发展，并逐步形成完整的政策体系。2019年5月，国务院办公厅出台专门针对3岁以下婴幼儿照护服务工作的

---

① 吴帆、王琳：《中国学龄前儿童家庭照料安排与政策需求：基于多源数据的分析》，《人口研究》2017年第6期，第71页。
② Wheelock, J., Jones, K. "'Grandparents Are the Next Best Thing': Informal Childcare for Working Parents in Urban Britain". *Journal of Social Policy*, 2002, Vol 31, pp. 441 –463.

纲领性文件——《关于促进3岁以下婴幼儿照护服务发展的指导意见》（以下简称《指导意见》），对3岁以下婴幼儿照护服务发展的总体要求、发展目标、主要任务、保障措施、组织实施等做出明确规定①。

同时，国家先后制定多个专项文件，为婴幼儿照护服务的发展提供全方位、可操作化的政策支撑，逐步形成政策体系。比如，国家卫生健康委在印发的《托育机构设置标准（试行）》《托育机构管理规范（试行）》中，对婴幼儿照护服务机构的设置要求、场地设施、人员规模、备案管理、收托管理等方面进行了详细的政策规定②；在税收优惠方面，《关于养老、托育、家政等社区家庭服务业税费优惠政策的公告》规定，为社区提供养老、托育、家政等服务的机构，可按照规定享受税费优惠政策③；在促进托育服务社会化发展方面，在《支持社会力量发展普惠托育服务专项行动实施方案（试行）》中，国家通过中央预算内投资，支持和引导城市政府系统规划建设托育服务体系④。其中，城市政府提供全方位政策支持清单，企业（含企业、事业单位、社会组织等）提供普惠托育服务清单。

在地方层面，截至2019年底，全国超过一半的省（自治区、直辖市），3岁以下婴幼儿照护服务指导政策出台或征求意见中。

（二）政策发展特点

总体上，国家对儿童早期照顾服务的发展方向进一步明晰，这一时期政

---

① 《国务院办公厅关于促进3岁以下婴幼儿照护服务发展的指导意见》，国办发〔2019〕15号，http：//www. gov. cn/zhengce/content/2019 – 05/09/content _ 5389983. htm？from = groupmessage &isappinstalled =0，最后检索时间：2020年6月23日。
② 《国家卫生健康委关于印发托育机构设置标准（试行）和托育机构管理规范（试行）的通知》，http：//www. gov. cn/xinwen/2019 – 10/16/content _ 5440463. htm，最后检索时间：2020年6月23日。
③ 《关于养老、托育、家政等社区家庭服务业税费优惠政策的公告》，http：//www. gov. cn/fuwu/2019 –07/04/content_ 5406294. htm，最后检索时间：2020年6月23日。
④ 《国家发展改革委　国家卫生健康委关于印发〈支持社会力量发展普惠托育服务专项行动实施方案（试行）的通知〉》，http：//www. gov. cn/xinwen/2019 – 10/24/content_ 5444458. htm，最后检索时间：2020年6月23日。

策发展具有以下特点。

1. 重新界定政府、家庭、社会的责任划分

在政府、家庭、社会的责任划分上，首先，重新重视政府在儿童早期照顾服务中的责任。自20世纪80年代中后期以来，随着"单位制"的消解和社会服务职能转移，公共政策体系中较少提及儿童早期照顾问题，儿童早期照顾服务的发展进入低谷，家庭几乎承担儿童早期照顾的所有责任。在促进儿童发展、改善民生、鼓励生育等目标的指引下，面对家庭在儿童早期照顾中的压力，政府出台一系列政策，并明确政府引导作用的发挥，强化政策引导和统筹引领，大力推动儿童早期照顾服务的发展。其次，家庭仍然是儿童早期照顾最重要的责任主体，按照"家庭为主，托育补充"的基本原则，家庭对婴幼儿照护负主体责任，托育服务为确有困难的家庭提供补充。政府将强化对家庭的支持，包括产假政策、就业政策、为家庭提供科学养育指导服务等。最后，社会力量是儿童早期照顾服务供给的主体。0~3岁儿童早期照顾服务属于非基本公共服务范围，要坚持社会化发展方向。在政府的政策引领下，需充分发挥市场组织、社会组织等社会力量的作用，鼓励多元主体进行协同治理。《指导意见》指出，"充分发挥市场在资源配置中的决定性作用，梳理社会力量进入的堵点和难点，采取多种方式鼓励和支持社会力量举办婴幼儿照护服务机构"。① 社会力量的参与有利于推动婴幼儿照护服务的发展，有助于提供多样化、多层次、充足的儿童早期照顾服务。

2. 明确儿童早期照顾服务的发展目标、发展方向、政策支持方式

在政策内容上，一是明确儿童早期照顾服务的发展目标，"到2020年，婴幼儿照护服务的政策法规体系和标准规范体系初步建立，建成一批具有示范效应的婴幼儿照护服务机构，婴幼儿照护服务水平有所提升，人民群众的婴幼儿照护服务需求得到初步满足。到2025年，婴幼儿照护服务的政策法规体系和标准规范体系基本健全，多元化、多样化、覆盖城乡的婴幼儿照护

---

① 《促进3岁以下婴幼儿照护服务发展有关情况》，http：//www.cfsn.cn/front/web/site.bwnewshow？bwid=3&newsid=494，最后检索时间：2020年6月23日。

服务体系基本形成，婴幼儿照护服务水平明显提升，人民群众的婴幼儿照护服务需求得到进一步满足"。①

二是明确儿童早期照顾服务的发展方向。2010年，我国开始提出"公益性普惠性"的发展方向，不过这一时期更侧重为家庭提供指导性服务，而较少提及直接面向儿童的早期照护服务。2019年，儿童早期照顾服务的发展方向逐步明确，即"普惠优先""优先支持普惠性婴幼儿照护服务机构"②。同时，政府出台《支持社会力量发展普惠托育服务专项行动实施方案（试行）》，在全国城市范围内，通过财政支持的方式引导普惠性服务的发展③。国内外多项研究表明，价格是影响家庭使用婴幼儿照顾服务的重要影响因素，儿童早期照顾成本与母亲就业率成反比，价格越高，家庭越倾向于减少使用婴幼儿照顾服务④⑤。优先发展普惠性儿童早期照顾服务，有助于减轻家庭在选择婴幼儿照护服务中的经济压力，能更为有效地满足社会需求。

三是明确政策支持方式。历史经验表明，社会服务职能的包揽给政府和单位带来一定负担，难以实现可持续性发展。不同于"单位制"背景下政府对儿童早期照顾服务的直接资金支持与参与，当下，政府主要鼓励通过用地保障、财政与税收等政策措施为儿童早期照顾服务的发展提供支持，为照护服务机构降低运营成本、实现良性发展提供必要的帮助。其中，用地问题

---

① 《国办：全面落实产假政策　创造婴幼儿照护便利条件》，http：//news. yznews. com. cn/2019－05/09/content_ 7040143. htm，最后检索时间：2020年6月23日。

② 《国务院办公厅关于促进3岁以下婴幼儿照护服务发展的指导意见》，国办发〔2019〕15号，http：//www. gov. cn/zhengce/content/2019 － 05/09/content _ 5389983. htm？from＝groupmessage &isappinstalled＝0，最后检索时间：2020年6月23日。

③ 《两部门关于印发〈支持社会力量发展普惠托育服务专项行动实施方案（试行）的通知〉》，http：//www. gov. cn/xinwen/2019－10/24/content_ 5444458. htm，最后检索时间：2020年6月23日。

④ Heckman. J. "Effects of Child-care Programs on Women's Work Effort", *Journal of Political Economy*, 1974, Vol. 82, pp. 136－163.

⑤ Herbst, C. M., Barnow. B. S. "Close to Home：A Simultaneous Equation Model of the Relationship between Child Care Accessibility and Female Labor Force Participation", *Journal of Family and Economic Issues*, 2008, Vol. 29, pp. 128－151.

是照护服务机构发展的基础性问题，也是其发展中的堵点和难点问题。政府通过重视用地规划、盘活存量土地资源等多种方式，加强用地保障，缓解照护服务机构的用地供给困难，促进照护服务机构发展。比如，在建设用地方面，重视对用地规划的安排，为新建的服务机构用地提供支持，将婴幼儿照护服务机构和设施建设用地纳入土地利用总体规划、城乡规划和年度用地计划并优先予以保障，农用地转用指标、新增用地指标分配要适当向婴幼儿照护服务机构和设施建设用地倾斜。同时，盘活存量资源，鼓励利用低效土地或闲置土地建设婴幼儿照护服务机构和设施。[①] 同时，对非营利性婴幼儿照护服务机构建设用地以"划拨用地"的方式提供支持。加强社会力量参与照护服务的用地保障，针对当前照护服务机构用地成本较高等问题，鼓励地方政府通过采取提供场地、减免租金等政策措施，加大对社会力量开展婴幼儿照护服务、用人单位内设婴幼儿照护服务机构的支持力度[②]。另外，在财政和税收支持方面，为缓解儿童早期照顾服务发展中价格过高、供给不足等"市场失灵"问题，我国政府进一步加强财政支持，尤其是增加对普惠性机构的财政投入，并通过税收减免、财政补贴、提供公租房等多种形式分担婴幼儿照护服务机构的成本，减轻家庭在获取婴幼儿照护服务中的经济压力。比如，《关于养老、托育、家政等社区家庭服务业税费优惠政策的公告》中规定，为社区提供养老、托育、家政等服务的机构，可按照规定享受税费优惠政策。在《支持社会力量发展普惠托育服务专项行动实施方案（试行）》中，国家通过中央预算内投资，对普惠性托育机构中的托位进行补贴。

3. 进一步完善宏观管理机制

在宏观管理机制上，一是建立健全组织体制，设立主管政府部门，明确政府间的权责划分。长期以来，儿童早期照顾服务领域处于缺乏主管部门、

---

① 《国办：全面落实产假政策　创造婴幼儿照护便利条件》，http：//news. yznews. com. cn/2019－05/09/content_ 7040143. htm，最后检索时间：2020 年 6 月 23 日。

② 《国务院办公厅关于促进 3 岁以下婴幼儿照护服务发展的指导意见》，国办发〔2019〕15号，http：//www. gov. cn/zhengce/content/2019 － 05/09/content ＿ 5389983. htm? from ＝groupmessage &isappinstalled ＝0，最后检索时间：2020 年 6 月 23 日。

相关政府部门权责划分不清晰的状态，存在缺乏推动婴幼儿照顾服务发展的核心力量、相关部门面对问题相互推诿、婴幼儿照顾服务发展缓慢等现象。2019年，国家对发展婴幼儿照顾服务的牵头部门、相关部门的职责分工都提出了明确要求，"强化部门协同。婴幼儿照护服务发展工作由卫生健康部门牵头，发展改革、教育、公安、民政等部门要按照各自职责，加强对婴幼儿照护服务的指导、监督和管理"。主管政府部门的确立，有助于协调部门关系和分工合作、实现资源整合、统领服务标准的建立、服务质量的保障和提升、社会资源的有效调配和人才培养等各项工作。同时，政府各部门的职责分工清晰明了、可操作性强，有助于推进婴幼儿照顾服务各项工作的可持续发展，对婴幼儿照顾服务机构发展的用地保障、资金支持、登记备案等多方面给予支持，形成促进其发展的合力。

二是对各层级政府间的权责进行合理划分。目前，我国实行"属地管理，分类指导"的婴幼儿照顾服务管理体制。其中，中央政府主要发挥顶层设计、统筹规划的作用，地方政府是发展婴幼儿照顾服务的责任主体，省级、市级政府负责统筹发展婴幼儿照顾服务，推动出台地方规章制度、发展规划，健全投入机制，明确权责划分，完善相关政策措施并组织实施。区级、县级政府对本区域婴幼儿照顾服务负有主体责任，具体负责对婴幼儿照顾服务机构的管理和监督，制定婴幼儿照顾服务工作规划，指导婴幼儿服务机构的发展，在用地保障等方面给予优惠和支持，确保区域内婴幼儿照顾服务机构规范有序健康发展。各级政府进行合理的权责划分，不仅有利于地方政府更好地在中央的指导、监督下实施婴幼儿照顾服务的管理、贯彻落实各项政策，而且有助于体现地方的灵活性和积极性，充分展现地方特色与优势。

三是强化监督管理机制，强化各主体的监管责任，引导婴幼儿照顾服务机构的规范发展。一方面，强化政府监管责任，建立综合监管机制。地方政府应对婴幼儿照顾服务机构的规范发展和安全监管负主要责任，负责制定服务的规范细则，并严格按照有关法律法规进行违法查处。同时，各政府职能部门按照分工履行各自的监管职责。另一方面，强化服务机构的主体责任。

各类婴幼儿照护服务机构开展服务必须符合有关标准和规范，并且对婴幼儿的安全和健康负主体责任。

二 儿童早期照顾服务的现状与挑战

（一）早期照顾服务快速发展，但服务供给仍然不足

当下，尽管政策支持较为充足，但政策的实施、政策效果的显现需要一定时间，儿童早期照顾服务虽处于快速发展中，但全社会依然面临儿童早期照顾服务供给不足的问题。长期以来，我国3岁以下儿童入园入托率较低。据国家卫健委统计，2006～2016年，3岁以下儿童在各类托育机构的入托率为4.8%[①]。近年来，尽管儿童早期照顾服务供给有所增加，但与家庭的社会托育服务需求仍有较大差距。在多项调查中，家庭对于托育服务的需求均较为旺盛，比如，根据国家卫计委2016年在10个城市就3岁以下婴幼儿托育服务情况开展的专题调研，1/3以上受访家庭具有社会托育服务需求；2017年北京市妇联的调查显示，30%的全职妈妈、50%以上的在业妈妈具有托育服务需求[②]。同时，与其他低生育国家相比，我国托育服务的供给也存在差距，2010年，在经合组织（OECD）30个成员国中，平均有32.6%的3岁以下儿童，每周接受14～41小时的公共或私立日托照顾。[③]

另外，针对家庭的科学养育指导服务仍不够充分，仅有部分地区在政策文件中提出家庭科学养育指导服务的定量指标，多以社区、社会组织、政府机构零散的项目式推进为主，缺乏整体性与系统性，覆盖面有限、服务频率较低、服务形式单一，难以满足多元社会需求。而家庭科学养育指导服务有

[①] 贺丹等：《2006～2016年中国生育状况报告——基于2017年全国生育状况抽样调查数据分析》，《人口研究》2018年第6期，第35页。

[②] 杨菊华：《中国家庭 | 四省十城调查：超过1/3家庭有托育需求》，https：//www.sohu.com/a/258592679_ 260616，最后检索时间：2020年2月28日。

[③] 张亮：《中国儿童照顾政策研究——基于性别、家庭和国家的视角》，复旦大学博士学位论文，2014，第11页。

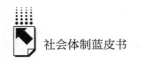

助于提升家庭养育质量和儿童发展水平，缓解家庭养育压力，使儿童拥有更为优质和平等的开端。

（二）托育服务质量、服务结构等有待调整

托育服务质量有待提升。由于信息的不对称性等多种因素，托育服务的风险是世界各国普遍存在的问题，也是发展中难以完全避免、亟须重点关注的问题。当前，托育服务正处于快速发展期，市场上的托育服务机构类型多样，包括托儿所、幼儿园、早教机构、社区托育点、家庭托育点、单位托育点等。在2019年关于托育机构的设置标准、管理规范、登记和备案办法等管理办法出台以前，由于缺乏明确的管理办法和精准的管理部门，托育服务机构的发展面临较大的监管风险，托育机构主要按照自我制定的标准等进行服务供给。在政府缺位、市场失灵等多方因素下，托育服务质量参差不齐，在场地设施、卫生健康、安全管理、人员配比等方面存在较大差异，甚至出现上海携程亲子园、北京红黄蓝幼儿园等儿童安全事件。

托育服务结构有待调整。多项调查资料以及笔者对北京、武汉等地31个家庭进行的访谈结果显示，当下，托育服务的可获取性不强，不仅服务供给数量十分有限，而且服务结构也难以满足家庭需求。例如，在服务的方便性方面，大多数家庭认为可以选择的托育服务机构比较少，存在距离远、托育服务时间不够灵活等问题；在可负担性方面，存在收费较高、普通家庭难以负担的现象；在机构性质方面，存在过度市场化的倾向，私营机构远远多于公立机构；在服务对象的年龄方面，已有的托育机构主要为2岁以上儿童提供托育服务，2岁以下儿童的托育服务供给存在不足。

（三）托育机构面临登记注册难、运营成本高等发展困境

2019年，随着政策支持力度加大、家庭需求的增加，中国儿童早期照顾服务迎来了新的市场契机和发展机遇，2019年被业界称为托育服务行业发展"元年"。尽管托育机构的设置标准、管理规范、登记和注册等规范性文件以及各项支持性政策先后出台，托育机构尤其是大多数中小型机构依然

面临着发展困境。笔者通过对多个托育机构的调研走访了解到，一是部分中小型托育机构面临着"合法化"困境。在过去的制度条件下，大多数中小型托育机构都是通过工商部门注册为教育咨询公司。同时，按照最新出台的各项政策，相当一部分中小型托育机构依然难以达到所规定的机构设置标准。例如，当前的政策对于托育机构的人均用房面积、室外活动人均场地面积、厨房面积和配餐要求等方面做出严格规定，由于场地限制、运营成本等原因，相当一部分运营多年、承载大量家庭托育服务需求的托育机构无法达到要求。在此情况下，上述机构无法按照托育机构进行登记注册，不仅无法实现"合法化"，带来机构运营和政府监管中的难题，而且也难以享受针对托育机构的税收优惠等政策支持。二是托育机构面临着运营成本高的难题。一方面，部分家庭认为托育服务收费偏高；另一方面，对社会化托育机构而言，面临着高运营成本的难题，尤其在一线、二线城市，更存在一次性建设投入大、房租及人力成本高而收支难以平衡等问题①。

三　未来展望

（一）发展趋势："机会窗口"与地区不均衡

在某个时间点上，问题源流、政策源流和政治源流汇集在一起时，"机会窗口"打开，问题进入政策议程，政策方案逐步确定。② 在儿童早期照顾领域，随着三者的连接，即家庭对儿童早期照顾服务的社会需求等问题源流、国家的政策尝试与国际经验的分享等政策源流、公共舆论的关注等政治源流的汇集，儿童早期照顾领域的"机会窗口"已开启，政策变迁逐步推

---

① 《婴幼儿照护难题该咋解——代表委员为0～3岁托育服务建言献策》，http://www.moe.gov.cn/jyb_ xwfb/xw_ zt/moe_ 357/jyzt_ 2019n/2019_ zt2/zt1902_ mtbd/201903/t20190307_ 372515.html，最后检索时间：2020年6月23日。

② Thomas A. Biddand. *An Introduction to the Policy Process*: *Theories*, *Concepts*, *and Models of Public Policy Making*. M. E. Shape, Inc. 2001, p. 224.

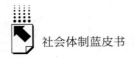

进。在此背景下，国家及各部委出台多项政策支持儿童早期照顾服务的发展，同时，各省市也先后出台各具特色的儿童早期照顾服务指导政策。未来，各项政策的实施和完善，将进一步激发儿童早期照顾服务的发展。

同时，在地方不同的政策支持力度、发展状况下，可能出现儿童早期照顾服务在地区之间发展不均衡的状况。例如，在已出台的地方婴幼儿照护服务指导意见中，部分地区提出明确的定量目标，如浙江、四川、上海等地，对服务发展进行定量考核，激励儿童早期照顾服务的发展。同时，不同地区对于托位数量的设置、家庭科学育儿指导的频率要求存在一定差距，例如四川省、北京市分别提出新建居住区每千人口不少于 10 托位、4 托位规划和建设婴幼儿照护服务设施。并且，部分地区正在形成独具特色的服务方式，如上海的"托幼一体化"模式，安徽提出的可在街道、居委会或有条件的居民家中设立"临时托管看护点"等。

（二）优化服务供给：规范发展多样化、多层次的服务

面对儿童早期照顾服务中供给不足、供给结构不均衡等问题，政府将进一步加强政策支持，继续鼓励发展多样化、多层次的儿童早期照顾服务。

充分发展家庭科学养育指导服务。需进一步提高对家庭科学养育指导服务的重视，家庭是儿童早期照顾的责任主体，家庭的养育能力与儿童的早期发展息息相关。国内外研究表明，家庭科学养育指导服务有助于提高家长的教育理念和教养行为、提升养育水平。未来，可统一设立定量指标，动员社区、社会组织、企业等社会力量参与，保障家庭科学养育指导服务的供给，根据家庭实际情况进行个性化的入户指导，定期开展形式丰富的亲子活动，并充分利用"互联网 +"展开服务。

规范发展托育服务。首先，发展更为灵活、以需求为导向的托育服务，以托育服务的供需状况、家庭对于婴幼儿照顾服务的具体需求等定期调查数据为基础，引导发展全日制、半日制及灵活托管、入户指导等多种形式的服务。其次，发展多样化的托育服务，加大对社区托育服务机构的支持，发展社区化服务网络，支持用人单位在工作场所为职工提供福利性托育服务，鼓

励支持有条件的幼儿园开设托班。

值得关注的是，未来可探索发展家庭式托育服务。长期以来，由于缺乏服务资质、服务质量参差不齐等因素，政府对于家庭式托育服务的发展持谨慎保守的态度，在国家和各部委的政策中未对这一服务方式给予认可，在各省市中，仅安徽省对家庭式托育的发展给予支持。建议可在对家庭托育服务设立标准、加强监管的同时，适当放开对家庭托育式服务的准入。可适当借鉴国外经验，如欧美等国对家庭式婴幼儿照顾服务机构的建立、保育员资格的审查、场地安全性的评估等都有明确标准，发展较为完善。我国可继续探索对于这一服务方式的合理引导和管理。

（三）优化管理：进一步放权与加强监管相结合

为增加托育服务供给、鼓励社会力量的参与，针对部分中小型托育机构的合法性困境，政府可继续优化管理方式，进一步放管结合、优化服务。一方面，可探索进一步放权，降低社会力量进入这一服务领域的门槛，尤其需转变观念，将重视场地设施等硬件指标，向注重服务质量（如师生比、照料者对儿童的回应性、顾客满意度）等软性服务等指标转变。另一方面，需强化监管，从重视事前监管向事中事后监管转变，对服务质量、卫生、安全等工作进行常态化监督。在强化政府监管的同时，充分运用服务机构等级评定、社会信用体系等社会监督机制加强监管。

B.13
共有产权房：发展历史、现状与出路[*]

马秀莲[**]

摘　要： 作为配合商品房制度完善"租购并举"中"购"的部分的重
要举措，共有产权房近年（尤其是 2019 年）获得长足发展。
本文第一部分介绍我国共有产权房的发展历史。第二部分在
探讨现状、归纳总结共有产权住房类型的基础上，指向当前
的一个主要争议：共有产权房是否应该封闭运行？第三部分
从产权性保障房所特有的长期可承担性－资产积累这对内在
矛盾出发，提出中国应该针对目标群体，设立封闭运行的和
不封闭运行的两种共有产权房形式。

关键词： 共有产权房　保障房制度　租购并举　经济适用房

中国的住房体系自改革开放以来不断调整，直到党的十九大（2017 年）
确立了"坚持房子是用来住的、不是用来炒的定位，加快建立多主体供给、
多渠道保障、租购并举的住房制度，让全体人民住有所居"的指导思想。
针对租购并举制度，"十二五"期间大举进行的公租房建设，"十三五"期
间开展的"住房租赁市场建设"，逐步完善了其中"租"的部分；商品房制
度，以及 2014 年重启 2017 年加速并在 2019 年成为住房体系建设热点的共

---

　* 本文获得 2019 年国家社会科学基金项目"德国社会市场经济经验借鉴下的中国住房制度继
续改革和长效机制建设研究"C19BJL08 支持。

　** 马秀莲，中共中央党校（国家行政学院）社会和生态文明教研部副教授，主要研究方向为城
市研究、住房政策、社会治理。

有产权房制度，则一起完善了其中"购"的部分。本报告重点分析当前我国的共有产权房建设问题，包括：①共有产权房的发展历史；②共有产权房建设现状及争议；③解决问题的出路。

一 共有产权房的发展历史

（一）第一阶段（2007～2013年）

自住房市场化改革以来，产权型保障始终是我国住房体系建设的一部分，并以经济适用房为主要形式。经济适用房产生于20世纪90年代，是在可承担性目标指引下，在土地划拨的基础上以有限建设利润（3%）建造的成本性住房。随着2003年商品房成为中国住房体系的主体品种，经济适用房退位为针对中低收入群体的保障性住房。

但是，经济适用房政策实行得越久，遭受的批评也越多，尤其指向其产权界定不清、住房权益模糊这一点[1]。经济适用房允许五年后在补交土地收益的前提下进入商品房市场转让（实则按转让价格与最初购入价之间增值收益比例上缴操作）。但是，由于房价快速飙升，商品房与经济适用房之间价格日渐扩大，即便一再提高上缴比例（如从三七提高到五五）仍无法有效防止国有资产及收益流失[2]。

共有产权房应运而生。共有产权房是指住房财产在法律上为多个个体组成的共同体所有，共同体内每一个成员分享这些权利[3]。在实际操作中，共有产权房是指由政府提供政策支持，通常限定建设标准、户型面积和销售价格，并限制使用和处分权利，实行政府与购房人按份共有产权的住房。2007

---

① 吕萍、修大鹏、李爽：《保障性住房共有产权模式的理论与实践探索》，《城市发展研究》2013年第2期，第20～24页。

② 陈杰：《评论：如何实现上海住房保障事业的新突破》，搜狐焦点网，2010 - 02 - 05［2020 - 09 - 01］，http：//news. focus. cn/bj/2010 - 02 - 05/856356. html.

③ 邓小鹏、莫智、李启明：《保障性住房共有产权及份额研究》，《建筑经济》2010年第3期，第31～34页。

年淮安在国内首先推出政府、个人按3∶7或者5∶5比例分成的共有产权房。2009年，上海启动以经济适用房为基础的共有产权房项目建设；黄石在棚改中推出共有产权房制度。上海的共有产权房最具有代表性。它按经济适用房价格出售，同时按（准）市场价格折算购房家庭的产权份额，剩余份额由政府拥有，从而变划拨土地暗补为明补。共有产权可以五年后进入商品房市场交易，但是购房家庭只能取回其份额及相应收益。共有产权房通过明晰产权比例解决了上述投资、收益错位问题。

（二）第二阶段（2014年至今）

"十二五"期间，我国试图建立一个"以租为主"的保障房体系，提出"中高收入群体购买商品房，中等收入群体租赁商品房，中等偏下收入群体租赁公租房"的政策。经济适用房（及限价房）等产权型保障房在各地逐步停建，准备退出历史舞台[1]。但是共有产权房政策很快重启。2014年3月，李克强总理在政府工作报告中正式提出增加共有产权房供应。同年4月，住建部等五部委联合发文，确定北京、上海、深圳、成都、淮安、黄石等六城市为共有产权房试点城市。但是，此时地方政府去库存任务艰巨，并无太多积极性[2]。直到2016年上海发布《上海市共有产权保障住房管理办法》，截至该年底已供应共有产权保障住房8.9万套；次年北京顺利完成从自住商品房到共有产权房的转型，《北京市共有产权住房管理暂行办法》2017年9月开始实施，明确了未来五年供应25万套共有产权住房。更多城市加入了共有产权住房制度探索。"租购并举"下，中国进入了共有产权房建设的"小高潮"。这一阶段有以下两个明显特点。

1. 共有产权房建设在更多城市展开

早在2015年，南京就开始供应共有产权房。2017年，天津出台共有产权房政策。2018年，福州受理第一批共有产权房申请。2019年更多城市加

---

① 马秀莲：《中国保障房体系建设现状及反思》，载龚维斌主编《社会体制蓝皮书：中国社会体制改革报告No.2》，社会科学文献出版社，2014。
② 王瑞红：《住建部支持京沪试点共有产权房》，《上海房地》2017年第12期，第37～39页。

入：浙江破题共有产权房，杭州、宁波研究制订"一城一策"方案，开展共有产权房政策探索；广东累计筹集共有产权住房3.27万套；西安市计划2019～2021年供应15万套共有产权房；烟台继续供应共有产权房；甚至四川米易县这样的小县城也开始供应共有产权房。

2. 以出让土地为基础提供共有产权房

早在2007年，江苏省淮安市就以出让土地共有产权房代替划拨土地经济适用房，并用于拆迁安置。以出让方式取得的共有产权房总价格比同期、同区段普通商品房销售价格低5%～10%。中低收入住房困难家庭与政府可按7:3和5:5两种出资比例共同拥有。新一轮共有产权房建设主要以出让土地为基础。北京对此做了最好的演绎。北京的共有产权房来自自住商品房，往前可以追溯到"两限房"。共有产权房采用"竞地价、限房价"方式建造，以凸显价格优势；加上房价上涨快，待一个建房周期完成，与周边房价已有三四成的价差空间。共有产权房最终售价根据开发成本、周边房价以及购房家庭承受能力等因素综合确定，折合份额60%～70%。相应的，夹心层而不再是中低收入群体是其主要供应对象。

二 当前共有产权房现状：类型与争议

（一）类型

表1对代表性城市的共有产权房进行了梳理。依据来源基础，主要分为三类。第一类是以上海为代表的，以经济适用房为来源基础的共有产权房。它们在划拨土地上建造，按份共有实际是一种房地分割——购房家庭拥有住房资产、政府拥有土地资产（虽然已经价值化）。共有产权房延续经济适用房的定位，继续服务于中低收入户籍家庭，并且允许五年后在买下剩余产权后转为商品房①。当然购房家庭也可以把份额卖回给政府；对上海的调研

---

① 崔光灿、姜巧：《上海共有产权保障住房运作模式及效果分析》，《城市发展研究》2015年第7期，第118～124页。

（2019年4月）发现，到期不少家庭这么做，所获收益相当于同期商品房投资平均收益。说明共有产权房确实可以帮助家庭实现资产积累。但是经济适用房共有产权房也面临困境，即它与商品房之间的价差较大，导致政府越发不愿意划拨高价土地建设经济适用房共有产权房。解决办法是选择较偏远地区建设共有产权房，以便家庭份额能够控制在60%～70%。

第二类是以北京为代表的，以限价房为来源基础的共有产权房。经济适用房共有产权房的困境，说明改变定价基础的必要性。该类共有产权房具有以下四个特点：第一，采用竞地价、限房价方式提供，或者采用协议出让基础上的基准地价（如厦门），使土地和住房价格更加接近市场成本。第二，以夹心层及人才（而不再是中低收入群体）为供应对象。户籍人口以有房无房为标准；非户籍人口以是否为城市紧缺人才为标准。比如深圳户籍无房户的面积上限是70平方米，对人才则放宽到90平方米，更加宽松。第三，在开发成本基础上，参考市场住房价格和购买家庭的承受能力，综合确定共有产权房价格和份额（通常占五至七成）。第四，退出机制分为两类，北京、广州（计划建设）和武汉采取封闭运行方式，共有产权房只能卖给下一个符合资格者，在内部市场上交易流转。深圳、厦门和成都（计划建设）则允许上市交易。深圳将封闭期延长到10～15年，厦门规定"满5年后可上市交易，按原购房价格与届时房屋市场指导价的差价的一定比例向市国土房产部门缴纳土地收益等相关价款，具体比例为配售时约定的优惠比例"，接近于当初经济适用房的做法。

第三类是由公租房转变而来的共有产权房。"十二五"期间，重庆建设了至少50万套公租房，当初制度设计就是："先租后售，租售并举。"重庆希望早日打通公租房向共有产权房转化的通道，以便缓解巨大的还息及其他财务压力，同时让有条件的家庭早日实现"居者有其屋"。其实黄石2009年已在棚户区改造中尝试公租房转共有产权房的"租售并举"做法。被拆迁人还建房中的超出部分，由政府持有，采用公租房性质，先租后售、边租边售，既缓解了被拆迁人的经济压力，解决了他们的住房问题，同时也稳定了公租房建设资金来源①。这一类共有产权住房以公租房为基础，最终目标是获得住房的全部产权，实现从租到售的转变。

表1　代表性城市共有产权房基本情况

类型	城市	来源	提供方式	年份	供应对方	份额	退出方式	
							公开上市	封闭期/交易限制
1	上海	经济适用房	划拨土地	2009	中低收入群体	经济适用房/准市场价		5年
2	黄石	棚改/公租房	棚改还建房	2009	中低收入群体	置换面积/总安置面积		
	重庆	公租房	划拨土地		无房户（不限户籍）			
3	深圳	安居型商品房	定地价、限房价	2011	户籍无房户、人才	50%~60%	可以	10~15年
	厦门	保障性商品房	基准地价+建设成本、相关税费	2017	户籍无房户、人才	45%		5年
	成都（计划）				有技能的新市民	>50%		5年
	北京	自住商品房	竞地价、限房价	2013	户籍无房户、新夹层	50%~70%		②③
	广州（计划）		竞地价、限房价		户籍无房户、人才	>50%	不可以	③
	武汉	大学生安居房		2017	大学毕业生	80%		②③

注：①直接上市，或者买下政府持有股份后再上市。所有公开上市的均属此类，所以表格中未单独标出。
②卖给政府共有产权人。
③卖给其他符合资格的家庭。

---

① 吕萍、藏波、陈泓冰：《共有产权保障房模式存在的问题——以黄石市为例》，《城市问题》2015年第6期，第79~83页。

由以上分类可以看到，无论是由租而来还是由售而来，也无论是划拨土地还是出让土地，大部分城市允许购房家庭最终获得全部产权，并进入商品房市场交易，不允许这么做的城市是少数。

（二）争议

2019 年 2 月，住建部住房保障司在上海召开重点城市座谈会并明确提出：共有产权房不得进入商品房市场交易，一石激起千层浪。

住建部拟定的《关于因地制宜发展共有产权住房的指导意见》讨论稿要求：共有产权住房实行封闭运行，不得通过上市交易或购买政府持有的产权份额转为商品房。这一做法显然以北京为蓝本。2017 年 9 月发布的《北京市共有产权住房管理暂行办法》规定："共有产权住房购房人取得不动产权证满 5 年的，可按市场价格转让所购房屋产权份额……转让对象为其他符合共有产权住房购买条件的家庭。新购房人获得房屋产权性质仍为'共有产权住房'，所占房屋产权份额比例不变。"

主管部委害怕陷入以往产权性保障房建了卖、卖了建的循环往复，旨在通过封闭运行阻断共有产权房向商品房转化的通道。但是此举遭到了以上海为代表的，包括成都、深圳和厦门等城市的明确反对。上海不愿意改弦更张其现有模式。成都（虽然其共有产权房还在计划之中）明确表示封闭运行缺乏现实可行性：不能最终进入商品房市场交易的房子，老百姓们一开始就不会买。由于意见不统一，该指导意见最终没有出台。

三　出路：设计适合的共有产权房

（一）资产积累与长期可承担性

共有产权房封闭还是不封闭运行，是政策、实践和理论界都必须面对的问题。一边是家庭拥有住房产权并积累资产的渴望，社会政策应该同时考虑居民家庭的居住权与资产拥有权的专家的鼓与吹①，以及政府不能不做出的政策回应。另一边是不争的事实：保障房一旦进入商品房市场交易，就失去了其可承担性而不再是保障房。共有产权房陷入了资产积累和长期可承担性的内在矛盾之中。

众所周知，产权性住房具有资产积累（asset-building）的功能，保障房具有可承担性（affordability）。而产权型保障房（affordable ownership housing）同时具有这两个特性，但是它们此消彼长（见图1）：从住房中挖掘的财富越多，住房的长期可承担性就越弱。资产积累和长期可承担性何者优先，决定了产权型保障房将如何设计。"资产积累 > 长期可承担性"的英国共有产权做法，以及"资产积累 < 长期可承担性"的美国共享权益住房做法，都值得我们借鉴。

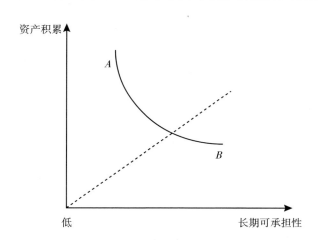

图1　住房的资产积累和长期可承担性关系

（二）英美共有产权和共享权益住房

1. 英国共有产权住房

将资产积累置于可承担性之前，英国的共有产权房从一开始就以上市为

---

① 陈淑云：《共有产权住房：我国住房保障制度的创新》，《华中师范大学学报》（人文社会科学版）2012 年第 1 期，第 48 ~ 58 页。

目标，所以操作非常市场化。英国于 2005 年推出"新居者有其屋"（new homebuy）计划，购房人可以市场价格先期购买 25%、50% 或 75% 的产权，并对剩余部分的产权支付租金。先期购买的产权份额越多，所需支付的租金就越低。随着购房人支付能力的提高，购房人可以逐步购买剩余部分的产权，直到获得住房的全部产权[1]。当然，对于社会住房购买者会给予更多的优惠，比如购买份额越多，打折的幅度越大；对于剩余部分产权，每年按剩余产权价值 2.75% ~3% 的比例交纳租金[2]。

中国非封闭型共有产权房与英国的共有产权房本质相同：依据市场价格计算份额，并以获得住房大产权为最终目标。但也有几点不同：一是采用经济适用房、限价房等不同成本提供方式以帮助确定家庭份额，设计更加复杂；二是封闭期内政府份额部分不收取租金（实质是一种暗补），封闭期结束后一次性购买，不如英国更加市场化、更加灵活。

按市场价格逐步购买的过程，也是一个逐步丧失可承担性，转变为资产积累的过程；当百分之百的产权购买完成，可承担性也就丧失了。北京共有产权模式本质上是将市场购买停留在某一点（比如最初的 70% 份额）以停止这种转换，形成了一种以 70% 市场份额为基础的资产积累和以 30% 政府份额为基础的可承担性功能的切割并稳固下来，使得住房相对可承担（见图 1 中的 A）。

2. 美国共享权益住房

当然，也可以转换成低资产积累、高可承担性的配比（见图 1 中的 B）。假定不再强调产权比例，只给定收益分成比例（比如 30%），就变成了共享权益（shared equity）模式。美国的社区土地信托上，有限权益住房合作社[3]等都属于此类。前者购买的仅仅是住房（不包括土地）产权，所以价格低廉；后者购买的是合作社住房已经从市场上拿出来的价格。再次出售时，

---

[1] 秦虹：《英国住房的共有产权制度》，《城乡建设》2007 年第 9 期，第 72 ~73 页。

[2] 莫智、邓小鹏、李启明：《国外住房共有产权制度及对我国的启示》，《城市发展研究》2010 年第 3 期，第 14 ~120 页。

[3] 马秀莲：《透视保障房：美国实践、经验与借鉴》，社会科学文献出版社，2018。

一种计算方法是，能拿回来的收益不超过银行利息。

美国共有权益住房的基本理念是：中低收入家庭在政府（社会组织）等的帮助下获得住房的完全产权，但是对未来出售时的收益分成设置一定的限制，保障房按照初次出售的价格加上第二次出售的收益分成，即住房的实际成本，转让给下一个符合条件的家庭。比如，一套市场价格100万元的住房，在政府（社会组织）的帮助下，中低收入家庭以60万元的价格买入，并规定再次出售时，收益按照购买家庭、政府（社会组织）二八分成。几年后，因为搬迁缘故该家庭需要出售住房。此时市场价格已是130万元，上涨了30%。按照规定，购房家庭可享受6万元的增值收益（30×20%）。最后，该住房以66万元（60万+6万）的价格转手给下一个符合资格的家庭。

该制度设计有以下优点：实现了中低收入家庭拥有产权的梦想；住房的长期可承担性以及一定的资产积累；能帮助低收入家庭在房价下跌时避免较大的资产损失。假定若干年后房价下降了30%（下降到70万元），该住房仍然可以以60万~70万元出售。

（三）结合目标群体，设计合适的共有产权房

保障房的设计需要针对目标群体。目前需要产权型保障房的有两类群体：一类是中等偏下收入群体（我们可以称之为"下夹心"），另一类是各种人才、关键技术人员（我们可以称之为"上夹心"）。

"上夹心"离市场买房一步之遥，也希望借政府一臂之力购房。对于这样的家庭，可以采用"资产积累＞长期可承担性"原则。政策设计可以借鉴英国共有产权房做法，购房家庭一边以市场价格逐步购买产权，一边交纳剩余部分租金，直至将房子完全买下来，转为大产权。这样的共有产权房，不应该封闭。

对于"下夹心"，应该采取"资产积累＜长期可承担性"的原则。政策设计可以借鉴美国有限权益住房的做法，以较低的价格出售住房，同时限定较低的收益分成比例（这也是合理的，因为购房家庭以较低的价格占有整

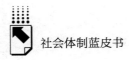

套住房）。中低收入家庭一方面实现"居住有其屋"，另一方面在再次出售时也能获得一定的增值收益；与此同时，有限权益所构成的二次或者 N 次出售价格，对于中低收入群体也可承担。

现代社会组织体制篇

Modern Social Organization Reports

B.14

社会组织党建成效的调查与分析*

——以北京市 183 家机构的数据为基础

全 昱**

摘 要: 社会组织党建已经成为加强党的领导和推动社会组织发展的重要内容。本研究调查了北京 183 家社会组织,对它们的党建成效进行了分析。总体来讲,社会组织对党组织建设、开展党建活动等工作持积极的态度,也体现了社会组织对党的领导持有较高的"政治认同"。但是,面对社会组织党建这个新生事物,以培训为代表的能力建设质量亟待优化,党建和业务的融合程度也一般。此外,负责人的政治面貌、政府支持(包括政府购买或帮助协调关系)可能是两个较为重要

---

* 感谢北京师范大学社会公益研究中心(北京七悦社会公益服务中心)提供的数据支持。
** 全昱,中共中央党校(国家行政学院)研究生院办公室主任科员,党建部思想政治教育专业博士生,主要研究方向为社会组织党建。

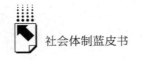

的影响社会组织党建质量的外部因素，而社会组织在党建方面的专业能力则是重要的内部因素。

关键词： 社会组织　党建成效　政府支持

一　引言

（一）调查背景

2015 年 9 月，中共中央办公厅印发了《关于加强社会组织党的建设工作的意见（试行）》；2018 年 4 月底，民政部印发《关于在社会组织章程增加党的建设和社会主义核心价值观有关内容的通知》，明确要求"在社会组织章程中增加党的建设"相关内容。除了中央的要求之外，各级地方党委、政府也配套出台了相关文件加强社会组织党的建设。因此，对社会组织而言，党建已经成为一个不可回避的主题，是加强党的领导[1]、促进社会组织发展的重要内容[2]。对此，不少机构积极响应并参与到党建工作之中。

本次调查以社会组织党建成效为主题，基于北京市 183 家社会组织的数据，力图回答以下几个问题。

第一，社会组织党组织的建立情况如何？

第二，社会组织党建的培训情况如何？

第三，社会组织党建和业务融合程度如何？

第四，社会组织对党建的接纳程度如何？

---

[1]　马俊平：《按照政治性要求加强社会组织党建》，《人民论坛》2019 年第 2 期。

[2]　葛亮：《制度环境与社会组织党建的动力机制研究——以 Z 市雪菜饼协会为个案》，《社会主义研究》2018 年第 1 期；全昱：《我国社会组织党建的现状、问题与对策》，载龚维斌主编《社会体制蓝皮书：中国社会体制改革报告 No.7》，社会科学文献出版社，2019。

（二）资料来源

本次调查的资料来源于北京市社会组织的相关调查。2018 年 5 月至 6 月，北京师范大学社会公益研究中心（以下简称"北师大公益中心"）开展了一次随机抽样调查，该数据为横截面数据。该项调查从北师大公益中心北京市社会组织等级评估数据库（约 800 家）中按照隔四抽一的原则，共抽取社会组织 200 家，并向它们定向推送网络问卷（麦克 CRM）发起调查，最终回收 183 份有效问卷。

二　调查结果

（一）社会组织的基本情况

本次调查的社会组织，其基本情况主要从机构类型、服务领域、登记级别、成立背景和经费情况几个方面予以呈现。

1. 机构类型

从机构类型可以看出，大多数的机构类型是民非，占比 75.96%；其次是社团，占比 20.22%；再次是基金会，占比 1.09%；最后是工商登记社会组织，占比 0.55%（见图 1）。

2. 服务领域

从机构服务领域可以看出，排在前列的是综合、基础社会服务、卫生健康、教育，分别占比 23.50%、22.95%、19.67%、14.21%（见图 2）。

3. 登记级别

登记级别分为国家级、省部级、区级、街道级，分别占比 2.19%、25.68%、69.40%、2.73%，从中可以看出，区级占比最多（见图 3）。

4. 成立背景

从成立背景看，分为三种：政府发起、社会发起、企业发起成立。其中社会发起成立占比最多，占比 53.55%；其次是政府发起成立，占比

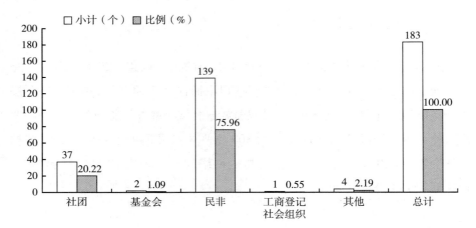

图1　机构类型

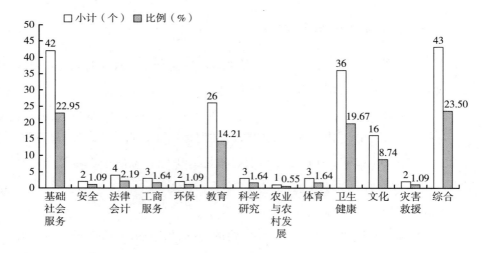

图2　服务领域

25.68%；最后是企业发起成立，占比20.77%（见图4）。

5. 经费情况

（1）年度总经费

从年度总经费可以看出，20万元以下、20万～50万元、50万～100万元和100万～500万元这四个阶段都分布得较为均匀，分别占比25.68%、

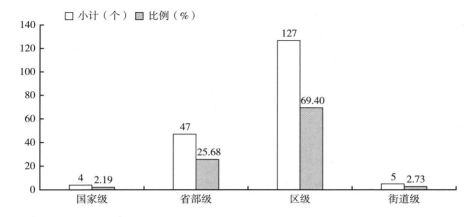

图3 登记级别

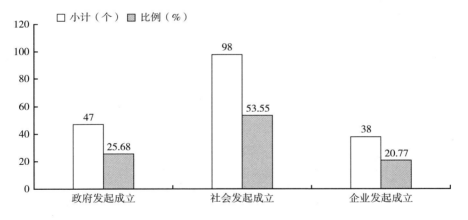

图4 成立背景

23.50%、23.50%和23.50%，而500万元以上的机构仅有7家，占比3.83%（见图5）。

（2）经费充裕度

从经费情况可以看出，49.18%的机构经费情况为一般；22.40%的机构经费情况比较紧张；15.85%的机构经费非常紧张；10.93%的机构经费比较充裕；仅有1.64%的机构经费非常充裕（见图6）。

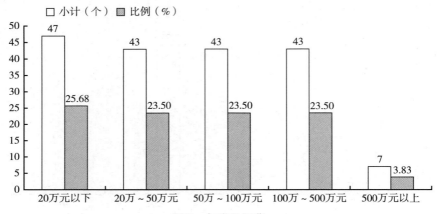

图5　年度总经费

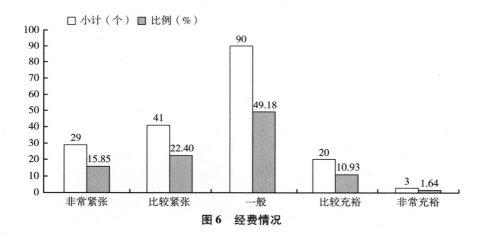

图6　经费情况

（二）社会组织的党建成效

社会组织的党建成效，主要从以下四个方面进行呈现：一是党组织的建立情况，二是党建培训情况，三是党建和业务的融合情况，四是社会组织对党建的接纳情况。

1. 党组织的建立情况

（1）总体情况

在183家机构中，78家机构已经成立党组织，占比42.62%；54家机构没有成立但有计划，占比 29.51%；51 家机构未成立也没有计划，占比 27.87%（见图 7）。

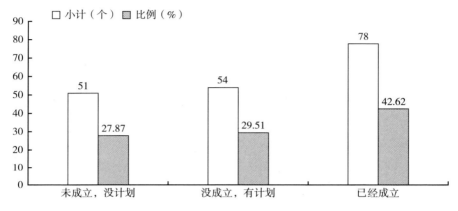

图 7　是否成立党组织

（2）负责人政治面貌和党组织建立的交叉情况

从负责人的政治面貌看，负责人是中共党员的和不是中共党员的机构，党组织成立的情况差异明显。负责人是中共党员的社会组织，党组织建立的比例为 53.93%，而负责人不是中共党员的社会组织，党组织建立的比例仅为 31.91%（见图 8）。

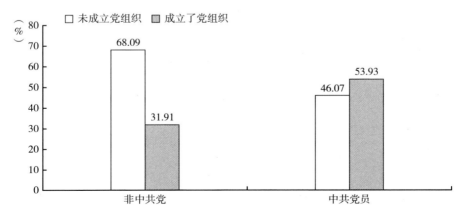

图 8　机构负责人政治面貌和是否成立党组织交叉情况

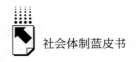

可能的解释是，一是负责人是中共党员的机构与成立党组织的条件更接近，二是负责人是中共党员的机构具有建立党组织的义务，三是负责人是中共党员的机构更加重视党建工作。

（3）政府支持和党组织建立的交叉情况

从参加政府购买的情况来看，参加了政府购买的机构和没有参加政府购买的机构，党组织成立的情况差异明显。参加了政府购买的机构，党组织建立的比例为45.18%，而没有参加政府购买的机构，党组织建立的比例仅为17.65%（见图9）。

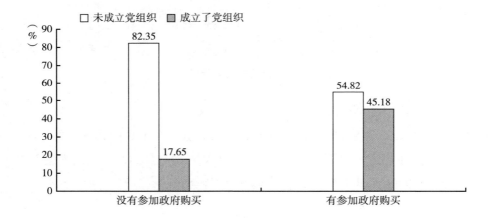

图9 是否参加政府购买和是否成立党组织交叉情况

可能的解释是，参加了政府购买的机构，对党和政府更加熟悉，无论是从自身长远发展的角度考虑，还是对社会组织党建政策的深度理解，或者基于获得支持后对党委、政府的"亲好感觉"，都比未参与政府购买的机构更加接纳党建政策，故而积极建立党组织。

上述结果还可以从另一个政府支持的方面得到印证，即是否有政府帮助协调关系。调查表明，有得到政府帮助协调关系的机构和没有得到帮助的机构相比，党组织的成立情况也有较为明显的差异：有政府支持的情况下，党组织成立的比例为46.55%；没有政府支持的情况下，党组织成立的比例为35.82%（见图10）。

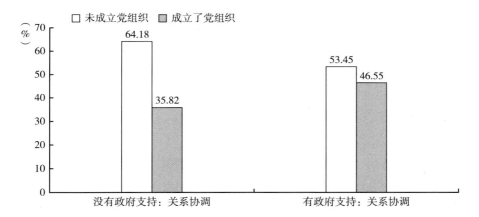

图10　有无政府支持：关系协调和是否成立党组织交叉情况

（4）负责人年龄段和党组织建立的交叉情况

从负责人年龄段可以看出，不同年龄段的负责人，其机构的党组织成立情况有一定的差异，随着年龄段的提升呈现升高的态势。负责人的年龄为30岁以下的机构，党组织成立的比例为33.33%；负责人的年龄为31～40岁的机构，党组织成立的比例为38.18%；负责人的年龄为40岁以上的机构，党组织成立的比例为45.08%（见图11）。

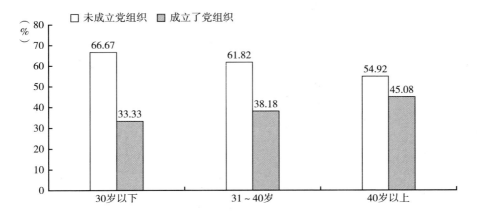

图11　负责人年龄段和是否成立党组织交叉情况

可能的解释是，年龄段越高的人，其价值取向更加传统，思考问题更加成熟和理性，进而更愿意认同党和政府的领导，共同推进社会治理创新，故而在社会组织党建中的态度更为积极。

2. 党建培训情况

（1）参加党建培训的频率

从参加党建培训的频率可以看出，22.95%的机构没有参加党建培训；40.44%的机构偶尔参加党建培训；36.61%的机构经常参加党建培训（见图12）。由此可见，社会组织接受党建培训的频率还是相对较低的，有进一步提升的空间。但是，太多的培训也会给社会组织增加过重的负担，因此党建培训还需要进一步"优化"（比如如何能够将党建培训融入其他业务培训当中），这样既能提升培训的频次，又不会给社会组织增加太多负担，还能达到更好的效果。

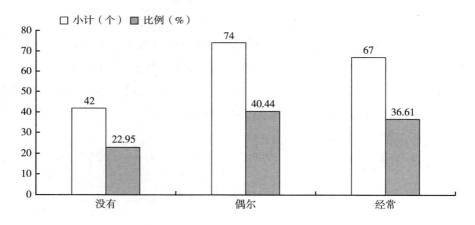

图12　参加党建培训的频率

（2）党建培训效果

从党建培训效果可以看出，大部分机构评价培训效果一般，占比65.03%；其次是培训效果很好的机构，占比17.49%；再者是培训效果比较好的机构，占比15.85%；最后是培训效果不太好的机构，占比1.64%（见图13）。由此可见，社会组织对党建培训本身的质量评价并不高，还有进一步提升的空间。

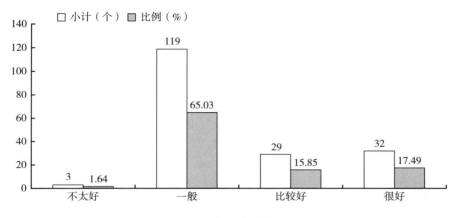

图 13　党建培训效果

（3）负责人政治面貌和党建培训效果交叉情况

从负责人政治面貌的情况来看，负责人是中共党员的组织机构和负责人不是中共党员的组织机构，党建培训效果有较为明显的差异。负责人是中共党员的机构，党建培训效果很好的比例为26.97%，较好的为19.10%；负责人不是中共党员的机构，党建培训效果很好的比例为8.51%，较好的为12.77%（见图14）。

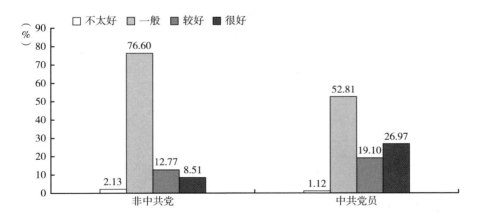

图 14　负责人政治面貌和党建培训效果交叉情况

可能的解释：培训的效果，一方面看培训本身的质量，另一方面看学员的学习态度和学习能力。对处于同一地域、制度环境大致相同的社会组织而

言，培训本身的质量可视为相同，于是培训效果的优劣便可以更多地从学员的"学习态度"和"学习能力"考量。

如果负责人是中共党员，该机构对党建培训更为认同和接纳，抵触情绪相对较少，所以参与的主动性更高，学习效果自然更好。相反，那些负责人不是中共党员的机构，可能"要我学"的心态多于"我要学"的心态。

除了态度外，学习能力也可能是重要影响因素。负责人为中共党员的机构可能对党建和社会组织发展之间的关系更加敏感，日常会更多思考相关问题，所以他们会更多地带着问题去参加培训，故而收获更多；此外，负责人为中共党员的机构，负责人参与培训的机会可能会比较多，而负责人学习能力相对其他员工更强，所以学习效果更好。

（4）政府支持与党建培训效果的交叉情况

政府是否支持社会组织发展和社会组织党建培训效果之间似乎也有较强的联系。首先，从参加政府购买的情况来看，参加了政府购买的机构和没有参加政府购买的机构，党建培训效果情况有较为明显的差异。有政府参加购买的机构，党建培训效果很好的比例为18.67%，较好的为16.27%；没有参加政府购买的机构，党建培训效果很好的比例为5.88%，较好的为11.76%（见图15）。

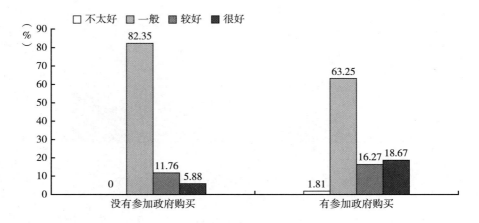

图15　是否参加政府购买和党建培训效果交叉情况

其次，从政府是否帮助协调关系的情况来看也有类似趋势。有政府支持的机构和没有政府支持的机构，党建培训效果情况也存在一定的差异。有政府支持的机构，党建培训效果很好的比例为19.83%，较好的为16.38%；没有政府支持的机构，党建培训效果很好的比例为13.43%，较好的为14.93%（见图16）。

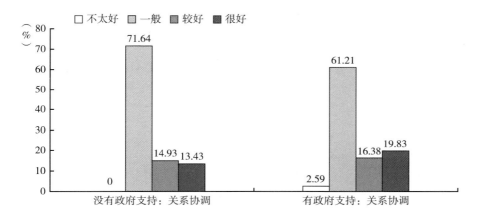

图16 有无政府支持：关系协调和党建培训效果交叉情况

对此，可能的解释与负责人政治面貌和党建培训效果交叉情况类似：接受过政府支持的社会组织，对党和政府组织的党建培训，具有更高的认可度（至少排斥感更低）、更多的主动性、更强的问题意识，因而无论从学习态度和学习能力看，都比没有受到政府支持的机构更强，故而培训效果更好。

3. 党建和业务的融合情况

（1）总体情况

从党建和业务融合情况看，65.03%的机构自评融合程度一般；15.85%的机构融合程度较好；17.49%的机构融合程度很好；1.64%的机构融合程度不太好（见图17）。由此可见，党建和业务融合是社会组织党建工作的"硬骨头"，社会组织虽然非常关心，但评价并不太高，需要投入更多的精力来攻关。

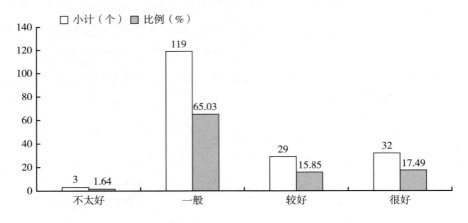

图17 党建和业务融合情况

（2）负责人政治面貌与党建和业务融合程度交叉情况

从负责人政治面貌的情况来看，是中共党员的机构和不是中共党员的机构，党建和业务融合程度有较大差异。负责人是中共党员的机构，党建和业务融合程度很好的比例为26.97%，较好的为19.10%；负责人不是中共党员的机构，党建和业务融合程度很好的比例为8.51%，较好的为12.77%（见图18）。

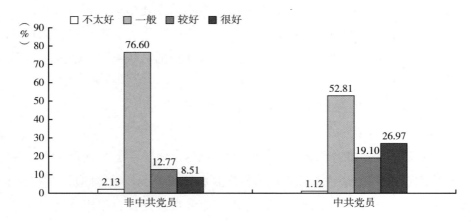

图18 负责人政治面貌与党建和业务融合程度交叉情况

可能的解释是，从社会组织自身来讲，党建和业务融合的质量至少受到"融合意识"和"融合能力"两个维度的直接影响。如果社会组织融合意识较强，在日常工作中便会有意识地将党建的潜在优势发掘出来为业务发展所用，反之亦然，这样便能有利于二者的有机融合。此外，有着更好"融合意识"的机构，在参加相关培训时积极性和问题意识也相对更强，所以融合程度就更高。"融合能力"是指推动业务和党建融合的行动以及让行动有效的能力，所以行动本身的发起就需要一种能力，而让行动有效又是另一种能力。

由于政治认同感、党员的责任义务以及机构未来发展等多重因素驱动，负责人是中共党员的社会组织比非党员的社会组织，可能有着更为强烈的"融合意识"和"融合能力"，因而其"融合效果"也比非中共党员的机构更好。

（3）政府支持与党建和业务融合程度交叉情况

从参加购买的情况来看，参加了政府购买的机构和没有参加政府购买的机构，党建和业务融合程度有较为明显的差异。参加政府购买的机构，党建和业务融合程度很好的比例为 18.67%；没有参加政府购买的机构，党建和业务融合程度很好的比例为 5.88%（见图 19）。

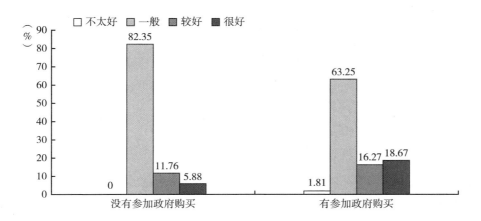

图19　是否参加政府购买与党建和业务融合程度交叉情况

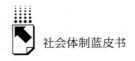

除了政府购买之外，从另一个政府支持的维度——帮助协调关系的情况来看，有政府支持的机构和没有政府支持的机构，党建和业务融合程度情况也存在类似的趋势，即有政府支持的融合效果更好。有政府支持的情况下，党建和业务融合程度很好的比例为19.82%；没有政府支持的情况下，党建和业务融合程度很好的比例为13.43%（见图20）。

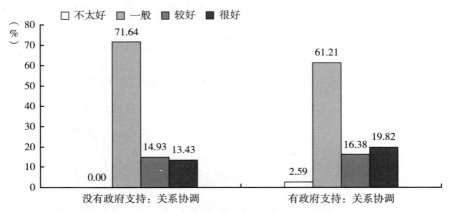

图20 有无政府支持：关系协调与党建和业务融合程度交叉情况

可能的解释是，得到政府支持（政府购买或协调关系）的社会组织，相比于没有得到支持的机构而言，"融合意识"和"融合能力"可能更高，原因如下：一是得到政府支持的社会组织，对政府的资源依赖更强，有的机构主要收入可能都来自政府购买；二是得到政府支持的社会组织，与政府的互动更为密切，更能把握住党和政府关注的热点、难点和痛点，从而更愿意考虑政府的利益诉求，营造出一个政社协同的双赢结果。

4. 社会组织对党建的接纳情况

（1）社会组织对党建的态度

从党建态度中可以看出，绝大多数的机构视党建为机遇，占比为76.06%；14.08%的机构认为党建无影响；7.04%的机构认为党建有负担；2.82%的机构认为党建有风险（见图21）。总体来看，大多数社会组织都能够正确和理性地看待党建工作，持积极认可的态度。不过，也有少部分机构对党建持消极态度。

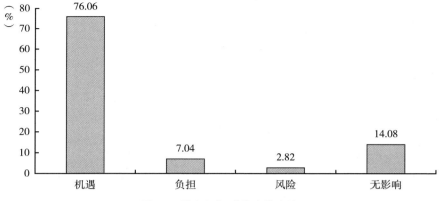

图 21　社会组织对党建的态度

（2）视党建为机遇的原因

从视党建为机遇的原因来看，占比最高的是"可以提升社会组织对我国主流意识形态的理解和把握"，为 40.37%；第二是"可以提升与政府的合作关系"，占比 22.94%；第三是"提升社会组织与基层社区沟通合作的概率"，占比 14.68%；第四是"可以提升机构开展业务的专业能力"，占比 10.09%；第五是"可以在政治上为社会组织提供保护"，占比 8.26%；最后两项为"可以增加获得政府经费支持的概率"和"其他"，分别占 2.75% 和 0.92%（见图 22）。

由此可见，对社会组织而言，之所以对党建持积极态度，主要还是基于"希望与党和政府'心往一处想，力往一处使'"的期望："提升社会组织对我国主流意识形态的理解和把握"代表着"心往一处使"的愿望，"提升与政府的合作关系"和"提升与基层社区沟通合作的概率"代表着"力往一处使"的愿望。相反，"获得经费支持""获得政治保护"等更为功利性的目标，并不是社会组织最看重的方向。

（3）视党建为负担的原因

就部分机构认为党建是负担的原因来看，排第一的是"可能有很多材料需要填报"，占比 72.73%；而其余三个原因为"可能会花费社会组织的行政经费""可能会借调社会组织的人员""可能需要参加很多行政会议"，均占比 9.09%（见图 23）。

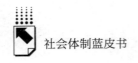

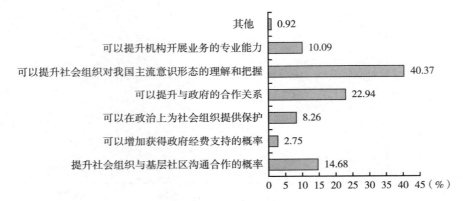

图22　视党建为机遇的原因

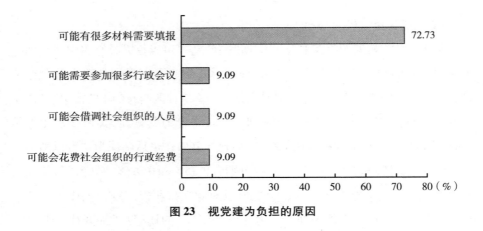

图23　视党建为负担的原因

（4）政府支持和党建态度的交叉情况

从政府参加购买的情况来看，参加政府购买的组织机构和没有参加政府购买的组织机构相比，党建态度情况有较大差异。参加政府购买的机构，视党建为机遇的比例为78.74%，认为是负担或风险的比例合计为9.44%，而认为无影响的比例为11.81%；而没有参加政府购买的机构，视党建为机遇的比例为53.33%，认为是负担或风险的比例合计为13.33%，而认为无影响的比例为33.33%（见图24）。

从政府支持的另一维度——关系协调的情况来看，有政府支持的机构和没有政府支持的机构，党建态度也有一定差异，和政府购买的情形趋同（见图25）。

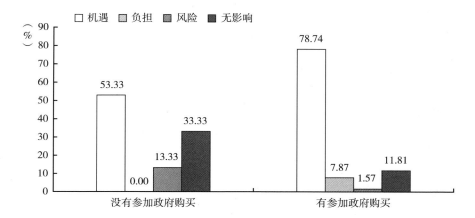

图24 是否参加政府购买和党建态度交叉情况

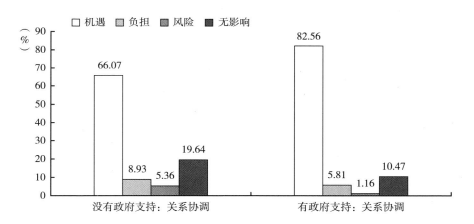

图25 有无政府支持：关系协调和党建态度交叉情况

态度，是指某个主体对某一现象所持有的认识、评价及其倾向性。它是引起和指引主体行为的一个重要因素，对主体的行为具有内在的影响力，且态度一经形成，就会对特定事物持有一套或强或弱的固定看法，而这种"定型"的看法往往会影响其对人或事的感知与判断①。

社会组织对党建的态度是在对党建功能性影响之可能性判断的基础上得

———————

① 马玲：《大学生社会实践态度影响因素探析》，《中国统计》2015年第4期。

来的，所以从本质上讲是政治信任的一部分。政治信任是指社会公众在对政治系统的合理预期和系统回应基础之上的一种互动、合作关系，它呈现了执政主体施政绩效与公众期望之间的一致性程度。

在这里，我们通过资源依赖与社会资本两个视角来分析政府支持对社会组织党建态度的影响。从第一个视角来看，我国社会组织目前发展总体偏弱，亟待政府支持，一是获得了身份认可，进而降低了获得制度资源的门槛；二是能获得来自政府的项目资金和培训资源①②。得到了"实惠"，社会组织自然对党和政府更加满意，继而增强政治信任，激发积极的党建态度。从第二个视角来看，政府对社会组织的支持显然有利于增进二者的信任关系，进而产生社会资本，提升社会组织对党和政府的认同感，促成积极的党建态度。

（5）负责人政治面貌和社会组织党建接纳度的交叉情况

从负责人政治面貌的情况来看，负责人是中共党员的机构和负责人不是中共党员的机构，党建态度情况的差异并不大（见图26）。可能的解释是，

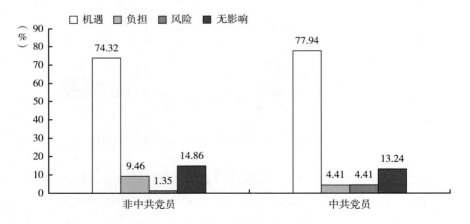

图26　负责人政治面貌和党建态度交叉情况

---

① Saidel, J. R., "Resource Interdependence: The Relationship between State Agencies and Nonprofit Organizations," *Public Administration Review* 51 (1991).

② 徐宇珊：《非对称性依赖：中国基金会与政府关系研究》，《公共管理学报》2008年第1期。

如果社会组织负责人的政治面貌为中共党员，一定程度上会有利于社会组织在党建工作上持积极态度，但不一定是关键变量。

三 主要结论与建议

（一）主要结论

1. 关于党组织建设

从成立情况看，大多数社会组织都已建立或计划建立党组织；相对而言，负责人为中共党员的社会组织建立党组织的比例更高，得到政府支持的社会组织建立党组织的比例更高，负责人年龄越大建立党组织的比例越高。

2. 关于党建培训

大部分社会组织参加过党建培训，但培训的频次还有待提升；社会组织对培训的质量总体评价不高，还需要进一步优化；相对而言，负责人为中共党员的社会组织对党建培训效果评价更高，得到政府支持的社会组织对党建培训效果评价更高。

3. 关于党建和业务融合

社会组织对本机构党建和业务融合的评价总体不高，这块社会组织党建的"硬骨头"亟须加大力度予以攻克；相对而言，负责人为中共党员的社会组织对党建和业务融合的评价更高，得到政府支持的社会组织对党建和业务融合效果的评价更高。

4. 关于社会组织对党建的接纳程度

总体来讲，社会组织对党建的接纳程度较高，多数认为"党建"是一个"机遇"，少数认为"党建"是一个"负担"。从将党建视为"机遇"的原因看，"提升社会组织对我国主流意识形态的理解和把握""提升与政府的合作关系"和"提升与基层社区沟通合作概率"排前3位，代表了社会组织希望与党和政府"心往一处想，力往一处使"的良好期望。少数社会组织把党建视为"负担"，其最主要原因是担心"可能有很多材料需要填报"。此外，相对而言，获得了政府支持（包括购买服务或协调关系）的社会组织对党建的态度更加积极。

上述结论表明，社会组织总体上对建立党组织、开展党建工作持积极的态度，也表明了社会组织对党的领导持有较高的"政治认同"。但是，面对社会组织党建这个新生事物，社会组织亟须得到有效的能力建设，而就目前来看，培训的质量还不尽如人意，于是党建和业务的融合程度也一般。

此外，负责人的政治面貌、政府支持（包括政府购买或帮助协调关系）可能是两个较为重要的影响社会组织党建质量的外部因素，而社会组织在党建方面的专业能力则是重要的内部因素。不过，要更加科学全面地研究社会组织党建质量的影响因素，还需要更细致的调查和统计学分析，可以在未来的研究中进一步深化。

（二）主要建议

第一，发掘社会组织党建的创新模式，不断激发社会组织开展党建工作、创新党建模式的热情，进一步提升社会组织党建的专业性。一是建立激励机制，对积极开展社会组织党建模式创新的机构给予认可和激励，比如通过组织部门、民政部门等开展优秀案例评选、设立专项资金开展党建项目创投等；二是加强社会组织党建专业性的研究，通过深挖优秀案例，深入探讨社会组织党建的规律特点，特别是找到党建引领与业务发展深度融合的路径；三是开展有针对性的、有深度的党建培训，充分利用枢纽型社会组织，采取分层督导等方式，将培训内容真正转化为社会组织开展党建的工作思路和工作方法。

第二，各级党委、政府要提高政治站位，从加强党的建设的高度支持社会组织发展，相应地加大投入力度。一是要充分认识到"支持社会组织发展"与加强党的建设、巩固党在基层的执政根基和实现社会长治久安的内在关系，将"小党建"转变为"大党建"；二是找准工作的着力点，可以通过政府购买等方式，一方面提供资源的支持，另一方面也照顾到关系的协调；三是要构建优胜劣汰的选择机制，通过建立社会组织诚信体系等方式，让各级党委、政府与优秀的社会组织保持积极的互动关系。

第三，在加强社会组织党建理论研究的同时，加强实证研究。当前关于社会组织党建的研究文献中，实证研究相对不足。一是可以通过典型案例的质性研究，不断总结社会组织党建的模式和机制；二是加大基于抽样或大数据的量化研究。本研究的样本量相对较小，仅仅从量化的角度开展了尝试，接下来可以在更大范围内进行相关的数据采集和分析。

B.15
群团组织改革：从工会开始的探索与实践

李睿祎*

摘　要：　群团组织改革是全面深化改革的重要任务。2015 年 7 月，党中央在中华全国总工会开展中央群团机关改革试点。中华全国总工会围绕保持和增强政治性、先进性、群众性这条主线，在组织体制、管理模式、运行机制、活动方式等方面进行了改革。几年来，工会组织的"三性"显著增强，工会工作的制度化、规范化水平持续提高，对职工群众的吸引力、凝聚力、影响力不断提升。2020 年，将继续在建机制、强功能、增实效上下功夫。共青团等其他群团组织深入推进群团改革，创新群众工作方式方法，加强基层基础建设，加大服务群众工作力度，使群团组织在党的群众工作中看得见身影、听得到声音、发挥出作用，努力开创党的群团工作新局面。群团组织全面进入"改革时间"，改革风起云涌、次第展开、持续推进。

关键词：　群团组织　工会改革　中华全国总工会

群团组织是重要的社会组织。美国社会学者托马斯·雅诺斯基认为，

---

* 李睿祎，中华全国总工会研究室副主任，行政管理学博士、副研究员，主要研究方向为劳动关系与工会理论政策研究。

文明社会存在相互联系而又相互独立的 4 个领域：国家领域、私人领域、市场领域和公共领域。[①] 群团组织属于公共领域范畴，在不同语境中又被称为社会团体、群众团体、社会组织、民间组织、非营利性组织等，这些概念内涵和外延既有联系又有区别，所指对象大体一致，但各有不同的侧重点。1998 年 9 月 25 日国务院第 8 次常务会议通过的《社会团体登记管理条例》规定，社会团体是指中国公民自愿组成，为实现会员共同意愿，按照其章程开展活动的非营利性社会组织。党的十七大报告，第一次使用"社会组织"代替使用多年的"民间组织"概念。[②] 在我们国家，广义的群众团体基本接近社会团体的概念，狭义的群众团体指由中央机构编制委员会办公室批准使用行政编制或事业编制、纳入机构编制管理中的社会团体，主要有：中华全国总工会（以下简称"全总"）、中国共产主义青年团中央委员会、中华全国妇女联合会、中国文学艺术界联合会、中国作家协会、中国科学技术协会、中华全国归国华侨联合会、中国法学会、中国人民对外友好协会、中华全国新闻工作者协会、中华全国台湾同胞联谊会、中国国际贸易促进委员会（中国国际商会）、中国残疾人联合会、中国红十字会总会、中国人民外交学会、中国宋庆龄基金会、黄埔军校同学会、欧美同学会（中国留学人员联谊会）、中国思想政治工作研究会、中华职业教育社、中华全国工商业联合会、中国计划生育协会，共有 22 个。

群团组织在我国政治、经济、文化、社会生活中所处的位置，是由国家的性质决定的，是由法律确认和保障的。群团组织是党和政府联系人民群众的桥梁和纽带，群团事业是党的事业的重要组成部分，党的群团工作是党治国理政的一项经常性、基础性工作。群团组织改革是全面深化改革的重要任务，是由群团组织面临的形势和任务的变化而带来的，更是群团组织联系和服务对象的迫切要求。

---

① 谢庆奎主编《当代中国政府与政治》，高等教育出版社，2003，第 260 页。
② 麻宝斌：《公共治理理论与实践》，社会科学文献出版社，2013，第 138 页。

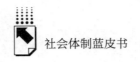

一 群团组织改革是社会改革的重要组成部分

（一）推进群团组织改革是党中央的明确要求

党的十八大以来，群团组织改革被纳入全面深化改革的总体布局之中。2015 年印发的《中共中央关于加强和改进党的群团工作的意见》，明确了群团组织为什么要改革、怎么改革、达到什么样的改革目标，指出新形势下，党的群团工作只能加强，不能削弱；只能改进提高，不能停滞不前；提出"六个坚持"的基本要求和"三统一"的基本特征，其中一个"坚持"即坚持与时俱进、改革创新；群团组织改革要加强群团的基层组织建设，健全依靠所联系群众推进工作制度，提升运用互联网开展群团工作的能力和水平等。2015 年 7 月 6 日，在党的历史上首次召开的中央党的群团工作会议上，习近平总书记深刻阐明了党的群团工作的一系列重大理论和实践问题，强调工会、共青团、妇联等群团组织要增强自我革新的勇气，深入推动思想教育、问题整改、体制创新，转变思想观念，强化群众意识，改进工作作风，提高工作水平。2017 年 8 月，习近平总书记做出重要指示，指出党的群团工作是党的一项十分重要的工作，群团改革是全面深化改革的重要任务，要认真总结经验，继续统一思想、抓好落实，切实把党中央对群团工作和群团改革的各项要求落到实处。① 这些重要讲话、重要指示，为群团组织改革提供了根本遵循、指明了前进方向。

（二）推进群团组织改革是广大群众的迫切需要

当前，我国经济社会深刻变革，企业组织形式、产业结构、就业形态等呈现新的特点，特别是随着新一轮科技革命和产业变革的不断深入，新技术、新业态、新模式大量涌现，互联网行业的平台效应日益显现，广大群众

---

① 《习近平对群团改革工作做出重要指示强调：牢牢把握群团改革正确方向　努力开创党的群团工作新局面》，《人民日报》2017 年 8 月 27 日，第 1 版。

在思想观念、活动方式、就业方式、利益诉求等方面呈现新特征，从追求生存权益、物质权益逐渐向追求发展权益、民主权利、精神权益转变，从利益诉求的一体化、同质化逐渐向差异化、多元化转变。据全国总工会 2017 年开展的第八次全国职工队伍状况调查显示，54% 的职工认为基于互联网技术快速发展的"共享经济""数字经济"等新业态带来更多就业选择机会。据《中国数字经济发展与就业白皮书（2019 年）》显示，数字经济吸纳就业能力显著增强，2018 年我国数字经济领域就业岗位为 1.91 亿个，占当年总就业人数的 24.6%，同比增长 11.5%，显著高于同期全国总就业规模增速。新时代新矛盾，面对新就业形态群体，如何更好地组织、动员、服务群众，更好地满足广大群众对美好生活的向往，需要群团组织在组织体制、运行机制、活动方式等方面进行改革和创新。

（三）推进群团组织改革是激发群团组织生机活动的强大动力

习近平总书记在中央党的群团工作会议上指出，对党的群团工作取得的显著成绩，必须充分肯定，同时必须注重解决存在的问题，特别是要重点解决脱离群众的问题；群团组织要坚持眼睛向下、面向基层，改革和改进机关机构设置、管理模式、运行机制，坚持力量配备、服务资源向基层倾斜。[1] 面对新形势新任务，群团组织还存在不少与之不相适应的问题，影响着群团组织职能作用的发挥和工作水平的提升，特别是领导机构组成人员广泛性和代表性不够，基层基础工作薄弱，组织覆盖不到、覆盖不全等，与党的要求和群众的期待还有一定差距。这些问题的存在，影响了群团组织履行职责，降低了群团组织对群众的动员力、号召力、影响力，制约了党的群团工作健康发展，必须下决心进行纠正。[2] 解决这些问题，根本上要靠改革。

---

① 《习近平在中央党的群团工作会议上强调：切实保持和增强政治性先进性群众性 开创新形势下党的群团工作新局面》，《人民日报》2015 年 7 月 7 日，第 1 版。

② 中共中央文献研究室：《习近平关于社会主义政治建设论述摘编》，2017，第 189 页。

二　工会改革的进展与成效

2015 年 7 月 23 日，中央全面深化改革领导小组办公室（以下简称"中央改革办"）通知决定，在全总开展中央群团机关改革试点。这是因为，全总是各级工会组织的最高领导机关，又名列全国性群团组织之首，在全总进行群团改革试点，可以产生牵一发而动全身的效应。

全总围绕保持和增强政治性、先进性、群众性这条主线，按照增强"三性"、去除"四化"、做强基层、着力创新的总体思路，梳理了组织体制、管理模式、运行机制、活动方式等方面存在的突出问题，提出 7 个方面 27 条改革举措。2015 年 11 月 9 日，习近平总书记主持召开十八届中央全面深化改革领导小组第 18 次会议，审议通过了《全国总工会改革试点方案》。为贯彻落实党的十九大和十九届三中全会审议通过的《中共中央关于深化党和国家机构改革的决定》和《深化党和国家机构改革方案》中关于深化群团改革的部署要求，2018 年 9 月全总制定了《深化工会改革创新实施方案》，从 7 个方面提出 30 条深化工会改革创新的具体措施。通过几年来的改革实践，工会组织的政治性、先进性、群众性切实增强，工会工作的制度化、规范化水平持续提高，对职工群众的吸引力、凝聚力、影响力不断提升。

（一）工会工作政治性进一步增强

一是坚持自觉接受党的领导。把工会置于党的领导之下，坚持以习近平新时代中国特色社会主义思想为指导，加强对习近平总书记关于工人阶级和工会工作的重要论述的研究阐释，并形成制度化安排，每年召开全国工会学习贯彻重要论述理论研讨会，修订《全国总工会党组理论学习中心组学习制度》，制定《全国总工会党组关于贯彻落实习近平总书记"10·29"重要讲话精神加强理论阐释和政策研究分工方案》，编写出版学习贯彻习近平总书记关于工人阶级和工会工作的重要论述的辅导读物、课程体系和教学大纲，将党的创新理论作为工会改革的根本遵循，推动入脑入心入行。制定

《全国总工会关于进一步推动习近平总书记重要指示批示精神和党中央重大决策部署在工会系统贯彻落实的工作制度》，引导工会干部进一步增强"四个意识"，坚定"四个自信"，做到"两个维护"。强化对工会意识形态工作的领导，制定《全总党组关于贯彻落实〈党委（党组）意识形态工作责任制实施办法〉的实施细则》，下发加强工会网络宣传和舆情工作意见，加强了网上舆论引导工作。

二是全面落实党建工作责任制。认真贯彻新时代党的建设总要求，全面加强党建工作，成立了全总党建工作领导小组，严格落实党建工作责任制。深入学习习近平总书记在中央和国家机关党的建设工作会议上的重要讲话精神和《中国共产党党和国家机关基层组织工作条例》《党委（党组）落实全面从严治党主体责任规定》等党内法规，认真开展"两学一做"学习教育和"不忘初心、牢记使命"主题教育，严格执行"三会一课"等党的组织生活制度。每年召开全国工会党风廉政建设工作会议，制定并落实《全国总工会机关落实党风廉政建设主体责任和监督责任实施意见》，开展经常性纪律教育和警示教育，综合运用监督执纪"四种形态"，发展积极健康的党内政治文化。

三是自觉接受 2016 年和 2019 年中央巡视组对全总党组的巡视。全面落实巡视整改的任务和要求，即知即改、立行立改、全面整改、开门整改，在条条要整改、件件有着落上集中发力。通过 2016 年的巡视整改工作，全总党组、机关各单位在党的建设、干部人事管理、反腐倡廉、财务管理、资产经营等方面，制定和修订了 190 项制度、措施和办法。2019 年的巡视整改，围绕落实党的路线方针政策和党中央重大决策部署、全面从严治党战略部署、新时代党的组织路线以及巡视整改等情况，分解 64 项整改任务，明确了每条整改任务的责任人、责任单位、整改时限，进行深入持续整改。成立全总机关巡视工作领导小组及办公室，开展机关内部巡视。

（二）工会组织先进性进一步彰显

一是创新思想政治工作方式方法。适应职工队伍的发展变化，自觉承担引导职工群众听党话、跟党走，巩固党执政的阶级基础和群众基础的政治责任。全总牵头起草和推动落实《关于加强和改进新时代产业工人队伍思想政治工作的意见》，持续开展理想信念教育、社会主义核心价值观教育、"中国梦·劳动美"主题宣传教育活动、"中国梦·劳动美——决胜小康奋斗有我"主题宣传教育活动。大力弘扬劳模精神、劳动精神、工匠精神，与有关部门联合拍摄大国工匠纪录片和新闻专题片、"中国梦·大国工匠篇"主题宣传、开展"大国工匠进校园"活动、发布"大国工匠年度人物"和年度全国"最美职工"。2019年国庆期间，走访慰问劳模4.7万人，组织200余名劳模和工匠代表参加国庆观礼。充分运用报刊、中工网、工人日报新媒体、全国工会电子职工书屋等宣传平台，全国建成职工书屋10余万家。加强全总微信公众号建设，2020年以来，全总官微发布信息600余条，阅读量近500万次。建设移动传播平台工人日报App，覆盖用户数超过946万人。制定《全国工会职工书屋管理办法》，启动"阅读经典好书 争当时代工匠"全国职工书屋主题阅读交流活动，结合庆祝全国总工会成立95周年，组织开展全国职工读书知识竞赛。

二是创新职工建功立业的载体和方式。把握为实现中华民族伟大复兴的中国梦而奋斗的工运时代主题，围绕国家重大战略、重大工程、重大项目、重点产业，深入开展"当好主人翁、建功新时代"主题劳动和技能竞赛，组织开展京津冀交通一体化建设、长江经济带、长三角地区、粤港澳大湾区等全国引领性劳动和技能竞赛。创新新产业新业态新组织劳动竞赛形式，拓展非公有制企业劳动竞赛范围。制定《关于广泛深入持久开展"五小"活动的指导意见》，实施职工素质建设工程五年规划，设立职工创新补助资金。推进劳模和工匠人才创新工作室、工匠学院创建工作，创建各类劳模和工匠人才创新工作室7.2万家。新冠肺炎疫情发生后，各级工会动员广大职工投身疫情防控人民战争，参加重点防疫项目建设，稳妥有序地复工复产，特别是湖北省、武汉市广大职工和工会干部勇于担当、主动作为，为统筹推进疫情防控和经济社会发展发挥了重要作用。截至2020年5月中旬，全总及各省级工会安排疫情防控资金24.92亿元，全总拨付疫情防控专项资金

4059 万元，全总和其他省（区、市）工会、企业工会援助湖北省市工会物资和资金合计 1.05 亿元。全总与国家发改委等 4 部委共同下发《关于应对新型冠状病毒感染肺炎疫情　支持鼓励劳动者参与线上职业技能培训的通知》，组织全总系统线上培训资源免费开放。丰富线上工匠学院内容，开通"技能强国——全国产业工人技能学习平台"，组织大国工匠通过平台直播授课等，截至 2020 年 5 月 21 日，累计 4221.25 万人次职工参加培训。

三是扎实推进产业工人队伍建设改革。这项改革是习近平总书记亲自点题、部署、指导的重大改革任务。当前我国产业工人有 2 亿人左右，是工人阶级的主体力量。按照中央改革办要求，由全总牵头，会同国家发改委、教育部、工信部、人社部等部门，研究起草产业工人队伍建设改革方案。自 2017 年 4 月中共中央、国务院印发《新时期产业工人队伍建设改革方案》以来，这项改革取得了重要的阶段性进展。改革机构不断健全，全国层面成立了由全总牵头、8 个部委组成的推进产业工人队伍建设改革协调小组，30 个部委组成的协调小组办公室，31 个省（区、市）都成立了推进产业工人队伍建设改革的领导机构、出台了落实改革任务的实施方案；推进产业工人队伍建设改革的制度体系不断完善，党中央、国务院及有关部委出台了 40 多项政策制度和改革举措；首次召开了全国性推进工作会议，在 2019 年 11 月 8 日全国推进产业工人队伍建设改革工作电视电话会议上，全国人大常委会副委员长、全国总工会主席王东明对推进这项改革进行了再动员再部署；产业工人队伍相关理论政策进了党校、上了课堂，全总党组书记、副主席、书记处第一书记、推进产业工人队伍建设改革协调小组组长李玉赋 2018 年在浦东干部学院、2019 年在中共中央党校（国家行政学院）作了关于产业工人队伍建设改革的专题报告。改革效果不断显现：产业工人政治地位明显提升，十三届全国人大代表中有工人 195 名，比上届提高了 1.62 个百分点，28 个省级工会配备了 40 名产业工人兼职副主席，2018 年和 2019 年全国五一劳动奖推荐评选中，产业工人比例分别达到 41.61% 和 40.3%，在 2020 年全国劳模评选中，要求包括高技能领军人才在内的一线工人和专业技术人员在企业职工类别中占比不少于 57%，现已推荐的企业人员中，一线工人和专业技术人员达到 70%；产业工人素质不断提升，全总和教育部开展的"农民工求学圆梦行动"，资助近百万名农民工提升学历，人社部开展农民工职业技能提升计划，已培训农民工约 600 万人次；产业工人作用不断彰显，截至 2019 年底，有 19 位由全总推荐的技术工人荣获国家科技进步二等奖。2011 年以来，我国组团参加第 41～45 届世界技能大赛，其中 2017 年第 44 届、2019 年第 45 届均位居金牌榜、奖牌榜和团体总分榜首。

（三）工会组织群众性进一步体现

一是不断增强工会组织广泛性和代表性。探索建立一支专职干部为骨干力量、挂职兼职干部为重要支撑的专挂兼工会干部队伍，全总领导班子增设 1 名农民工兼职副主席和 1 名挂职书记处书记。工会十七大代表中，基层和一线职工代表占 65.1%，比工会十六大提高了 17.2 个百分点。全总十七届执委会中劳模和一线职工委员占 23%，比全总改革试点方案提出的 15% 以上提高了 8 个百分点；主席团中劳模和一线职工成员占 18.7%，比全总改革试点方案提出的 12% 以上提高了 6.7 个百分点。截至 2019 年 9 月，全国 31 个省级地方工会配备挂职副主席 30 名，兼职副主席 122 名，其中劳模和一线职工兼职副主席 59 名，郭明义、巨晓林、高凤林等 3 名全国劳动模范在中国工会十七大上当选为全总兼职副主席。建立工会全国代表大会代表、全国总工会执行委员会委员提案制度，全总十六届五次、七次执委会议共提交 189 件执委提案，中国工会十七大共提交 386 件代表提案，均已办结，推动解决了一批工会工作重点难点和职工群众切身利益问题。2020 年 4 月全总十七届三次执委会召开前，收到执委提案 109 件，会后已交承办单位办理，进一步畅通了基层职工和执委参与工会重大决策的渠道。

二是着力补齐基层短板。在开展基层工会建设年、落实年活动和"强基层、补短板、增活力"行动基础上，将 2019 年作为货车司机等群体入会推进年，持续开展货车司机、快递员、护工护理员、家政服务员、商场信息员、网约送餐员、房产中介员、保安员等 8 大群体入会和百人以上企业建会专项行动，制定《推进百人以上企业建会专项行动工作方案》《关于推进货车司机等群体入会若干问题的意见》，总结推广上海顾村体制外入会、宁波北仑"小三级"工会建设等经验，扩大工会组织和工会工作在新兴领域和群体中的覆盖面。健全工会组织制度，制定出台《事业单位工会工作条例》《基层工会会员代表大会条例》《关于企业集团建立工会组织的办法》，截至2019年8月底，全国百人以上企业共计23.1万家，建立工会组织的有20.4万家，建会率达88%。推动资源和力量向基层下沉，制定《关于加大对乡镇（街道）、开发区（工业园区）工会和基层工会经费支持力度的若干规定》，将基层工会经费留成比例调整为不低于60%，全国工会经费全年收入的95%留在地方和基层工会，全总本级集中5%，其中70%以上用于补助下级支出，2019年全总本级预算中安排乡镇（街道）工会专项补助经费1.30亿元。各省级工会对下补助支出占本级支出的比例呈逐年增长趋势，多数省级工会占比达70%以上。落实《关于加强工会社会工作专业人才队伍建设的指导意见》，推动各地完善社会化工会工作者选聘、使用、考核、退出等机制，全国社会化工会工作者（含专职集体协商指导员）已达3.78万人。从2019年起，全总对社会化工会工作者的补贴标准提高至每人每月300元。

三是切实履行维权服务的基本职责。2001年修改的《中华人民共和国工会法》规定，维护职工合法权益是工会的基本职责。2018年10月召开的中国工会十七大，丰富和发展了工会基本职责，将其拓展为维护职工合法权益、竭诚服务职工群众。这充分体现了坚持以职工为中心的工作导向，是推进新时代工会工作创新发展的重要成果，也是工会改革的亮点之一，为工会维权服务工作提供了理论依据和制度保障。在维护职工合法权益方面：各级工会加大源头参与力度，积极参与《保障农民工工资支付条例》《失业保险条例》等涉及职工利益法律法规政策的制定修改，联合10部门制定加强农民工尘肺病防治工作意见。协助党委和政府做好供给侧结构性改革、化解过剩产能中职工转岗安置、劳动关系处置、再就业培训等工作，开展2019年全国工会就业创业服务月等活动，为超过700万人次提供各类就业创业服务；2020年3月12日，全总开通全国工会就业服务平台——"工会就业服务号"，组织全国27个省（区、市）工会，协调1.5万家用工单位，提供5万余条岗位信息和近百万人用工需求信息。深化劳动关系和谐企业和工业园区创建，开展集体协商攻坚活动，截至2018年6月，全国共签订集体合同159.3万份，覆盖职工1.9亿人；推进工会劳动关系发展态势监测和分析研判机制建设，建立覆盖26个省（区、市）、88个地级市信息直报点、1635家企业样本点的工会劳动关系监测点网络；推动解决农民工欠薪问题，2018年，各级工会配合相关部门为100.6万名农民工补发被拖欠工资及赔偿金119.75亿元；推进职工法律援助制度建设，截至2019年6月，已办结法律援助案件11763件，援助农民工等困难职工21071人，为职工挽回经济损失超过6亿元。在服务职工群众方面：着力构建以精准帮扶为重点的工会服务职工体系，推进"互联网＋"工会普惠性、便捷性、精准性服务，组织实施夏送清凉、金秋助学、农民工平安返乡等服务项目，推进送温暖常态化，2020年元旦春节期间，各级工会共筹集送温暖资金29.44亿元，慰问困难职工、劳模和一线职工506.6万人次，为困难职工提供帮扶125.37万人次；推进工会户外劳动者服务站点建设工作，据不完全统计，各级工会采取自建、共建等方式建设了22235个户外劳动者服务站点，服务了334.47万以农民工为主体的户外劳动者群体；加强困难职工帮扶和脱贫攻坚工作，2019年初各级工会建档困难职工93.27万户，2020年初下降到44.35万户，推进工会系统东、西部扶贫协作和全总定点扶贫县工作，制定《关于在脱贫攻坚中充分发挥工会作用的指导意见》，2018年向全国832个贫困县工会拨付帮扶资金3.26亿元，对定点扶贫县投入帮扶资金1173万元，全总定点扶贫县山西和顺于2019年5月顺利脱贫摘帽。

四是加强联系引导社会组织。印发《关于推进工会联系引导劳动关系领域社会组织工作的意见》《关于境外非政府组织在中国境内开展工会研究交流合作活动的业务主管办法（试行）》，推动建设劳动关系领域社会组织数据库，建设全国工会社会组织工作信息平台，加强政治引领、示范带动和联系服务，发挥政策指导、信息共享、工作交流、宣传引导作用，引导和促进劳动领域社会组织健康有序发展。2019年制定《关于工会购买社会组织服务的意见》，各级工会联系引导社会组织 1.89 万个。广泛开展职工志愿服务活动，截至 2016 年底，全国职工志愿服务人员注册超过 280 万人，职工志愿服务队伍注册达 300 支以上。

五是积极推进智慧工会建设。推进"互联网＋"行动计划，制定《全国总工会信息化项目建设管理办法（试行）》《全国工会网上工作纲要（2017～2020 年）》等，引导各地工会积极推进网络信息化建设，北京、天津、上海等 15 个省级工会开展了本级工会实名数据库建设，截至 2018 年底，初步覆盖工会会员约 8500 万人。发挥网上工会、智慧工会最大效能，推行"互联网＋"工会普惠性服务，健全工会系统服务职工网络，推动吸引职工全覆盖、联系职工全天候、服务职工全方位，打造工会工作升级版。

各级工会充分发挥全总改革试点的示范效应、引领效应、推进效应、指导效应、督促效应，积极改起来强起来，使工会系统改革自上而下与自下而上有机结合，不断向基层延伸、向纵深推进，形成了上下联动、左右互动、全面推动的整体推进格局。

三　2020 年工会改革展望

改革永远在路上。2017 年 2 月 6 日，习近平总书记主持召开十八届中央全面深化改革领导小组第 32 次会议，听取《关于全国总工会改革试点工作的总结报告》，指出试点工作取得明显成效，要求继续在建机制、强功能、增实效上下功夫，巩固改革成果。2018 年 10 月 29 日，习近平总书记同全总新一届领导班子成员进行集体谈话时强调，要深入推进工会改革创新，构建联系广泛、服务职工的工会工作体系，在建机制、强功能、增实效上下功夫，在已有改革成效基础上不断深化，切实把党中央关于深化工会改革的决策部署落到实处。[①] 2019 年 10 月 31 日，党的十九届四中全会审议通

---

① 《在同中华全国总工会新一届领导班子成员集体谈话时强调：团结动员亿万职工积极建功新时代　开创我国工运事业和工会工作新局面》，《人民日报》2018 年 10 月 30 日，第 1 版。

过《中共中央关于坚持和完善中国特色社会主义制度　推进国家治理体系和治理能力现代化若干重大问题的决定》，指出要健全联系广泛、服务群众的群团工作体系，推动人民团体增强政治性、先进性、群众性，把各自联系的群众紧紧团结在党的周围。① 2020 年，党中央、国务院将隆重召开 5 年一度的全国劳动模范和先进工作者表彰大会，全总迎来成立 95 周年。各级工会将系统总结和梳理 95 年来的发展历程和经验，按照党中央的改革部署，继续在建机制、强功能、增实效上下功夫，把改革进一步推向深入。

（一）着力在建机制上取得新进展

党的十九届四中全会对坚持和完善党的领导制度体系等 13 个方面的制度做出战略部署，其中有许多涉及工会工作。坚持和完善工会工作机制，是深化工会改革的重要基础和目标。

在坚持和完善自觉接受党的领导制度方面，完善贯彻落实习近平总书记重要指示批示精神和党中央重大决策部署工作制度、党组（党委）会议"第一议题"制度，建立健全工会落实不忘初心、牢记使命的制度。在坚持和完善发挥工人阶级主力军作用制度方面，推动完善落实职工主人翁地位的各项制度安排，健全广泛深入持久开展劳动和技能竞赛的制度，引导职工群众为决胜全面建成小康社会、决战脱贫攻坚建功立业。在坚持和完善强化职工思想政治引领制度方面，落实意识形态工作责任制，健全职工思想政治工作制度，把广大职工群众紧紧团结在党的周围。在坚持和完善推进产业工人队伍建设改革制度方面，开展产业工人队伍建设改革深化年行动，开展改革试点，以点带面扩大试点效应，推进产业工人队伍建设改革向纵深发展。在坚持和完善维权服务制度方面，完善维权制度，健全服务机制，打造服务职工综合体，扎扎实实为职工办实事解难事。在坚持和完善劳动关系协调机制方面，加强劳动合同、平等协商、集体合同制度建设，推动完善政府、工

---

① 《中共中央关于坚持和完善中国特色社会主义制度　推进国家治理体系和治理能力现代化若干重大问题的决定》，《人民日报》2019 年 11 月 6 日，第 1 版。

会、企业共同参与的协商协调机制和政府与工会的联席会议制度，健全职工队伍稳定风险排查化解机制，完善劳动争议多元预防调处化解机制。在坚持和完善深化工会改革创新制度方面，健全联系广泛、服务职工的工会工作体系，巩固落实到基层、落实靠基层机制，为工会工作创新发展注入动力活力。在坚持和完善加强工会系统党的建设制度方面，建立健全全面推进党的各方面建设的体制机制，建立党建工作与业务工作相互融合、相互促进的体制机制，巩固风清气正的政治生态。

（二）着力在强化工会组织功能上下大气力

列宁曾经把党领导的群团组织形象地比喻为无产阶级政权体系的"传动装置"和"杠杆"，功能是把党和劳动群众联系起来。党的十九届三中全会指出，深化群团组织改革，增强群团组织团结教育、维护权益、服务群众功能，充分发挥党和政府联系人民群众的桥梁纽带作用。工会在深化改革中，将着眼强化桥梁和纽带的作用，进行思路设计、制度构建、措施制定等，在围绕党和国家工作大局搞好"公转"的同时，也要聚焦服务职工搞好"自转"，做到"顶天立地"。

在团结教育方面，把学习贯彻习近平新时代中国特色社会主义思想作为加强对职工思想政治引领的首要任务，深入学习习近平总书记关于工人阶级和工会工作的重要论述，与学习贯彻《习近平谈治国理政》第三卷和习近平总书记2018年4月30日给中国劳动关系学院劳模本科班学员回信、2020年4月30日给郑州圆方集团全体职工回信精神结合起来，推进理想信念教育常态化制度化。密切关注受疫情和经济下行压力影响的部分行业企业职工生产生活情况，多做统一思想、凝聚人心、解疑释惑、化解矛盾等工作。加强对非公经济组织和青年职工、农民工等重点群体的思想政治引领，在思想政治工作中解决问题、推动工作。组织职工开展"凝心聚力决胜小康"行动，积极参加多层级、多行业、多工种的竞赛活动，激励广大职工投身大众创业、万众创新的时代洪流，为打好三大攻坚战、推动经济高质量发展建功立业。

在维护权益方面，推动涉及职工权益的法律法规的制定和实施，发出工会主张。研究制定《关于在做好"六稳"工作落实"六保"任务中充分发挥工会组织作用的意见》，针对新冠肺炎疫情给企业和职工带来的影响，在复工复产、劳动用工、工资支付中加强指导和服务，强化稳就业各项政策举措的落实，加大援企稳岗力度。对下岗失业职工、农民工、高校毕业生、退役军人等群体就业给予高度关注，完善工会参与促进就业机制，深化工会就业创业服务，努力做到多转岗、少下岗，多转业、少失业。

在服务职工方面，既注重做好提供物质服务、生活服务，更注重提供更高水平的精神和文化服务。努力推进职工生活质量提升行动，打造服务职工综合体，健全和强化困难职工帮扶中心综合服务职能和社会化枢纽平台功能，探索服务职工区域性协作新模式，推动形成"帮扶中心＋服务职工社会基地＋基层工会"服务职工链条。加强对快递员、网约工、货车司机等新就业形态群体的权益保障，加强对欠薪农民工的法律援助和生活救助，完善工会农民工维权服务体系，推动构建和谐劳动关系。

（三）着力在增强工会工作实效上抓好落实

习近平总书记多次强调，"既当改革促进派、又当改革实干家，以钉钉子精神抓好改革落实"。① 工会改革见实效，就是要以目标为导向、问题为导向、效果为导向，聚焦重点领域和关键环节持续发力，产生让广大职工看得见、摸得着的效果。

在强化基层基础方面，通过改革，推动工会顶层设计与基层探索良性互动、有机结合，保证基层事情基层办、基层权力给基层、基层事情有人办，推动破解"缺人、缺钱、缺阵地"瓶颈问题，打通服务职工"最后一公里"。

在创新活动方式方面，深化智慧工会建设，打造工会智慧数据库和新媒

---

① 《习近平主持召开中央全面深化改革领导小组第二十一次会议强调：深入扎实抓好改革落实工作　盯着抓反复抓直到抓出成效》，《人民日报》2016年2月24日，第1版。

体矩阵，建设工会协同办公平台和网络安全保障体系，开发全国统一的工会服务职工 App，做到工作上网、服务上网、活动上网，实现全国工会工作一张网，增强与职工的网上互动，让网上职工说话有人听、办事有人帮。

在改进工作作风方面，加强工会理论研究和调查研究，建立工会理论研究和调查研究制度化常态化机制，探索走出新时代工会理论研究新路子。健全工会干部联系职工群众制度、基层联系点制度，落实中央八项规定及其实施细则精神，坚决纠治"四风"，特别是形式主义、官僚主义，当好职工群众的娘家人、贴心人。

四　共青团等其他群团组织改革进展

中央关于加强和改进党的群团工作的意见及党的群团工作会议发出了群团改革动员令，全总、上海和重庆 3 家作为群团改革的试点单位拉开群团改革的序幕。各群团组织坚持以习近平新时代中国特色社会主义思想为指导，学习贯彻习近平总书记对推进群团改革、加强党的群团工作做出的一系列重要论述，坚定不移地走中国特色社会主义群团发展道路，紧紧围绕保持和增强政治性、先进性、群众性，深入推进群团改革，创新群众工作方式方法，加强基层基础建设，加大服务群众工作力度，健全帮扶困难群众长效机制，使群团组织在党的群众工作中看得见身影、听得到声音、发挥出作用，努力开创党的群团工作新局面。群团组织全面进入"改革时间"，改革风起云涌、次第展开。这里主要展示共青团、妇联、科协、侨联等群团组织的改革情况。

（一）共青团中央改革

2016 年 8 月 2 日，中共中央办公厅发布了《共青团中央改革方案》，从 4 大方面、12 个领域提出了改革措施，即着力改进团中央领导机构人员构成、机构设置和运行机制，改革团中央机关干部选拔、使用和管理，改革创新团的工作、活动和基层组织建设，加大党委和政府对共青团工作的支持保

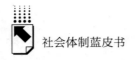

社会体制蓝皮书

障力度。建立充分发挥团的各级委员会作用的机制，推进团的领导机关工作运行管理纵向扁平化，全面改革团干部队伍建设和管理制度，创新基层的组织方式和活动方式，探索完善开放共享的资源整合机制，推动直接联系青年工作机制落深落实，深化青联、学联、少先队改革。2018年6月，改革方案中确定的99条团中央本级改革举措已基本落实到位，一批具有标志性意义的措施、项目收到预期效果。2020年，共青团将找准为党分忧、共青团和青年应为能为善为的结合点，深化既有品牌，探索新兴领域，革新动员方式；坚持政策服务与具体服务并举，努力在服务青少年现实痛点、服务弱势青少年群体工作中形成社会功能。2020年5月共青团中央印发的《共青团2020年工作要点》提出，以改革创新精神深化团内制度机制建设，着力推动各级团组织团干部革新工作理念、转变工作作风、提升工作能力；完善推动改革在基层落地的工作机制，加强纵向督导、逐级压实责任、强化评估问效；抓紧完善团内规章制度体系，提升团内制度建设科学化、规范化水平。

（二）全国妇联改革

2016年9月，中共中央办公厅印发了《全国妇联改革方案》，从改进全国妇联领导机构人员构成、运行机制和机构设置，改革全国妇联机关干部选拔任用方式和管理制度，创新动员妇女服务大局的载体和方式，提高服务妇女、维护妇女合法权益能力，做强基层、夯实基础，打造"网上妇女之家"，切实加强党的领导等7个方面提出了改革措施。2018年11月召开的中国妇女第十二次全国代表大会提出，以更大力度更实举措深化全国和地方妇联组织、基层妇联组织、妇联干部队伍建设、工作方式方法改革，全面加强妇联组织党的建设。《全国妇联改革方案》印发几年来，改革让基层妇联组织更广泛地联系和服务妇女群众，让妇女群众在网上也能够找到妇联组织，让妇联组织更具有代表性，进一步拓宽了妇联执委、妇联干部、妇女工作者的来源渠道，各个领域的优秀人才进入妇联组织发挥作用。2020年1月召开的全国妇联十二届二次执委会议提出，要以更有力举措，推动完善党建带妇建工作机制，实施"县级妇联改革破难行动"，树立大抓基层的鲜明导向，创新互联网时代妇女工作机制，将妇联改革向纵深推进、向基层延伸。

（三）中国科协改革

2016年3月27日，中共中央办公厅印发了《科协系统深化改革实施方案》，明确指出改革联系服务科技工作者的体制机制，全面改革学会治理结构和治理方式，创新面向社会提供公共服务产品的机制，加强对科技工作者的政治引领。2018年4月，中国科协深化改革领导小组第二次会议审议通过《2018年科协系统深化改革重点任务》，明确了强化政治引领和政治吸纳、加强科协事业改革发展顶层设计和前瞻谋划等10个方面的重点任务。通过改革，广大科协干部和科技工作者进一步增强"四个意识"、坚定"四个自信"，主动对标中央要求、对标国家战略、对标国际一流标准的意识不断增强；MCR（Mission，Customer，Result，使命担当、"客户"需求、工作成效）工作理念和方法深入人心，推进"1－9－6－1"（坚持一条主线，推动"三轮"驱动、"三化"联动、"三维"聚力，组织实施六项重点工程，办好一批实事）工作布局做深做实，科协各项工作取得新进展新成效。2020年，将紧扣决胜全面建成小康社会、决战脱贫攻坚，统筹中国科协与全国学会、地方科协深化改革"一体两翼"工作布局，推进"3＋1"试点（"3"指吸纳医院院长、学校校长、农技站站长"三长"进入县乡镇科协领导机构兼职挂职、发挥作用，"1"指加强上级科协指导）工作，扎实推动学会治理改革，持续推进"智慧科协"建设工程，统筹"三支队伍"建设，突出合作发展，增强科协工作品牌影响力和内生动力。2020年4月中国科协办公厅印发的《中国科协2020年工作要点》提出，着力加强对科技工作者思想政治引领，着力服务党和国家工作大局，着力深化科协系统改革，着力构建联系广泛、服务群众的科协工作体系。

（四）中国侨联改革

2016年12月，中共中央办公厅印发了《中国侨联改革方案》，从4个

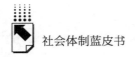
方面、17 个领域提出了中国侨联的改革措施。几年来，侨联不断扩大联系面、增强凝聚力，大力推进组织体制、运行机制、工作方式、服务内容改革创新，坚持眼睛向下、面向基层，建好内部组织网络及侨联与其他部门、群团组织间工作网络，推行"地方侨联＋大学侨联＋校友会"模式。2020 年1 月召开的中国侨联十届三次全委会议提出，深化侨联改革，继续推进涉侨机构改革有关任务落实，大力推动侨联信息化建设，加强网上侨联工作，进一步健全大抓基层的制度机制，推动侨联机关工作科学化制度化发展，健全制度体系和"联系广泛、服务群众"的工作体系。围绕学习贯彻 2020 年全国"两会"精神，中国侨联提出，要持续推进"两个并重""两个拓展"，推动"两个建设"，织好"两张网"，用好"两项机制"，不断增强凝聚力，切实把侨联建设成为组织体系健全、运行机制科学、联系侨界群众密切、服务侨界群众有力的坚强群团组织。

B.16
城乡居民参与社区治理的现状、问题与建议

——以成都市温江区为例

吴谦 游斐*

摘 要: "居民参与",是构建多元主体协同治理体系的重要环节,是创新基层治理、激发社会活力的关键支点。通过对成都市温江区 85 位具有自组织成员身份居民的调查发现,促进社区自组织建设是推进居民参与社区治理的基石。加快发展社区自组织,对进一步提升社区居民自主参与的积极性、拓宽社区居民自主参与的途径,以及营造居民参与的氛围具有重大意义。当前,居民参与社区治理主要存在参与主体不均、层次不高、政府与居民沟通不畅等问题。树立居民主人翁意识,优化参与主体结构,建立健全居民参与机制,以及引进专业人才、培育优质社区社会组织,是增强社区凝聚力、构建社区共同体和推进社区自治的有效路径。

关键词: 居民参与 自组织 社区治理

---

* 吴谦,北京师范大学社会学院硕士研究生,主要研究方向为社区协会工作;游斐,北京师范大学国际 NGO 与基金会研究中心高级研究员,主要研究方向为党的建设与社会治理、社会创新与社会企业、国际 NGO 与基金会。

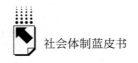

一 研究背景

（一）研究缘起

改革开放以来，国家经济社会体制发生巨变，传统以"单位制"为主的治理模式退出历史舞台，社区成为单位制衰落后的最佳社会治理单元，构建多元主体协同治理体系成为现代社会治理的发展趋势。1987年，民政部提出"社区服务"，"社区"概念第一次进入中国政府视野。随后，我国颁布《中华人民共和国城市居民委员会组织法》，正式确立居民的社区自治主体地位。随着行政体制的不断改革，我国相继提出"社区建设"和"社会管理"的思路，将权力进一步下放至社区。2013年，党的十八届三中全会把"社会管理"提升到"社会治理"的新高度，社区治理被赋予新的时代内涵和价值，成为当代中国推进国家治理和社会治理现代化的关键点和突破口①。

居民从"被动的政府服务消费者"到"主动的社区活力创造者"的角色转变②让居民参与社区治理成为热门话题③。从"政社合一"到"共建共享共治"，社区治理同样实现了从行政控制为主到多中心协同治理的历史跃迁④。构建"共建共享共治"的格局，关键在于激发多元治理主体的参与热情，充分发挥各主体的积极作用，让群众在公共事务、公益事业和城乡社区治理工作中实现自我服务、管理、教育和监督的目标⑤。居民作为多元主体的主要组成部分，具有举足轻重的地位，其重要力量不可或缺。

---

① 王木森：《社区治理：理论渊源、发展特征与创新走向——基于我国社区治理研究文献的分析》，《理论月刊》2019年第9期，第151~157页。

② 吴谦：《居民参与社区治理》，《劳动保障世界》2019年第8期，第76页。

③ 耿亚东：《我国"社区治理公众参与"研究述评——基于结构主义、制度主义、社会资本与文化主义视角》，《公共管理与政策评论》2017年第3期，第89~96页。

④ 王永益：《社区公共精神培育与社区和谐善治：基于社会资本的视角》2017年第3期，第101~106页。

⑤ 唐有财、胡兵：《社区治理中的公众参与：国家认同与社区认同的双重驱动》，《云南师范大学学报》（哲学社会科学版）2016年第2期，第63~69页。

2017 年，为推动城乡居民参与社区治理，成都市民政厅出台《关于深入推进城乡社区发展治理建设高品质和谐宜居生活社区的意见》，明确提出要构建由基层党组织领导、基层政府主导的"共建共治共享"城乡社区发展治理体系。温江区作为成都市社会力量发展较早的地区，历来重视社会组织培育和发展。2018 年，温江区通过"三社善动"和"公益创投"等项目，推动了本土社会组织和社区自组织的爆发式增长，进一步巩固了社会力量在社会治理体系中的重要地位，增加了居民参与社区治理的途径和渠道。自组织作为居民参与社区治理的"桥梁"，其成员在社区治理中具有较高的参与度和活跃度，因此研究该群体对于深入探讨居民参与社区治理现状等问题具有更高的参考意义。

基于以上背景，本研究通过调查当前成都市温江区城乡居民（具有社区自组织成员身份）参与社区治理的现状，解析自组织建设对于居民参与社区治理的作用和影响，进一步探讨如何更好地构建多元主体参与治理体系。

（二）研究方法

1. 研究对象及方法

本研究以成都市温江区 85 位具有社区自组织成员身份的居民作为研究对象，采取问卷调查和（半）结构式访谈两种调查方法。成都市温江区共有 10 个镇街，分别为柳城、涌泉、天府和公平 4 个城市街道和永宁、永盛、寿安、万春、和盛和金马 6 个乡镇。资料显示，截至 2019 年 1 月，温江区全区共计 702 家备案村/社区自组织。基于自组织成员参与社区治理行动高度一致的原则，本次研究按照 10% 的比例发放问卷，随机向 70 家自组织发放共 100 份问卷，累计回收 77 份。（半）结构式访谈也通过随机抽样的方法，选取 3 家乡镇村/社区自组织和 5 家城区社区自组织，对共计 8 家自组织负责人进行访谈。

2. 样本描述

参与问卷调查的 77 名自组织成员基本信息如下。

从成员性别比来看，在 77 人当中，男性 20 人，占比 26%；女性 57 人，占比 74%。从成员各年龄段的比例来看，45 周岁以下 9 人，占比 11.7%；46~55 周岁 28 人，占比 36.4%；56 周岁以上 40 人，占比 51.9%。从成员文化程度来看，多数成员的教育程度在中学及以上水平，其中初中学历人群为 27 人，占比 35.1%；高中/中专学历人群有 27 人，占比 35.1%；本科及以上人群的比例次之，为 19.5%；小学及以下学历人群占比最少，为 10.4%。从成员职业来看，大多数被调查者目前处于离/退休状态，占比为 32.5%；另外有 24.7% 的被调查者有其他职业；18.2% 的被调查者属于个体。从成员年收入来看，目前年收入 1 万至 2 万元的人数有 39 人，占比 50.6%；其次是 2 万至 8 万元，人数为 28 人，占比 36.4%。从成员户籍来看，本地人口占比 80.5%，外地人口占比 19.5%。从社区职务来看，77.9% 的被调查者属于自组织成员。

表1 样本基本信息情况（N = 77）

变量		频数（人）	有效百分比（%）
性别	男	20	26
	女	57	74
年龄	45 周岁以下	9	11.7
	46 ~ 55 周岁	28	36.4
	56 周岁以上	40	51.9
学历	本科及以上	15	19.5
	高中/中专学历	27	35.1
	初中学历	27	35.1
	小学及以下	8	10.4
职业	离/退休人员	25	32.5
	其他	19	24.7
	个体	14	18.2
	公职人员	9	11.7
	企业	5	6.5
	无业	5	6.5
年收入	1 万 ~ 2 万元	39	50.6
	2 万 ~ 8 万元	28	36.4
	8 万元以上	10	13.0
户籍地	本社区	49	63.6
	本市其他社区	13	16.9
	外地社区	15	19.5
职务	自组织成员	60	77.9
	居委会成员	9	11.7
	业委会成员	6	7.8
	其他	2	2.6

参与访谈的 8 人为自组织负责人，信息如表 2 所示。

从负责人性别来看，8 人中有 7 名女性，1 名男性。从负责人年龄来看，最大 80 岁，最小 45 岁，平均年龄 62 岁。从所在区域来看，5 名负责人来自街道，3 名负责人来自乡镇。从自组织类型来看，3 人来自文艺类自组织，3 人来自老年协会，2 人来自志愿服务类自组织。

表 2　访谈样本构成情况

访谈对象	身份	性别	年龄（岁）	所属区域
L1	西街社区时装靓丽团负责人	女	56	柳城街道
L2	光华社区舞蹈队队长	女	56	柳城街道
L3	柳城街道北街社区老年人协会会长	女	80	柳城街道
L4	南街社区老年协会会长	男	60	柳城街道
L5	瑞泉馨城社区老年协会会长	女	77	涌泉街道
L6	温江区田园花篱社区互绿同心志愿服务队队长	女	67	永宁镇
L7	温江区田园花篱社区向阳开心文艺队队长	女	55	永宁镇
L8	"情系报恩"志愿服务队队长	女	45	万春镇

二　成都市温江区城乡居民参与社区治理的现状

（一）城乡居民参与社区治理的政策现状

1. 居民身份从"客体"到"主体"的转变

为贯彻落实中央及各级政府关于加强社会建设和创新社会治理的精神，《成都市温江区人民政府关于加快培育和发展社会组织的意见》（温委发〔2012〕16 号）明确提出，在加快促进社会组织建设和发展的过程中，要始终坚持"以人为本，服务群众"的基本原则，围绕社区全体居民的需求，维护群众的利益，提供全方位的优质服务，倡导居民参与，调动居民的主动性和积极性，突出社区居民主动参与的重要意义和作用。为了进一步创新社会治理、满足居民需求，《成都市温江区民政局关于开展第三届社会组织公益创投活动的实施方案》（温民发〔2015〕86号）提出，要以项目化的方式推进温江社区民主自治，增强社区自组织的可持续性。随后，《成都市温江区民政局关于开展第四届社会组织公益创投活动的实施方案》（温民发〔2017〕19号）进一步提出"推动全民公益，激发社会创新"的发展理念，将政府、企业、社会组织和个人力量放在同等地位，多元治理体系初现雏形。2018年，《关于开展"党建引领公益温江"第五届社会组织公益创投活动的通知》（温民发〔2018〕23号）在资助项目的第一条就明确指出要"创新社区发展治理，促进多元主体参与社会建设"。"多元主体"的概念被正式确立下来，居民的身份实现了由参与角色到治理主体的本质转变。

2. 居民参与从"外部推动"到"内在驱动"的转变

在社区自组织正式诞生之前，国家大力支持培育社会服务组织（非自组织）以有效回应社区居民的需要，通过外界的力量和社会介入的手段积极推动社区居民的参与。随着"共建共治共享"社会治理格局的提出，2017年民政部正式出台《民政部关于大力培育发展社区社会组织的意见》（民发〔2017〕191号），倡导"积极培育发展社区社会组织，推动社区居民有序参与基层自治实践，依法开展自我服务、管理、教育和监督等活动"，强调了大力培育和发展社区社会组织的意义和重要性，建立了居民参与的"内在驱动"机制。在中央的明确号召下，温江区政府在《关于开展基于"三社善动"的城乡社区可持续总体营造项目征集的通知》（温民发〔2018〕81号）中规定每个社区的社区社会自组织必须达到6个及以上，硬性推动了居民自组织的发展。此后，温江区发布《关于项目化推进城乡社区可持续总体营造行动的实施意见》（温民发〔2018〕71号），提出"要推动形成以社区居民为主体的集体行动，构建'参与式陪伴'社区社会组织发展模式，激发居民自组织建立，促进居民有组织地参与社区事务"的总体目标，首次转变了社会组织（非自组织）的直接服务功能，强调间接式的参与陪伴。随后，为进一步提升社区自组织自治能力和水平，《成都市温江区民政局关于培育发展功能型社会组织的实施方案》（温民发〔2018〕89号）提出"功能型社会组织"的概念，将社会组织和社区自组织的职责区分，进一步构建外部孵化、内部自治格局，大力提倡社区自治，培育市民"主人翁"精神，实现居民参与"内部驱动"。

（二）居民以自组织为媒介参与社区治理的突出优势

1. 有利于调动居民参与社区治理的积极性

在温江区大环境的培育下，居民的参与意愿和主体意识明显提升。以自组织为载体，让居民以组织化的形式参与到社区事务中，有利于提升居民的主体意识和发挥居民的主人翁精神。数据表明，绝大多数居民都具有强烈的参与欲望，并采取了实际行动。从客观情况来看，在77位参与问卷调查的居民中，参加过社区活动者占比92%，未参加过社区活动者仅占8%（见图1）。

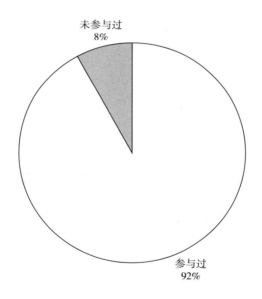

图1　对"居民是否参与过社区活动"的调查

从主观情况来看，有54.54%的居民对于居民参与社区治理持积极态度，25.97%的居民持中立态度，19.49%的居民持消极态度。被采访的8位自组织负责人均表示，当自组织在开展相关活动时，除自组织成员外，未加入自组织的居民也展现出较高的参与意愿（见图2）。

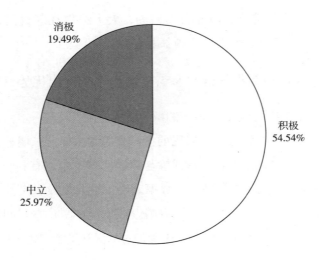

图2 对"居民参与社区事务意愿"的调查

2. 有利于拓宽居民参与社区治理的途径

政府大力支持自组织发展，一定程度上拓宽了居民参与社区治理的途径，且基于兴趣产生的组织覆盖了社区治理较大的范围。数据表明，在自组织的带领下，居民参与社区活动的类型较为丰富。其中17%的居民参与过大型节日文娱活动，14%参与过志愿服务活动，13%参与过社区选举，其余社区活动也均有居民参与（此题为多项选择题，该比例为有效百分比）。居民通过参与社区活动，实现了在政治、文化、志愿、环保和教育等领域全方位建设社区的目标（见图3）。

3. 有利于营造良好的居民参与氛围

第一，居民参与的组织氛围好。社会组织是居民参与社区治理的"桥梁"和"平台"，社区社会组织更是居民实现社区自治的重要载体。近3年温江区通过"公益创投""社区营造"和"三社善动"等方式大力培育社区自组织，为居民参与社区治理提供了良好的机会，给居民参与提供了多种选择，有利于充分发挥居民参与的自主精神。数据表明（此题为多项选择题，该比例为有效百分比），除居委会、社区党组织、街道办事处和物业管理公司等非居民自组织外，在被调查的社区中，10%有社区志愿服务队，9%有各类协会或社

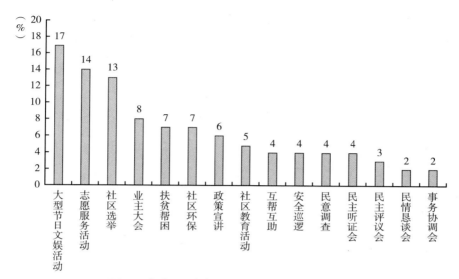

图3 对"居民参与过哪些社区活动"的调查

团以及业主委员会，7%有社区巡逻队和社区警务室，6%有社区治安队，5%有社区环保队，2%有社区中介组织（见图4）。

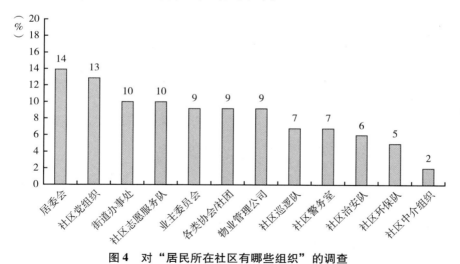

图4 对"居民所在社区有哪些组织"的调查

第二，居民参与的支持氛围好。在大环境倡导和自组织推动下，居民参与获得了良好的外界支持。从政府层面来讲，80.6%的社区对居民自组织或

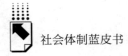

个人发起的社区活动持支持态度，自组织与政府之间形成了良好的合作关系。从居民层面来讲，L5 访谈对象表示，该社区居民（未加入自组织）对自组织举办的活动相当支持，愿意提供物资和人力上的帮助，并在精神层面上肯定自组织的活动，认为他们在做对社区有意义的事情。

第三，社区透明度高。在被调查的社区中，80% 的社区会公开社区事务，（见图 5）。居务公开形式有公开栏、居民会议、公开信、传单及小报、居民代表会议和网络电子渠道等。居务公开内容有社区会议、社区财务、社区干部任期目标和社区年度工作目标、居民会议讨论决定事项执行情况、社区居民低保金申请和发放情况、抚救灾等款物发放情况、居民生活政策法规和政府下达任务执行情况等。

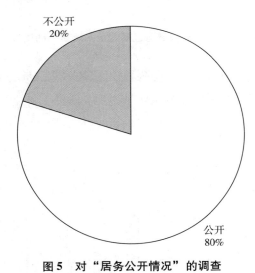

图 5　对"居务公开情况"的调查

三　城乡居民参与社区治理存在的问题

（一）参与主体结构不均衡

成都市温江区居民参与社区治理主体以女性和年长者居多。数据表明，温江区自组织内成员女性比例是男性的近 3 倍，56 周岁以上人群是 45 周岁以下人群的近 5 倍（见表 1），表明女性群体和老年群体是温江区居民参与社区治理的主要力量。造成此现象的原因有两点：其一，温江区居民参与活动的类型以文体型即非政治性参与为主，从男女两性的性别偏好来看，文体类活动较受女性喜爱。其二，年长者拥有更多的闲暇时间和更丰富的人生阅历，热心公共事务，较年轻人来讲更愿意投身到社区建设当中。但以女性和老年群体为主的参与队伍不利于社区治理的长期发展，尤其是年轻群体在社区生活中的"不参与"会使社区治理逐渐丧失活力，无法进一步吸引新鲜血液进入社会治理运作轨道中。

（二）居民参与层次不高

阿恩斯坦的参与阶梯理论按照参与层次由低到高，将居民参与分为无公众参与、象征主义和市民权利三个阶段。其中，无公众参与包括操纵和告知；象征主义包括通告、咨询和安抚；市民权利包括合作关系、代理权利和市民控制。社区自治的最终目的是让居民成为社区真正的主人，即达到市民权利阶段。调查表明，当前温江区社区自治还未达到理想状态，从客观情况来看，多数活动由居委会发起，占比 57%，由自组织/居民发起的活动仅占 27%，其余活动由其他社会组织发起，占比 16%（见图 6）。另外，多数居民在参与活动时仅是参与活动而不组织活动。这说明居民在参与社区公共事务时，参与层次停留在表面。政府是社区活动的主要发起者，居民参与在很大程度上处于被动地位。

从主观情况来看，居民有进一步加入社区发展决策的意愿，居民不仅仅只局限于充当社区活动的"人头"，更想充分行使自己的权利，为建设自身社区做出贡献。数据表明（此题为多项选择题，该比例为有效百分比），在众多社区事务中，居民最想参与社区发展规划，占比 19%；其次是社区文化建设，占比 16%；再次是社区居委会选举，占比 15%（见图 7）。

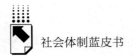
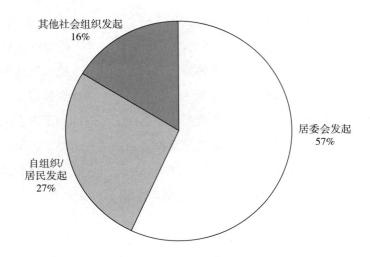

图6 对"社区活动发起者"的调查

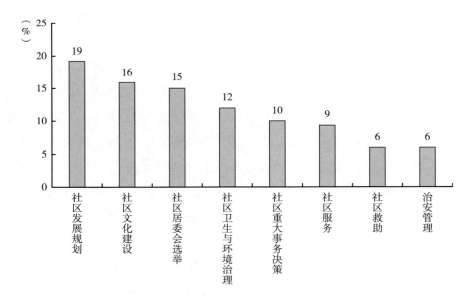

图7 对"居民意愿参与社区哪些公共事务"的调查

（三）政府和居民之间存在沟通障碍

虽然政务公开透明度高，但社区工作者与居民之间仍旧存在一定程度的沟通困难。L3 的访谈资料显示，该协会与协会所在社区经常发生纠纷，协会对该社区工作人员存在不满情绪。产生这种问题的原因有三：其一，社区工作人员时常替换，无法保持长期性合作沟通；其二，社区工作人员在年龄和阅历上与老人存在较深的代沟，无法进行良好有效的沟通；其三，社区工作人员常常会将自己的想法强加于协会之中，给协会的发展带来一定压力。对此访谈对象表示，两者沟通效果不佳，导致合作出现困难，容易造成资源浪费。

四　城乡居民参与社区治理的对策建议

（一）切实发挥居民参与社区治理的主人翁作用

居民作为多元主体治理体系的重要组成部分，是社区治理的重要主体，摸清居民的真正需求，调动社区居民的参与积极性是社区治理的重要任务。首先，需要在意识层面确立居民的主人翁地位，树立"社区的问题由居民自己解决"的观念。其次，要明确政府的身份定位，在政府角色转型的关键时期，要转变以政治权威和发号施令为主的单向度管理模式，逐步形成还权于民、还权于社会的双向乃至多向的良性互动模式[①]，以鼓励、支持、引导和协调居民发挥主观能动性为主要手段，实现从"划桨"到"掌舵"的转变目标。最后，要建立良性的政社沟通机制，这不仅是对政府的要求，也是对居民的要求，我行我素和坚持己见的行为模式都不利于社区的整体发展，双向沟通才能让居民的需求得到表达和理解。

（二）促进参与主体结构均衡化发展

居民参与主体老龄化特征显著，侧面反映出当前社区治理举措对于年轻

[①]　崔颖萍：《社区治理中的公众参与研究——基于山西省大同市 F 社区的个案研究》，中国矿业大学硕士学位论文，2016，第 50 页。

群体的带动性和吸引力不强，年轻人缺乏参与社区公共事务的环境和途径，让青年群体在社区治理中呈现缺位状态。因此，创新社会治理，激发社会活力，必须大力营造年轻人参与的社会氛围，提供年轻群体参与社区治理的机会，创新居民参与形式，增加青年群体参与社区事务的比重，以改善当前居民参与社区治理的"老年化"现象。另外，除"老龄化"现象之外，女性参与比例高于男性是另一显著特征。主体结构不均衡容易导致居民在参与社区治理上对活动类型偏好趋向一致，不利于居民参与社区的全方位治理，因此，政府在社区治理层面上，需要注重两性平衡，进行有效引导，优化参与人群结构，促进社区更好地发展。

（三）建立健全居民参与社区治理体系

首先，充分利用当前存在的居民参与形式。从"单位制"到"社区制"的发展过程中，产生了各式各样的居民参与形式，如政务类社区评议会、民主大会和社区讨论会等以及文化类老年协会、文艺协会和书法之家等。这些五花八门的参与形式是当前居民参与社区治理的载体。促使居民多参加上述活动，可以保持居民参与社区治理的稳定性和有效性。其次，在现有基础上建立稳定的居民参与体制。在保证居民"参与的量"的同时，提升"参与的质"，充分利用法律法规，建立符合居民实际、满足居民需求、发挥居民才智，让居民能够进入社区决策层的参与制度，保证居民参与合法性，实现居民"有路参与""有意参与""有序参与"和"有质参与"。最后，建立监督反馈机制。在居民参与社区治理体系中，参与过程和参与结果同样重要，居民不仅需要过程体验，更需要结果体验。因此，在社区设置社区事务公开制度、无为问责制度、居民评议制度是居民参与空间的关键。良好且直观的参与结果更能够激发居民参与社区治理的意愿，有效的评估和反馈也能使各主体在社区治理工作上有更好的改进，这种双向的监督和评估可以促进社区更好地发展，实现社区"善治"①。

---

① 曹杰：《城市社区管理机制：存在问题及解决对策》，苏州大学硕士学位论文，2013，第2页。

（四）引进专业人才、营造社区归属感

在当前城市社区关系中，因受我国现代化城市建筑格局和社区公共生活服务管理模式的双重影响，陌生人关系成为现代社会人与人之间的主要关系模式，弱联系构成了居民之间的关系常态。因此，建立社区共同体意识，营造共同参与的社区氛围是调动居民参与社区治理积极性的有效保障。构建保障网络首先需要在社区引进社会组织和专业社会工作者。以社会组织为载体，以社会工作者为驱动，建立和培养本土社区自组织，打造居民联系平台。其次，要充分发挥社会组织的孵化作用。在充分挖掘居民意愿的基础上，培育以居民为核心的社区自组织，通过自组织枢纽，构建从个人的"点"到群体的"面"的居民参与网络，一步步发展社区共同文化，最终形成社区共识，在精神层面上提高居民主体意识。最后，建立居民同伴意识和伙伴关系。在社区治理过程中，通过各式各样的参与活动，让社区居民互相认识和了解，将活动联系逐渐转化为自然联系，以"情"促"动"，以"动"增"情"，强化居民之间情感纽带，培养和激发居民对社区的归属感，营造居民共同体意识，减缓和消除城市社区陌生感①，使居民更多地参与社区活动，由单纯的被动参与转变为主动参与，实现角色和意识的完全转变。

---

① 张杰霞：《社区品牌文化：成效与限度——基于宁波市后大街社区实践的思考》，《中共浙江省委党校学报》2012 年第 8 期，第 122～125 页。

B.17
全国性社会组织参与脱贫攻坚的现状、挑战和建议

—— 来自 56 家全国性非公募基金会的数据

赵小平*

摘　要：　党中央明确提出社会组织是脱贫攻坚的重要力量，全国性和省级社会组织示范要在脱贫攻坚中起到示范带头作用。通过对56家全国性公募基金会的数据以及相关文献的梳理，发现：参与脱贫攻坚的全国性社会组织已经突破了传统的款物援助的简单模式，在生计发展、教育、医疗、异地搬迁等领域，开始朝向更加专业和可持续的方向探索，取得了积极的社会成效。与此同时，全国性社会组织参与脱贫攻坚，也面临着自身能力不足、行业服务不足和政策支持亟待落实的挑战。

关键词：　全国性社会组织　脱贫攻坚　扶贫模式转变

一　全国性社会组织参与脱贫攻坚的背景

坚决打赢脱贫攻坚战既是党的重要历史使命，也是我国全面建成小康社会的基础目标，需要来自政府、市场和社会的多元力量的积极参与①。2017

---

* 赵小平，北京师范大学非营利管理博士，清华大学公共管理学院博士后，北京七悦社会公益服务中心副研究员，北京师范大学国际 NGO 与基金会研究中心兼职研究员，主要研究方向为社会组织参与、社会治理创新。

① 蔡科云：《政府与社会组织合作扶贫的权力模式与推进方式》，《中国行政管理》2014 年第9 期；袁岳驷：《充分发挥社会组织柔性扶贫优势》，《人民论坛》2019 年第 29 期。

年 11 月，国务院扶贫开发领导小组发布了《关于广泛引导和动员社会组织参与脱贫攻坚的通知》，指出："社会组织是我国社会主义现代化建设的重要力量，是联系爱心企业、爱心人士等社会帮扶资源与农村贫困人口的重要纽带，是动员组织社会力量参与脱贫攻坚的重要载体，是构建专项扶贫、行业扶贫、社会扶贫'三位一体'大扶贫格局的重要组成部分。"

在国家号召和机构使命的双重驱动下，社会组织积极参与脱贫攻坚事业。据《中国新闻网》提供的数据，不完全统计，2018 年我国正式参与脱贫攻坚（安排专项扶贫资金和项目）的全国性社会组织约为 686 家，供给实施脱贫攻坚项目 1536 个，年度扶贫资金总额约为 323 亿元，帮助建档立卡贫困户的数量约为 581 万人，主要服务集中在产业、教育、异地搬迁扶贫等领域，在产业信息汇集、行业资源聚集、专业人才密集等方面发挥了积极的作用。[①]

为了更加具体地呈现全国性社会组织参与脱贫攻坚的情况，本文将以 56 家全国性非公募基金会（也是全国性社会组织参与脱贫攻坚的主力之一）2018 年参与脱贫攻坚的数据[②]为基础，回答以下问题：

1. 全国性社会组织参与脱贫攻坚的组织特征有哪些？
2. 全国性社会组织参与脱贫攻坚的投入情况和主要成效有哪些？
3. 全国性社会组织参与脱贫攻坚的主要挑战和应对策略有哪些？

二 全国性非公募基金会参与扶贫攻坚的组织特征

本部分将以全国性非公募基金会为例，展示参与脱贫攻坚的全国性社会组织的组织特征，主要包括机构类型、成立时间、业务主管单位、专职工作人员数量、年度捐赠收入和年度总支出等方面。

---

① 李琭璐：《社会组织成为中国脱贫攻坚的重要力量》，《农民日报》2019 年 7 月 10 日，第 4 版。

② 资料来源于国家民政部的统计数据。

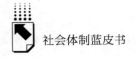

1. 机构类型

从机构的类别属性来看，本次参与分析的均为非公募基金会。从是否获得慈善资格认定来看，2018 年参与扶贫的 56 家基金会中，10.71% 被认定为慈善组织，89.29% 尚未被认定为慈善组织（见图 1）。

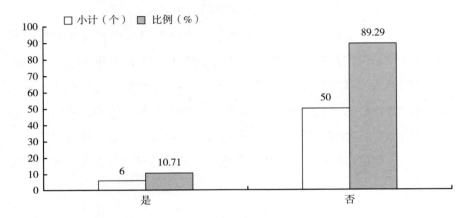

图 1　慈善组织资格认定

2. 成立时间

从成立时间来看，在 1994～2007 年、2008 年、2009～2016 年成立的基金会分别占比 19.64%、69.64%、10.71%。其中最早的成立时间为 1994 年，最晚的为 2016 年，2008 年成立的基金会数量最多（见图 2）。

3. 业务主管单位

从业务主管单位类别看，民政部主管的基金会共计 38 家，占比 67.86%；其次为教育部主管的基金会，共计 8 家，占比 14.29%；其他部门主管的合计为 10 家，占比 17.86%（见图 3）。

4. 专职工作人员数量

从专职工作人员看，大多数基金会的专职工作人员数量在 0～10 人。39.29% 的参与扶贫的基金会的专职工作人员数量在 0～5 人；42.86% 的基金会的专职工作人员数量在 6～10 人；17.86% 的参与扶贫的基金会的专职工作人员数量在 11 人及以上（见图 4）。

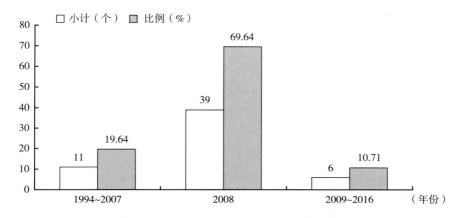

图 2 2018 年参与扶贫的基金会的成立时间分布

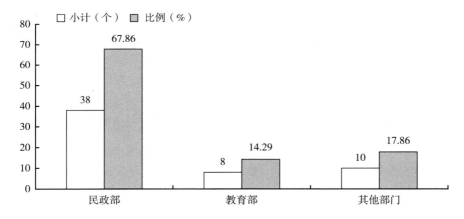

图 3 2018 年参与扶贫的基金会的业务主管单位分布

5. 年度捐赠收入

从本年度捐赠收入合计看，其中大部分参与扶贫的基金会的年度捐赠收入在 5000 万元以下（不含 5000 万元），其中 30.36% 的基金会本年度捐赠收入小于 1000 万元，37.50% 的基金会捐赠收入为 1000 万~5000 万元（不含 5000 万元）。此外，2018 年度捐赠收入在 5000 万~1 亿元（不含 1 亿元）和 1 亿元及以上的基金会占比均为 16.07%（见图 5）。

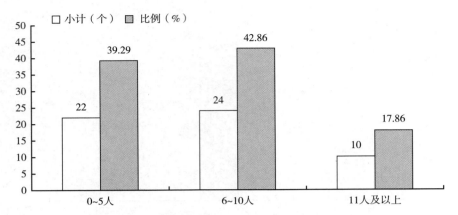

图4 2018年参与扶贫的基金会的专职工作人员数量分布

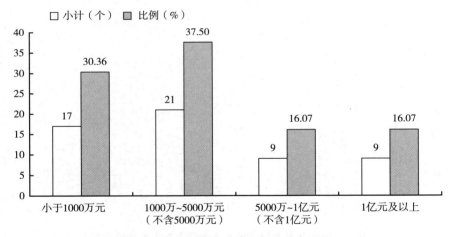

图5 2018年参与扶贫的基金会本年度捐赠收入

6. 年度总支出

从2018年总支出看，本年度总支出在1000万元以下的基金会占比26.42%，1亿元及以上的基金会占比20.75%，支出为1000万～5000万元（不含5000万元）、5000万～1亿元（不含1亿元）的基金会占比分别为43.40%、9.43%。可以明确地看到，2018年总支出在5000万元以下的基金会占绝大部分（见图6）。

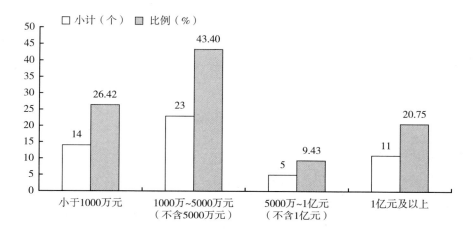

图6　2018年参与扶贫的基金会本年度总支出分布

7. 年度公益总支出

从2018年用于公益事业的总支出来看，用于公益事业的支出在1000万元以下的基金会占比29.63%，1亿元及以上的基金会占比20.37%，在1000万~5000万元（不含5000万元）、5000万~1亿元（不含1亿元）的基金会占比分别为40.74%、9.26%（见图7）。

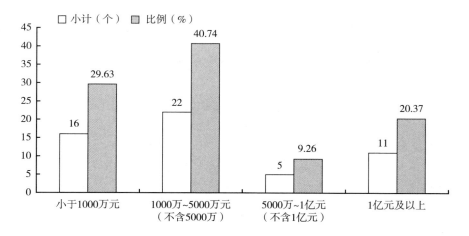

图7　2018年参与扶贫的基金会本年度的公益总支出

三 全国性非公募基金会参与脱贫攻坚的 投入产出和成效

（一）全国性非公募基金会参与脱贫攻坚的情况

1. 项目数量

从基金会参与脱贫攻坚的项目个数来看，2018 年基金会投入扶贫攻坚项目个数的平均值为 3.625 个，其中大多集中于 1～3 个，其中实施 1 个和 2～3 个的基金会均占比 33.93%，实施了 4～5 个项目的基金会占比 17.86%，实施了 6 个及以上项目的基金会占比 14.29%（见图 8）。

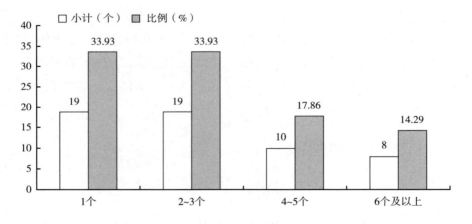

图 8　2018 年基金会参与扶贫的项目个数

2. 扶贫项目支出

从扶贫项目支出看，58.93% 的基金会的扶贫项目支出在 300 万元以下（不含 300 万元），其中 33.93% 的基金会的扶贫项目支出为 100 万元以下，25.00% 的基金会的项目支出在 100 万～300 万元（不含 300 万元）。而其余的基金会中扶贫项目支出为 300 万～1000 万元（不含 1000 万元）的占比为 17.86%，1000 万元及以上的占比为 23.21%（见图 9）。

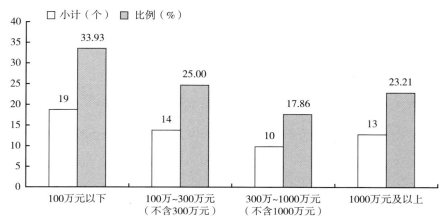

图9　2018年参与扶贫的基金会的项目支出分布

3. 扶贫项目类别

从2018年参与扶贫的基金会的扶贫项目类别看，2018年参与扶贫的基金会的扶贫项目主要为教育扶贫，占比为73.21%；第二为产业扶贫，占比为41.07%；第三为健康扶贫，占比为37.50%；第四为直接救助，占比为30.36%；第五为基础设施，占比为28.57%；最后为志愿扶贫和项目类别扶贫，均占比8.93%（见图10）。

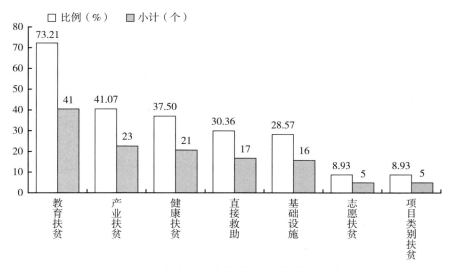

图10　2018年参与扶贫的基金会的扶贫项目类别

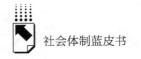

（二）全国性非公募基金会参与脱贫攻坚的产出与成效

1. 受益户数

从受益户数可以看出，39.29%的扶贫基金会的受益户数在1000户以上；其次为0~100户（含100户），占比28.57%；排在第三的是101~300户（含300户），占比19.64%；最后为301~1000户（含1000户），占比12.50%（见图11）。

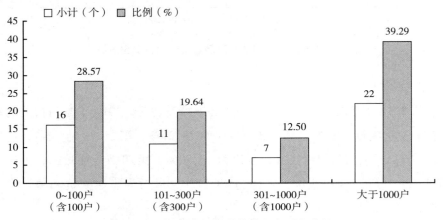

图11　2018年参与扶贫的基金会受益户数

2. 受益人数

从2018年参与扶贫的基金会帮扶的受益人数分布看，75%的基金会帮扶人数在100人以上，其中48.21%的基金会帮扶人数在1001~5000人、501~1000人的基金会占比14.29%、101~500人的基金会占比12.50%。有25.00%的基金会帮扶人数为0~100人（见图12）。

3. 扶贫涉及省份

从2018年参与扶贫的基金会帮扶项目涉及的省份分布来看，2018年参与扶贫的基金会帮扶项目共计涉及23个省份左右，主要是四川（28.57%）、云南（25.00%）、新疆（23.21%）、甘肃（21.43%）、青海（17.86%）、西藏（17.86%）、贵州（14.29%）和湖南（12.50%）（见图13）。

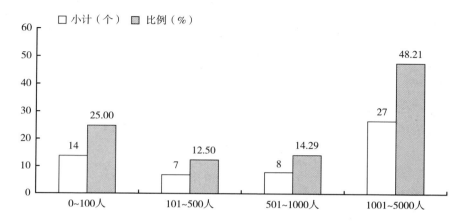

图 12　2018 年参与扶贫的基金会帮扶的受益人数分布

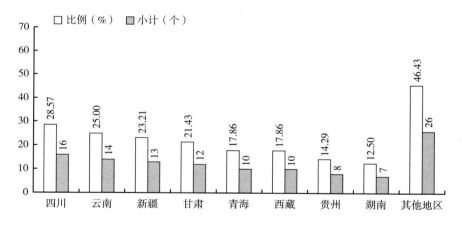

图 13　2018 年参与扶贫的基金会帮扶项目涉及的省份分布

4. 主要成效

全国性非公募基金会参与脱贫攻坚，许多都并不是简单的款物捐赠，而是带有专业视角的服务项目，比如产业发展、教育提升、医疗扶贫、环境改善等。因此，从效果来看，主要可以概括为以下几个方面。

（1）改善了贫困地区群众的生存和发展质量

社会组织参与脱贫攻坚，不仅带去了资金，而且带去了专业化的服务，同时集中于某个或几个社区发力，因而对改善当地贫困群众的生存和发展质量产生了积极的影响①。比如，2001年以来，香江社会救助基金会开展了"香江孤儿援助项目"，他们借助各地民政局和妇联渠道，为近千名贫困孤儿送去成长援助资金，改善了孩子们的居住环境，添置了崭新的学习、运动、游戏设施。又如，友成企业家扶贫基金会在贵州龙塘开展的旅游扶贫项目已经取得初步成效，对改善村民居住条件起到了积极作用，未来通过旅游开发将进一步提升群众的生计质量。

（2）探索和提供贫困地区可持续发展的模式

是否可持续是脱贫攻坚项目成败的核心指标，也是脱贫攻坚胜利后是否顺利走向乡村振兴的关键所②。一些具有创新精神和发展意识的非公募基金会，已经将可持续发展作为核心理念放入了项目模式之中。虽然这样的项目还不是很多，成功者更是寥寥无几，但却代表了社会组织参与脱贫攻坚的重要方向。比如，招商局基金会的精准扶贫项目中，已经明确将"赋权贫困群众，激发内源动力，整合多方资源，促进内外协同，建立可持续自力更生机制"作为项目的核心理念，形成了"产业扶贫""健康扶贫"和"教育扶贫"三维立体的项目格局。再如，2016年，北京大学教育基金会"探索'1+8'帮扶模式加快推进精准扶贫工作"入选教育部直属高校精准扶贫精准脱贫十大典型项目。

（3）汇集了宝贵的人力、财力和物力资源

作为联结社会各界爱心人士（机构）和贫困地区的纽带，资源动员是基金会的核心特长，这里的资源不仅包括项目资金和物资，还包括专业技术人才和相关机构③。比如，腾讯公益慈善基金会依托其独特而富有成效的网络募捐平台大显身手。这个平台就是民政部指定的20家慈善组织互联网募捐信息平台之一的"腾讯公益"。2018年腾讯公益平台上90%以上的公益项目

---

① 赵佳佳、韩广富：《港社会组织扶贫及其启示》，《理论与改革》2016年第2期；席晓丽：《社会组织参与精准扶贫的作为空间有多大》，《人民论坛》2017年第19期。

② 苟天来、唐丽霞等：《国外社会组织参与扶贫的经验和启示》，《经济社会体制比较》2016年第4期。

③ 黄林、卫兴华：《新形势下社会组织参与精准扶贫的理论与实践研究》，《经济问题》2017年第9期。

在扶贫领域中募款 17.25 亿元，超过当年其他 19 家网络募捐平台筹款金总额。又如，清华大学教育基金会动员清华大学教育资源，在贫困地区建立了 1080 个县级教育机构，在 2520 个乡镇中小学建立了 3600 多个远程教学站，覆盖了全国 592 个国家级贫困县中的 522 个，覆盖率达到 88%；每年提供的课程（包括远程和面授）超过 2000 学时，累计培训人次近 160 万，课程内容涉及基层干部培训、中小学师生培训、基层卫生及医疗培训等多方面。

四 全国性社会组织参与脱贫攻坚的主要挑战

（一）社会组织自身层面：项目实施的专业能力亟待加强

1. 社会组织的专业能力总体不足

（1）专业短板制约了社会组织解决问题的能力

不少社会组织经过摸索，找准了服务对象的需求，但其中一些却因为缺乏专业能力而无法去满足[1]。俗话说"没有金刚钻，别揽瓷器活"，缺乏能力的社会组织就在这些"瓷器活儿"面前一筹莫展。比如，基于扶贫开发的显性需求，不少基金会将自己的项目定位到农民产业发展上，但在面临下列这些问题时却显得"心有余而力不足"：如何动员农民主动参与发展而不是"着急分钱"、如何选择适合当地发展的生计领域并保障生产技术、如何找到专业人才设计可行的市场营销渠道等。除了生计发展外，教育、医疗、环保等其他领域都有各自的专业门槛，需要基金会整合专业力量予以回应。

（2）需求调查方法的科学性和有效性需要提升

虽然绝大多数社会组织在脱贫攻坚中都有"问题导向、需求导向"的意识，但是一些机构在需求调查方法上存在"过于迷信问卷、量表"、"抽样方法不科学"或"不了解质性调查方法"等问题，导致了在需求未摸准的同时还浪费了资源。

---

① 张宏伟：《社会组织扶贫的困境与出路》，《人民论坛》2017 年第 35 期。

2. 项目的管理能力不足

无论项目设计得如何完美，没有足够的项目管理能力，就无法达到预期效果，这里包括两个方面：一是项目各个环节的管理与执行能力；二是项目执行团队的管理能力，比如对员工或志愿者的激励。从现实中看，这两个方面都很可能成为社会组织开展扶贫项目的薄弱环节。比如，某基金会执行了某企业捐赠的上千万量级的项目，但"扎根"项目地的执行团队却仅仅配备了 2～3 位刚毕业或工作经验不满两年的大学生。虽然项目的总体框架和思路已经由基金会高层和企业及当地政府达成共识，但具体操作却面临重重困难，比如单就与诸多村民（各异的价值诉求和行为习惯）的交往，可能就会让执行团队心力憔悴。最终，不仅项目执行滞后，而且执行团队的人员流失率也很高。

（二）行业层面：核心技术模式亟须梳理，服务行业的平台和机制亟须完善

1. 社会组织参与脱贫攻坚的服务模式和核心技术亟须得到专业机构的梳理

社会组织参与脱贫攻坚，在专业性上遇到瓶颈，不能责怪其不够勤奋和努力，更大的原因恐怕是专业研究和支持性机构的"缺位"，即社会组织在遭遇"难点重点"问题时，得不到有质量的专业支持，进而摸不准症结，找不到方向，导致其既要做一线服务还要做研究探索，不仅力不从心，而且极不擅长，最终陷入困局。

因此，以脱贫攻坚为主题，以"生计发展""教育扶贫""医疗扶贫"等领域为线索，以现实问题为导向，以典型（尤其是优秀示范）案例为抓手，进行深度的服务模式和核心技术梳理，进而将部分社会组织卓有成效的实践"加工"成为有现实指导意义的知识产出，不仅必要，而且非常急迫。

2. 在脱贫攻坚中，社会组织各自为战，能够促进行业形成合力的中介平台及其促进机制还较为缺乏

社会组织参与脱贫攻坚，各自为战并无不妥，但在需要合作或协同时，缺乏一个有效的平台或机制就会降低效率、提升成本、增加失败的风险。在

现实中，可持续的扶贫项目（尤其是生计发展项目），无论从技术复杂度还是操作难度看都极具挑战，靠单一力量很难完成。从目前非公募基金会参与脱贫攻坚情况来看，有的基金会擅长于资源（尤其是资金）筹集，有的基金会擅长于项目设计，有的基金会在一线执行方面具有丰富的经验，如果这些机构能够将特长有机整合，那么无疑将极大地提升项目成功的概率。从行业来看，值得欣慰是，我国非公募基金会已经有了一个协作议事平台（非公募基金会论坛），也发挥了较好的行业促进作用，但是就"脱贫攻坚"这个重要的专题来看，还缺乏足够的服务内容和促进机制。

五　主要结论与政策建议

（一）主要结论

总体来看，全国性社会组织在参与脱贫攻坚的事业中发挥了积极的作用，取得了较好的成效，但也面临诸多挑战。

第一，参与脱贫攻坚的全国性社会组织，其项目类别比较多元，涉及生计发展、教育、医疗、异地搬迁、环境保护等多个领域。

第二，参与脱贫攻坚的全国性社会组织，已经突破了传统的款物援助的简单模式，开始朝向更加专业和可持续的方向探索。虽然目前的水平总体还较低，但却代表了一个重要的发展方向。

第三，从成效来看，全国性社会组织参与脱贫攻坚，一是改善了贫困地区群众的生存和发展质量；二是探索和提供了贫困地区可持续发展的模式；三是汇集了宝贵的人力、财力和物力资源。

第四，全国性社会组织参与脱贫攻坚，也面临诸多挑战，其中最核心的是专业能力不足，包括两个方面：一是社会组织设计和实施项目的专业能力不足，解决不了项目运作中的技术门槛，最终导致项目阻滞；二是社会组织管理项目及其团队的能力不足，造成项目延期或人员流失严重。

第五，在行业支持层面也存在两个亟待提升之处：一是社会组织参与脱

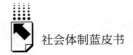

贫攻坚的服务模式和核心技术亟须得到专业机构的梳理并为行业所用；二是在脱贫攻坚中，社会组织还主要是各自为战，能够促进行业形成合力的中介平台及其促进机制还较为缺乏。

第六，从政策层面看，中央无论是从态度还是工作内容上，都对支持社会组织参与脱贫攻坚进行了明确的指示和清晰的部署，但在具体落实层面还有很长的路要走。

（二）政策建议

建议各级政府加大落实中央关于支持社会组织参与脱贫攻坚政策的力度，重点从以下几个方面入手。

第一，进一步加强社会组织参与脱贫攻坚的专业能力提升。一是提升能力建设（如培训、工作坊和个体咨询服务）的及时性和服务质量；二是建立专业督导平台（如热线、督导团等），让社会组织在脱贫一线遇到专业问题时可以及时找到支持者；三是政府出台相关利好政策，鼓励优秀专业人才加入社会组织共同投身扶贫发展事业。

第二，进一步加快推进脱贫攻坚的项目模式总结和知识产出。一是要收集典型案例（正面典型和负面典型）并建立案例库，深度剖析其参与脱贫攻坚过程中解决技术难题的能力、条件和获得的方式，或者陷入困境的原因和解决方法；二是要以"既能了解实务又有梳理总结能力"为标准，建立社会组织参与脱贫攻坚"知识生产"的专家库；三是提供专项经费，为"模式总结"和"知识产出"提供必要的物质保障；四是要积极借鉴国际经验，加大对已有国际文献的研究、案例收集和相关技术与经验的本土转化。

第三，鼓励社会组织在脱贫攻坚中开展合作，实现资源互补与工作协同。一是支持建立服务社会组织参与脱贫攻坚的中介机构的发展；二是鼓励已有的行业平台加强在"脱贫攻坚"专题上的专业服务力度；三是鼓励建立社会组织在脱贫开发中共建共享的合作机制。

第四，加大资源投入，鼓励社会组织、企业与政府形成战略协同。一是加大政府购买力度，让更多擅长专业服务的社会组织加入扶贫事业中；二是设计资金配套机制，撬动更多的社会资源通过社会组织参与到脱贫攻坚中；三是鼓励政企社合作，充分发挥政府在宏观调控、企业在专业技术、社会组织在社会动员方面的优势，共同推进脱贫攻坚事业的发展。

公共安全与应急管理篇

Public Safety and Emergency Management Reports

B.18
统筹完善两种类型的应急管理体系

龚维斌 *

摘　要：　在新冠肺炎疫情防控中，多数国家采取非常规甚至超常规应
　　　　　急管理方式。在非常规应急管理方面，中国依靠党的正确领
　　　　　导、社会主义制度优越性、全国人民密切配合支持取得了阶
　　　　　段性战略成果。本文以总结此次新冠肺炎疫情防控为契机，
　　　　　提出完善常规及非常规应急管理体系的措施，以实现两种应
　　　　　急管理模式的平滑转换。

关键词：　应急管理体系　常规应急管理体系　非常规应急管理体系

---

* 龚维斌，中共中央党校（国家行政学院）社会和生态文明教研部主任、教授，主要研究方向
　为社会建设、社会治理。

　　根据突发事件的性质，应急管理可以分为常规突发事件应急管理和非常规突发事件应急管理两种形态。非常规突发事件特指事件发生前兆不充分，并表现出事件稀有性、时间紧迫性、后果严重性等明显的复杂性特征，采用常规管理方式难以应对处置的突发事件。因此，应急管理可以分为常规应急管理和非常规应急管理。非常规突发事件应急管理是用于应对那些发生概率很小的"黑天鹅事件"。2020 年新冠肺炎疫情防控明显超出常规应急管理的能力，绝大多数国家采取非常规甚至超常规应急管理方式。在非常规应急管理方面，中国具有独特优势。这种优势来源于中国共产党的正确领导，来源于社会主义制度可以集中力量办大事，来源于全国人民密切配合支持。因此，应该以总结此次新冠肺炎疫情防控为契机，深入研究我国应急管理体系的优势，查找存在的薄弱环节，统筹完善常规应急管理体系和非常规应急管理体系，进一步提高防范化解风险和有效处置突发事件的能力。

一　完善常规应急管理体系

（一）进一步增强综合协调功能

　　2003 年"非典"之后，我国开启了以"一案三制"为核心内容的现代应急管理体系建设，应急管理的规范化、法治化和科学化水平不断提高。为进一步提高综合应急能力，2018 年 3 月，作为深化党和国家机构改革的重要成果，我国组建了应急管理部，把原来分散在 11 个部门的 13 项职责和 5 个国家指挥协调机构的职责，集中由一个部门负责，推动形成统一指挥、专常兼备、反应灵敏、上下联动、平战结合的中国特色应急管理体制。根据机构改革的"三定"方案，应急管理部主要负责自然灾害和事故灾难两大类突发事件的应急管理工作。《中华人民共和国突发事件应对法》中规定的公共卫生事件和社会安全两大类突发事件仍然由卫生行政和公安政法部门牵头负责。正是由于这个原因，在抗击新冠肺炎疫情中应急管理部除了少量应急物资保障外，参与的机会并不多。机构改革前，国务院应急管理办公室，承

担着应急值守、信息汇总和综合协调等方面的应急管理职能，虽然级别不高，但作为国务院办公厅的内设机构，它的信息汇总和综合协调能力很强。应急管理部作为国务院组成部门，虽然行政级别高、地位有所提升，但是，在一定意义上对其他平行部门的综合协调能力有所弱化。因此，需要进一步强化应急管理部综合管理功能，建议成立中央应急管理委员会，将其办公室设在应急管理部，加强对其他部委的统筹协调和全面信息汇总能力。

（二）推进落实"十三五"应急规划

2017年初，国务院办公厅印发了《国家突发事件应急体系建设"十三五"规划》。这个规划是继"十一五"规划和"十二五"规划之后的第三个应急体系建设专项规划，是在总结前10年应急体系建设经验基础上精心编制的规划。"十三五"应急体系建设规划涉及的总体思路、基本原则、建设目标和主要任务、重点项目和保障措施是经过反复论证的，具有合理性、科学性和可行性。当前"十三五"规划已经进入收官阶段，应急体系建设规划落实情况如何，需要通过检查评估等方式加以推进，原来承担规划落实的机构和单位可能因为机构改革受到影响，这就需要及时调整跟进。否则，规划的落实有可能大打折扣甚至成为一纸空文。同时，启动"十四五"时期应急体系建设规划的研究和编制工作。

（三）尽快启动新一轮预案体系修编工作

应急预案连接着应急管理的过去、现在和未来，是应急管理体制机制和法制实现的载体，在应急管理中具有重要作用。从2005年起，经过多年的努力，我国已经形成了"横向到边、纵向到底"比较完备的突发事件应急预案体系。从实际效果看，应急预案体系还存在诸多问题：一是编制的科学性、针对性和可操作性不够；二是预案体系不完整；三是缺少经常性的、有效的预案演练；四是更新修订不及时。面对新的经济社会发展形势，特别是应急管理部的成立以及相应的体制机制调整，原有应急预案已经不能适应新的情况新的要求。因此，需要尽快全面启动新一轮预案修订和编制工作。

（四）高度重视基层应急能力建设

突发事件一般发生在基层。基层是预防和处置突发事件的第一道防线，是应急管理的主战场。基层群众是应急管理的第一响应人。新冠肺炎疫情防控取得阶段性战略成果的经验之一是实行基层社区联防联控和群防群治。在此过程中，也暴露出基层应急能力还存在诸多问题和不足。社区、企事业单位、学校医院等各类机构都是基层的组成部分。比较而言，社区应急能力更加薄弱。因此，应急管理需要进一步重心下移，进入基层、打好基础。基层应急管理首先要分类指导，根据基层单位特别是不同类型社区的实际情况，确定应急准备的重点任务和推进措施。

二　完善非常规应急管理体系

（一）强化对重大风险的研究

各级党委、政府部门以及各类企事业单位应借总结评估"十三五"规划、研究"十四五"规划的契机，深入分析应急管理面临的形势和任务、优势和经验、问题和不足，对重大风险和重大挑战做出研判。特别是在此次疫情可能引发世界经济政治格局新变化，在互联网和新生代成为社会发展的主流、主力的时代，会有哪些风险和挑战，要开展前瞻性分析。对于"黑天鹅"具体是什么形状、何时出现、以什么方式出现，也许无法精准预测，但是应该对于它们出现的态势、可能的影响范围和程度做出长时段的分析和研判。重大风险涉及全局，不是一个地区、一个部门的事情，应该由中央相关部委联合相关科研机构分领域、分类型进行研究。要注意把握风险演化的规律，科学设置防火墙、隔离带，防止一个很小的风险演化成为影响全局的巨大风险，防止经济领域的风险、民生领域的风险、公共卫生领域的风险、技术领域的风险向意识形态领域和政治领域扩散。

（二）优化相关体制机制

新冠肺炎疫情防控中习近平总书记亲自指挥、亲自部署，中央政治局常务委员会和中央政治局多次召开会议研究部署疫情防控工作。成立中央应对疫情工作领导小组、党中央向疫情严重地方派出中央指导组、国务院成立疫情联防联控工作机制。中央应对疫情工作领导小组由李克强总理担任组长，中央政治局常委王沪宁任副组长。国务院疫情联防联控工作机制由国家卫生健康委员会牵头建立，其成员单位共 32 个部门。疫情联防联控工作机制下设疫情防控、医疗救治、科研攻关、宣传、外事、后勤保障、前方工作等工作组，分别由相关部委负责同志任组长，明确职责，分工协作，形成防控疫情的有效合力。中央指导组组长由中共中央政治局委员、国务院副总理孙春兰担任。中央赴湖北指导组下设 7 个组，涉及物资保障、医疗救治、专家、督查、社会稳定等工作，成员来自国务院及其组成部门。各省（自治区、直辖市）和地方各级党委、政府也分别成立了疫情防控指挥部。这些组织设置和制度安排对于科学做出决策、有效落实决策发挥了重要作用。要认真研究这些体制安排的内在逻辑和运行特点，充分吸收和借鉴这些创新成果，用于进一步完善非常规应急管理的体制机制，处理好决策与执行的关系，处理好属地管理为主与上级指导支持帮助的关系，处理好党委领导、政府负责与多元参与的关系。

（三）加强城市关键基础设施建设

现代城市是一个复杂的巨系统，由无数个子系统和相关的基础设施支撑着，其中一些基础设施处于关键环节，发挥关键作用，属于关键基础设施，例如，供水、供电、供气、供热、交通、通信等，任一类型关键基础设施出现问题，都会危及城市的正常运转，严重的可能产生"蝴蝶效应"，诱发非常规重大突发事件。而非常规重大突发事件发生后，如果城市关键基础设施供给跟不上、质量有问题、分配不均衡甚至中断，都会加剧突发事件的危害，放大非常规突发事件的风险。在信息化高度发达的今天，人们的生产生活更多依赖互联网，联络化生存已经成为普遍现象，这既是重大的社会进步，也带来巨大的社会安全隐患。互联网成为现代社会新型关键基础设施，而且这种基础设施存在于数字化空间中，边界处于流动不定的状态，很容易遭到人为攻击破坏，因此，确保网络稳定安全是维护关键基础设施的重要任务。

（四）健全重大战略物资储备制度

根据新形势下各类风险发生、发展和演变的特点，进一步完善应急物资分类，区分生活保障类应急物资和处置救援类应急物资、一般性应急物资和战略性应急物资等。确立和完善战略性应急物资实物储备和生产能力储备的种类、数量、质量、地点、主体、责任、保障等制度。抗击新冠肺炎疫情表明，呼吸机就是重大的战略性应急救援设备，它关系人的生命安危。此外，不起眼的口罩在重大传染病大面积暴发时也是重要的战略物资。进一步完善应急物资分类分级管理制度，对于涉及全局的重大战略性应急物资应由中央统筹安排、集中储备、生产和调运，确保安全高效，防止分散化管理带来的漏洞和低效。

三 两种应急管理模式平滑转换

由常规应急向非常规应急转换、由非常规应急向常规应急转换，不仅仅是应急响应等级升降的问题，还涉及应急的决策、执行、协调、保障等体制机制，应该尽量逐步平缓过渡，避免"热启动"大起大落，对经济社会秩序造成剧烈冲击。这样的转换节奏和效果不仅取决于平时的工作准备，也与战时的应急管理密切相关。

（一）加强党的领导

中国共产党领导是中国应急管理最大的特点也是最大的优势，这已经被无数次应急管理实践所充分证明，特别是从全球应对新冠肺炎疫情中更能清晰地看到这一点。正是中国共产党强有力的正确领导，才使我国率先成功控制住疫情的蔓延，为世界做出了贡献。面对日益复杂、充满不确定性的世界，无论是常规应急管理体系建设还是非常规应急管理体系建设，首要的任务是要从思想上、政治上、组织上和行动上进一步加强党的领导，牢固树立"四个意识"、坚定"四个自信"、做到"两个维护"。要教育引导广大干部群众听从习近平总书记和党中央的统一指挥、令行禁止、步调一致，反应灵敏、运转高效，确保应急管理特别是非常规应急管理时更好地集中力量、集中资源，打好突击战、阻击战。广大党员要牢记入党誓词，在困难和危险面前，不怕牺牲、冲锋在前；牢记党的宗旨，将以人民为中心、生命至上的理念落实到具体的应急处置行动中。在以习近平同志为核心的党中央的坚强领导，9000多万党员的先锋模范作用，是我国战胜各种困难险阻的制胜法宝。要加强教育培训，提高各级领导干部应急管理能力，特别是要提高他们对突发事件早发现、早研判、早预警、早处置的能力。

（二）强化全民风险意识

习近平总书记高度重视防范化解重大风险。2017年10月，习近平总书记在党的十九大报告中号召全党要坚决打好防范化解重大风险攻坚战。2019年1月21日，习近平总书记在省部级主要领导干部坚持底线思维着力防范化解重大风险专题研讨班开班式上再次强调"坚持底线思维，增强忧患意识，提高防控能力，着力防范化解重大风险"。习近平在讲话中就防范化解政治、意识形态、经济、科技、社会、外部环境、党的建设等领域重大风险做出深刻分析、提出明确要求。2020年4月，面对疫情防控新形势，习近平总书记在中央深改委第十三次会议上要求把防风险、打基础、惠民生、利长远的改革有机统一起来。因此，防范和化解重大风险是全党全军全国各族人民的共同任务和共同责任。做好这项重大任务，首先要有强烈的风险意识和危机意识，居安思危、常备不懈。古人云："生于忧患、死于安乐。"有备不一定无患，但是，无备必有大患。对于各类风险要坚持底线思维，宁信其有、不信其无，绝不能抱侥幸心理。

（三）提高全社会抗逆力

抗逆力（resilience）也被称作复原力、韧性，本来是物理学的概念，后来被灾害管理和应急管理学科借用，大意是承受挫折的能力。所谓社会抗逆力就是灾害过后社会能够快速恢复其正常的运转功能。现代化程度越高，人们越不可能生活在一个自给自足、老死不相往来的封闭小世界里。人们相互之间的联系越紧密，社会系统的脆弱性就越强，维持系统正常运转的任何一个微小环节出了故障都可能导致整个系统瘫痪。如果不是人员全球范围内大规模流动，很难想象一个小小的新冠肺炎病毒会让整个世界几乎停摆。随着互联网的普及和信息化程度的提高，人们更容易获取外界的信息，与社会各界的交流也更容易，人们对风险的感知能力大大增强。比较而言，由于信息传播渠道少人们获得信息的能力有限，传统社会里很多大的灾难不被外界知晓，其风险被缩小。生活条件越好，人们对生活质量和健康安全的要求就越高，但对风险的忍受力却降低。因此，无论是从整体还是从个体角度看，都需要提高全社会的抗逆力，增强全社会对各类灾难和风险的适应性。提高全社会抗逆力不是要退回到小国寡民时代，而是要敬畏自然、顺应自然、保护自然，尊重客观规律，夯实抗击风险的基础，传统与现代方法相结合，做好必要的备份，提高社会抗压能力。如果准备充分一些，武汉市新冠肺炎疫情防控初期的慌乱局面就可以减少很多。

（四）做好情境式应急准备

为了提高风险准备的针对性和应急管理的科学性，美国在2001年"9·11"事件之后，开始采取情景构建式应急准备。情景构建是结合大量历史案例研究、工程技术模拟对某类突发事件进行全景式描述（包括诱发条件、破坏强度、波及范围、复杂程度及严重后果等），并依此开展应急任务梳理和应急能力评估，从而完善应急预案、指导应急演练，最终实现应急准备能力的提升。情景构建式应急准备弥补了传统应急准备根据应急主体的职责确定应急处置任务和措施的弊端，不是有什么能力和资源干什么事情，而是根

据应急任务准备相应的应急能力,其运作的逻辑是"情景－任务－能力"。这是应急准备理念和方法的重要革命。因此,在风险研判的基础上,各级党委、政府部门、企事业单位和各种组织机构都应该学会运用情景构建式的方法,分门别类地对本地区、本行业、本系统、本领域、本单位可能发生的各类自然灾害、事故灾难、公共卫生事件和社会安全事件等,特别是重特大突发事件,进行情景设定和描述,开展应急管理目标和任务分析,研究和确认所需要的能力和资源,提高应急准备的准确性和科学性。

参考文献

范维澄、霍红、列勋、翁文国、刘铁民、孟小峰:《"非常规突发事件应急管理研究"重大研究计划结题综述》,《中国科学基金》2018 年第 3 期。

尚勇:《构建新时代中国特色应急管理治理体系》,《中国机构改革与管理》2019 年第 11 期。

王永明:《重大突发事件情景构建理论框架与技术路线》,《中国应急管理》2015 年第 8 期。

刘铁民:《将巨灾应急准备和能力建设上升为国家战略》,《中国党政干部论坛》2020 年第 3 期。

2019年中国应急管理体制改革：
在挑战中探索前行

王宏伟 *

摘　要：　2019 年，我国完成了各级政府的应急管理机构改革。在改革
成效开始显现的同时，重大突发事件的发生也对应急管理改
革提出了挑战。这一年，我国以改革成效回应了社会的质疑，
以改革措施提升了应急管理水平。而且，新冠肺炎疫情凸显
了以深化改革推动应急管理现代化的必要性。

关键词：　应急管理改革　应急管理　公共卫生

2019 年是应急管理部组建到位后全面履职的第一年，各项改革措施落
地生根并成效初显。同时，随着应急管理体制改革不断向地方和基层推进，
遭遇了诸多始料未及的困难和问题。特别是 3 月 21 日，江苏响水县化工园
区发生特大爆炸事故，造成严重的人员伤亡和财产损失。3 月 30 日，四川
省凉山州发生木里特大森林火灾，31 名灭火队员和地方工作人员在应急响
应行动中不幸遇难。一时间，社会上出现有关应急管理改革成效的"噪
声"。

面对各种挑战与瓶颈，应急管理部门顶住压力、砥砺前行，创造性地开
展工作，扎实推进各项改革措施，有力地回应了各种误解和质疑。2019 年

---

* 王宏伟，中国人民大学公共管理学院副教授，主要研究方向为应急管理。

11 月 29 日，在党的十九届四中全会刚刚闭幕后不久，习近平总书记主持中央政治局第十九次集体学习，专题研究应急管理体系和能力现代化建设，回答了应急管理改革与发展面临的重大基础性问题，给中国应急管理体制改革未来的发展指明了前行的方向。同年 12 月，新冠肺炎疫情的发生是对我国国家治理体系和治理能力的一次大考，同时也开启了我国深化应急管理改革的一个机会之窗。

一　以改革成效回应质疑

如果说 2018 年是应急管理改革的起步之年，那么，2019 年则是应急管理改革成效初显之年。2018 年，我国整合 11 个部门的 13 项职责，组建应急管理部，高效形成了新时代应急管理的"四梁八柱"。从 2018 年 3 月 22 日应急管理部召开首次全体干部大会到 2019 年 3 月 21 日江苏响水县爆炸事故发生，应急管理部门虽然要边改革、边应急，但总体上面临着较为平稳、顺畅的变革外部环境。响水爆炸事故共"造成 78 人死亡、76 人重伤，640 人住院治疗，直接经济损失 19.86 亿元"，是我国自 2015 年天津"8·12"危化品爆炸事故后发生的最严重的化工事故，引起了国内外广泛关注。9 天后，四川凉山州发生木里特大森林火灾，参与灭火的 27 名森林消防指战员和 4 名地方工作人员不幸牺牲。自 1987 年大兴安岭火灾 32 年后，森林火灾防救再次成为街头巷尾热议的话题。在体制重塑的背景下，这两起焦点事件也自然而然地与应急管理改革成效相关联。

新一轮应急管理改革是一项无先例可循的创新，是应急管理事业脱胎换骨式的重生。新生事物的出现往往伴随着对既有模式的冲击和既得利益的挑战，必然会遭遇一定的风险和不确定性，甚至会逼迫一些人走出"舒适区""动一些人的奶酪"。因此，自应急管理改革之初，各种"悲观论""怀旧论""观望论"就或明或暗地浮现。"悲观论"认为，应急管理改革难度太大，注定是一项难以完成的事业；"怀旧论"认为，应急管理改革后削弱了应急协调能力，协调力不如应急办时代；"观望论"认为，应急管理改革充满不确定性，某些部门还要"改回来"。江苏响水爆炸案和木里森林火灾发生后，这些论调持有者似乎找到了"佐证"，安全生产力量因改革被"摊薄"或"稀释"、森林火灾防救关系不顺等灾害事故归因说不胫而走。

如果将响水"3·21"爆炸与天津港"8·12"爆炸进行比较，前者造成78人死亡，后者导致165人死亡。而且，天津港爆炸事故发生于危化品仓库，而响水化工园区爆炸发生于企业正在生产运行的过程中，救援难度更大。响水爆炸事故发生后，国务委员王勇、应急管理部党组书记黄明在第一时间亲赴现场指挥救援。消防官兵舍生忘死，在现场及时搜救、抢救出生还者86人，彰显了国家综合性消防队伍强大的战斗力。在木里森林火灾处置过程中，灭火人员因突遇山火而不幸遇难，充分显现了森林灭火的不确定性和高风险性。至于坊间热议的"自然烧除法""打隔离带法""航空灭火法""灭火弹扑火法"等，或者不适合我国特定的国情，或者不契合现场救援的情境，难以实施。例如，木里火灾现场地处高原地带，山高林密坡陡，打隔离带困难重重且并非朝夕可就。

尽管上述两次灾害事故与改革并没有直接的联系，但不难想象，新组建的应急管理部门还是承受了巨大的压力。为了深刻吸取响水爆炸事故的教训，应急管理部牵头，全面摸排、研判危化品安全生产状况，采取了一系列的有效措施：一是制定了全面加强危化品安全生产工作的意见，相关立法也被提上日程；二是印发实施对化工园区和危化品企业进行风险排查的导则，派出专家对重点县开展指导服务；三是开展了对江苏省的安全生产专项整治督导，并在全国范围内部署开展危险化学品等重点行业安全生产集中整治。尽管这些措施属于"治标"之策，但治标可以为治本赢得宝贵的时间。在森林消防领域，应急管理部充分发挥国家森林草原防灭火指挥部的职责，不断完善体制机制，进一步积极理顺防救关系。

2019年，我国大事多、喜事多，维护公共安全与社会稳定的任务异常繁重。这一年，应急管理改革各项措施持续推进，边改革、边应急，边稳边建，有效处置了山西乡宁县"3·15"山体滑坡事件、响水"3·21"爆炸事故、山西沁源县"3·29"森林火灾、四川凉山"3·30"木里森林火灾、四川宜宾"6·17"长宁 6.0 级地震、贵州水城"7·23"山体滑坡、台风"利奇马"、广东"12·5"佛山森林火灾、四川宜宾"12·14"杉木树煤矿透水事故等重大突发事件。从自然灾害防治方面看，全国自然灾害因灾死亡失踪人口、倒塌房屋数量、直接经济损失占 GDP 比重较近 5 年均值分别下降了 25%、57% 和 24%。在安全生产方面，全国总体形势持续保持稳定，事故起数、死亡人数分别同比下降了 18.3% 和 17.1%，较大事故、重特大事故起数分别同比下降了 10.2% 和 5.3%。这些数字充分说明了应急管理改革的成效，有力地回应了一些人对应急管理改革的质疑。

二 以改革举措提升应急管理水平

2019 年，应急管理事业边改革、边应急，地方应急管理机构组建顺利完成，从国家到县级政府形成了完整的应急管理组织体系。应急管理制度建设取得了重大进展。2019 年 11 月 29 日，在中央政治局第十九次集体学习上，习近平总书记发表了重要讲话，指出："应急管理是国家治理体系和治理能力现代化的重要组成方面，承担防范化解重大安全风险、及时应对处置各类灾害事故的重要职责，担负保护人民群众生命财产安全和维护社会稳定的重要使命。要发挥我国应急管理体系的特色和优势，借鉴国外应急管理有益做法，积极推进我国应急管理体系和能力现代化。"这次讲话切中我国应急管理改革的弱项与短板，指明了深化应急管理改革、推动应急管理体系与能力现代化的方向。总体说来，2019 年应急管理部门采取了以下改革措施，提升了我国整体应急管理水平。

第一，形成上下联动的应急组织体系。2019 年，地方应急管理改革继续深入开展，应急管理部门纷纷挂牌，形成了国家-省-市-县四级政府的应急管理体系和全国贯通的应急指挥信息网，初步形成应急指挥"一张图"，实现了组织上的统一指挥、上下联动。

第二，加强与外部协调与合作。应急管理部与 32 个部门和单位建立会商研判和协同响应机制，理顺职责划分，做到统分、防救的衔接，以充分发挥应急管理的综合优势与其他部门的专业优势。应急管理部依托中国安能成立了自然灾害工程救援中心，与中科院共同建立了国家自然灾害防治研究院。此外，应急管理部还与中国红十字会、民航合作，与军队建立了应急联动机制。而且，应急管理部还依托牵头建立的自然灾害防治部际联席会议制度，加强对9大重点工程建设统筹协调。

第三，保持消防救援力量的战斗力。国家综合性消防救援队伍朝着"全灾种、大应急"的方向不断迈进，在全国建设了27支地震、山岳、水域、空勤专业救援队，各省组建机动支队和抗洪抢险救援队、沿边境线组建6支跨国境森林草原灭火队。这些队伍建设的重大举措填补了特种救援、跨界救援等方面的空白，极大地提升了总体的应急救援能力。

2019年，全国首次招录的1.4万余名消防员已入职培训。同时，应急管理部举办了首届"火焰蓝"救援技能对抗比武暨国际消防救援技术交流竞赛。2018年12月29日，中国消防救援学院正式招生。

消防救援和森林消防两支队伍的"三定"方案顺利出台，各项改革配套措施有序实施。在习近平总书记给国家综合性消防救援队伍授旗一周年之际，应急管理部举办了相关纪念活动，提升了指战员的荣誉感、归属感和认同感。一年来，国家综合性消防救援队伍共出动指战员1311.9万人次，营救遇险群众15.8万人、疏散49.7万人，抢救保护财产价值242.2亿元，充分彰显了这支队伍救民于水火、助民于危难、给人民以力量的英雄本色。

第四，打造应急救援力量体系。在应急管理部的推动下，中国特色应急救援力量体系初步形成，其特点是：以国家综合性消防救援队伍为主力，以军队非战争军事行动力量为突击，以各类专业救援队伍为协同，以社会应急队伍为辅助。多种力量优势互补、相互协同。2019年，全国各地工程机械救援队、专业救援队、社会应急队伍等纷纷建立。应急管理部举办了以"提升能力、共筑平安"为主题的全国首届社会应急力量技能竞赛。经过六大区域的选拔，27支民间救援队从333支队伍中脱颖而出。这次活动摸清了应急社会力量的"家底"，有助于规范、引导、支持社会力量参与应急管理。此外，航空救援体系建设也步入正轨。

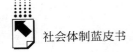

第五，加强国际应急救援能力。应急管理部不断扩大自己的"朋友圈"，与 30 多个国际和区域组织、50 多个国家对口部门建立了密切的合作关系。为了提升国际应急救援能力，应急管理部依托北京消防救援总队组建了一支 200 人的中国救援队，并于 2019 年 10 月成功通过联合国国际重型救援队的能力测评。至此，中国国际救援队与中国救援队一道，成为我国两支有能力参与跨国救援的劲旅。在亚洲，中国成为首个拥有两支获得联合国认证的国际重型救援队。2019 年 3 月 15 日，莫桑比克、津巴布韦和马拉维三国遭受热带气旋"伊代"袭击后，应急管理部首次派出中国救援队参与国际救援，彰显了中国负责任大国的形象。

第六，推动应急管理法治化建设。2019 年，应急管理法治化建设取得重大进展：修订《中华人民共和国消防法》，进一步巩固机构改革职能转变的成果；印发《关于深化消防执法改革的意见》，消防执法理念、制度、作风为之一新，全社会火灾防控能力得以提升；实施《生产安全事故应急条例》，使安全生产事故应急救援实现了有章可循；修订《中华人民共和国森林法》，赋予国家综合性消防救援队伍承担森林火灾扑救任务和预防工作的法定权力。

第七，提升应急信息化能力。应急管理部自组建以来，努力打造应急指挥信息系统，多次组织灾害视频会商、启动重特大灾害事故响应机制，并派出工作组，形成前方与后方的无缝隙衔接，应急响应与协调能力明显得到加强。此外，危险化学品安全生产风险监测预警系统全面应用，提升了互联网＋监管的水平。2019 年 4 月 18 日，应急管理部创建了中国应急信息网，平时传播应急知识，灾时发布预警信息。

三　以深化改革推动应急管理现代化

2019 年 12 月以来，我国遭遇了新冠肺炎疫情袭击，这是对我国治理能力的一次大考。全国人民在党中央的统一领导下，按照坚定信心、同舟共济、科学防治、精准施策的总要求，努力打赢疫情防控的人民战争、总体战和阻击战。但是，在抗击新冠肺炎疫情的过程中，新组建的应急管理部门却没有扮演主流的角色，只是起了辅助性的作用。

应急管理部主要负责自然灾害、事故灾难两大类突发事件的应对，重大疫情等公共卫生事件的应对职责归属新成立的国家卫健委。此次重大疫情发生后，作为国务院联防联控机制的成员单位，应急管理部积极作为、主动作为，围绕国家疫情防控的总体部署，开展了一系列工作。但是，限于职责边界，应急管理部的作为主要是加强疫情流行期间的防灾减灾、安全生产工作，防止"忙中添乱"。当然，地方应急管理部门也参与了风险分析、物资调运、社区防控等工作。从总体上说，它扮演了较为边缘化的辅助角色，因职责和权威所限未能发挥出综合优势。

重大疫情属于突发公共卫生事件，是我国四大类突发事件中的一类。新冠肺炎疫情发生后，迅速蔓延、扩散、升级，从公共卫生事件演变为一场全国范围的系统性危机。习近平总书记强调："疫情防控不只是医药卫生问题，而是全方位的工作，各项工作都要为打赢疫情防控阻击战提供支持。"

我国公共卫生突发事件的应对主责单位是国家卫健委。机构改革后，国家卫健委负责卫生应急工作，组织指导突发公共卫生事件的预防控制和各类突发公共事件的医疗卫生救援。也就是说，当公共卫生事件不能预防或控制，如新冠肺炎疫情所示，演变为一场严重的综合性社会危机，国家卫健委就不承担也担不了主责。

在国家卫健委的 21 个内设机构中，与卫生突发事件相关的司局包括：疾病预防控制局负责完善疾病预防控制体系，承担传染病疫情信息发布工作；综合监督局负责传染病防治监督检查。此外，作为国家卫健委的下属事业单位，国家疾控中心负责卫生突发事件监测和风险评价，偏重技术。疾病预防、综合监管、疾控中心是中国传染病防控的"铁三角"。但是，卫生应急只是其一部分工作。国家疾控中心还负责慢性病、职业病、地方病等疾病的控制以及环境与职业健康、营养健康、老年健康、妇幼健康、放射卫生、学校卫生等多项工作，并非只专注于公共卫生事件。

严格地说，卫生应急关注的是流行病，而非一般意义上的传染病，因为流行病指可以感染众多人口、快速广泛蔓延的传染病。我国卫生系统"重

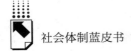

临床，轻防疫"的弊端由来已久。疾控部门的生存必须以常态化的项目来养活自己，因为公共卫生突发事件是偶发的。从美国 CDC 的发展历史看，它起源于第二次世界大战后期军队对战地疟疾的防控。苏联拥有核武器后，美国 CDC 主要防范敌国的细菌战打击。后来，传染病防控在 CDC 一直处于不稳定的地位，只能发展"多种经营"来平复需求波动。中国疾控中心也面临着同样的困境，难以完全投入重大疫情的预防中。

重大疫情和其他类突发事件发生后，国家卫健委要调集医院力量参与感染者救治或投入医学救援。从医院来看，我国公立医院是公益二类事业单位，政府财政差额拨款，资源可以在一定程度上通过市场机制进行配置。它们是国家卫健委处置公共卫生突发事件可以调动的力量。从新冠肺炎疫情应对看，作为企业的私立医院，国家卫健委调动起来具有很大的不确定性。即便是公立医院，由于科室财务独立核算等原因，也不可能为突发公共卫生事件而储备过多的医疗物资，如口罩、防护服等。此次疫情应对中出现的医院物资短缺就表明了这一点。

客观地说，由于机构改革将国务院办公厅职责整合到应急管理部，削弱了我国应急管理的总体协调能力，出现了一个综合统筹的"空窗期"。2020年 1 月 20 日，习近平总书记、李克强总理就新型冠状病毒进行指示、提出要求后，国务院启动联防联控机制。国家卫健委随即成立新冠肺炎疫情应对处置工作领导小组。1 月 25 日，党中央成立高层次应对工作领导小组，并向湖北省派出指导组，强化对疫情防控的统筹应对。在我国应急管理改革后常态化统筹协调机构出现"空窗"的背景下，这些措施对于我国取得武汉保卫战、湖北保卫战的最终胜利是至关重要的。

习近平总书记指出："这次疫情是对我国治理体系和能力的一次大考，我们一定要总结经验、吸取教训。要针对这次疫情应对中暴露出来的短板和不足，健全国家应急管理体系，提高处置急难险重任务的能力。"从长远看，我国应设立权威高效的常态化应急管理统筹协调机构。但是，这不意味着要"走回头路"，而应继续深化应急管理改革。这个机构接受党政双重领导，行政级别应高于部委机关，办公室可设在应急管理部。平时，应急管理部负责维护、运行，以指挥机构办公室的名义协调、督促、指导各相关部门做好风险防范和应急准备工作。当特别重大事件发生时，它协助党中央指派的领导同志做好应急处置工作。

这一机构成立后，国务院抗震救灾指挥部、国家减灾委、国务院森林草原扑灭火指挥部、国家防汛抗旱指挥部、国务院安委会的职责可被整合进去。国务院应对重大疫情的联防联控机制的职责常态化后，也被并入其中。当然，这并不意味着要将国家卫健委或卫生应急办整合进应急管理部，而是要更好地发挥应急管理部门的综合优势与国家卫健委的卫生专业优势，并将二者的优势结合得更紧密。可以预见，这一改革举措会使国家应急管理总体协调能力得以加强，有利于我国应对新冠肺炎疫情这样的高度复杂性、高度不确定性危机，从而起到为党中央、国务院分忧解难的作用。因而，健全应急管理体系，不仅要健全公共卫生应急管理体系，也要健全国家整体应急管理体系，让新冠肺炎疫情引发的深化应急改革机会之窗得以完全开启，从而进一步提升我国应急管理体系和能力现代化水平。

参考文献

习近平：《积极推进我国应急管理体系和能力现代化》，《人民日报》（海外版）2019 年 12 月 2 日，第 1 版。

习近平：《在中央政治局常委会会议研究应对新型冠状病毒肺炎疫情工作时的讲话》，http：//www. 12371. cn/2020/02/15/ARTI1581751297199694. shtml，最后检索时间：2020 年 3 月 1 日。

新华社：《江苏响水天嘉宜化工有限公司"3·21"特别重大爆炸事故调查报告公布》，http：//www. gov. cn/xinwen/2019 – 11/15/content_ 5452468. htm，最后检索时间：2020 年 2 月 10 日。

应急管理部：《2019 年自然灾害造成直接经济损失占 GDP 比重较近 5 年均值下降24%》，http：//www. sohu. com/a/367505424_ 130682，最后检索时间：2020 年 1 月 30 日。

魏玉坤：《2019 年我国事故起数和死亡人数双下降》，http：//www. xinhuanet. com/politics/2020 – 01/05/c_ 1125423564. htm，最后检索时间：2020 年 1 月 21 日。

B.20
2019年中国公共卫生治理
改革回顾与展望

马长俊　张　娟*

摘　要： 新时代中国公共卫生治理改革正在从"以治病为中心"向"以健康为中心"战略转变。在此背景下，2019年的中国公共卫生治理取得一定的改革成绩，但仍面临复杂挑战和突出问题，尤其是2019年末暴发的新冠肺炎疫情给公共卫生治理改革敲响了警钟。中国公共卫生事业的改革出路是推进公共卫生治理体系和治理能力现代化，当前和未来一个时期，中国公共卫生治理改革要固方向、扬优势、补短板、强弱项、用资源，提高改革效能，提升治理水平。

关键词： 公共卫生治理　全球疫情危机　公共卫生应急管理

　　新中国成立以来，中国公共卫生事业始终坚持为人民生命健康服务，积极探索适应中国国情和人民需要的公共卫生发展道路，基本建立起政府主导、多部门合作、全社会参与的覆盖城乡居民的公共卫生服务体系，逐步形成了包括法律法规、卫生标准、健康政策在内的法制体系，政府投入为主、多渠道筹资的保障机制，不断优化完善机构职能的管理体制，居民生活环境不断改善、健康水平持续提高，主要健康指标优于中高收入国家的平均水

---

* 马长俊，中共中央党校（国家行政学院）公共管理教研部博士生，主要研究方向为公共治理；张娟，北京协和医学院公共卫生学院副教授，主要研究方向为公共卫生。

平。随着中国特色社会主义进入新时代，中国公共卫生治理改革趋势日趋明显，尤其表现在从"以治病为中心"向"以健康为中心"的战略转变，公共卫生服务、医疗服务、医疗保障、药品供应保障"四位一体"协调发展、整体推进。如何建立高效、敏捷、协同的公共卫生治理体系，是新时代中国公共卫生治理改革和优化的重大命题，需要奋力书写新时代人民满意、世界尊重的改革答卷。

一 2019年中国公共卫生治理改革回顾

2019年是新中国成立70周年，也是"新医改"走过十年历程和健康中国战略进入实质性决策部署之年，中国公共卫生治理改革重点在于紧紧围绕把"以治病为中心"转变为"以人民健康为中心"，落实以预防为主方针，加强疾病预防和健康促进，将公共卫生治理改革放在医改优先位置。

（一）完善公共卫生体制建设

在2018年组建国家卫生健康委员会和国家医疗保障局的基础上，理顺相关内设机构和事业单位职责，全面完成卫健系统市县机构改革，基本延续包括疾病预防控制、专科疾病防治、健康教育、急救等专业公共卫生机构和具有公共卫生服务职能的基层医疗卫生机构、医院组成的公共卫生组织体系，各级公共卫生机构全面履职。[1] 针对公共卫生机构设置和职能配置的薄弱问题，2019年医改任务将支持和鼓励医疗机构开展公共卫生服务、推进疾病预防控制体系改革列为最优先的工作任务，建立医疗机构公共卫生服务经费保障机制，完善各级疾控机构功能定位；强调公共卫生也要列入县域综合医改的区域医疗卫生体系建设格局，推进紧密型县域医疗卫生共同体建设。中央层面继续强化决策咨询和技术支撑机构建设，如成立国家卫生健康委员

---

[1] 2019年12月28日第十三届全国人大常务委员会第十五次会议通过的《中华人民共和国基本医疗卫生与健康促进法》对各类医疗卫生机构设置、职责划定及基本公共卫生服务等做出明确规定。

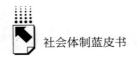

会儿童血液病、恶性肿瘤专家委员会，制定《国家卫生健康标准委员会章程》等；持续深化"放管服"改革，鼓励社会化办医，支持向社会办基层医疗机构购买服务，扩大公共卫生服务供给，加强随机监督抽查。中华医学会等行业组织也积极发挥社会组织作用，中国医师协会专门成立公共卫生医师分会。

（二）全面实施健康中国战略

国务院印发《国务院关于实施健康中国行动的意见》，成立了健康中国行动推进委员会，发布《健康中国行动（2019－2030年）》，绘就实施健康中国战略的"路线图""施工图"，提出将围绕疾病预防和健康促进两大核心，针对重要健康影响因素、重点人群和重大疾病，开展15个重大专项行动，明确个人、社会、政府三方联动职责，努力使群众不生病、少生病，形成有利于全民健康的生活行为方式、生产生活环境和优质健康服务。国务院办公厅还印发了《健康中国行动组织实施和考核方案》，完善健康中国建设推进协调机制，2019年和2020年进行试考核，增强考核标准科学性和结果运用约束性。15项专项行动全部成立工作组，具体实施和监测各专项行动，制订2019年工作计划并有序推进落实。

（三）推进基本公共卫生服务均等化

基本公共卫生服务均等化是2009年以来公共卫生治理改革的重点，2019年的突出变化是根据国家卫生健康委员会《关于做好2019年基本公共卫生服务项目工作的通知》，新划入地方病防治、职业病防治、重大疾病与健康危害因素监测等19项基本公共卫生服务内容，人均基本公共卫生服务经费补助标准提至69元，新增5元经费全部用于村和社区；地方政府相继出台医疗卫生领域财政事权与支出责任划分改革方案，进一步明确县域公共卫生财政事权与支出责任。围绕基层医疗卫生机构的基本公共卫生服务能力提升，明确县级疾病预防控制等专业公共卫生机构指导基层开展基本公共卫生服务，编写《乡镇卫生院服务能力评价指南（2019年版）》和《社区卫生服务中心服务能力评价指南（2019年版）》，在河北等20个省（区、市）

开展防治结合的社区医院建设试点。健康促进助力脱贫攻坚，贫困人口大病集中救治病种扩大到25种，全面取消建档立卡贫困人口大病保险封顶线，加强贫困地区县医院能力建设和城乡医院对口帮扶，加大健康教育服务力度，出台全科医生特岗计划、"县管乡用"、"乡聘村用"、基层卫生职称改革等人才政策，加强贫困地区卫生健康人才队伍建设，消除乡村医卫机构和人员空白点，[①] 让基层始终有人民健康的守护人。

（四）夯实重点领域防控基础

坚持预防为主，做好主要疾病防控，统筹免疫规划，颁布实施中国疫苗管理第一部专门立法《中华人民共和国疫苗管理法》，为全链条、各环节、各主体设定严格责任；加强传染病、地方病、慢性病和职业病防治，先后制定了防治或遏制癌症、艾滋病、结核病、尘肺病等行动计划或实施方案，以及地方病患者管理服务规范和治疗管理办法，全国3.2亿高血压、糖尿病"两病"参保患者门诊药费纳入医保报销。抓好"一老一小"，严格执行母婴安全五项制度，构建养老护理体系，深入推进医养结合；加强食品安全，中共中央、国务院印发《关于深化改革加强食品安全工作的意见》，国务院新修订《中华人民共和国食品安全法实施条例》，要求建立最严谨的标准、实施最严格的监管、实行最严厉的处罚、坚持最严肃的问责，开展食品安全放心工程建设攻坚行动；改善环境健康，重点打好蓝天、碧水、净土保卫战，启动水环境治理"红黑榜"排名制度，推动环境污染防治从末端治理为主转向源头防控为主，在国家卫生城镇推进"厕所革命"，主要环境质量指标总体向好；促进全民健康，完善全民健身公共设施，大力发展群众体育项目，提倡"三减三健"（减盐、减油、减糖，健康口腔、健康体重、健康骨骼）健康生活方式，加强游戏障碍等精神疾病防治，做好儿童青少年等重点群体的心理健康教育与心理干预。

---

① 根据国家卫生健康委员会摸底排查数据显示，截至2018年底，全国还有46个乡镇没有卫生院，666个卫生院没有全科医生或执业（助理）医师；1022个行政村没有卫生室，6903个卫生室没有合格村医；1495个乡镇卫生院、24210个村卫生室未完成标准化建设。

（五）加强公共卫生应急工作

2003 年"非典"以后，中国加快卫生应急法制、体制机制及应急预案建设，初步建立起一支完整的突发公共卫生事件应急队伍和体系，成功处置了甲型 H1N1 流感、H7N9 禽流感、埃博拉出血热、中东呼吸综合征、寨卡病毒病、黄热病等重大突发疫情，卫生监测和应急能力有了明显提高，特别是联防联控工作机制、突发公共卫生事件网络直报等工作模式发挥了有效的作用。2019 年对突发公共卫生事件防控主要围绕自然灾害、重大节庆活动、输入性疫情而展开，国家卫生健康委员会于 6 月进行了以重特大自然灾害为背景的国家卫生应急演练暨京津冀联合演练，7 月采取全国同步视频连线方式，进行了以输入性突发急性传染病疫情为背景的国家突发公共卫生事件应急演练，各地也开展了相关主题的卫生应急演练、技能竞赛，检验预案、磨合机制、提升能力。全年在输入性突发急性传染病防控和新中国成立 70 周年庆祝活动等重大活动、卫生应急保障等方面执行较好，但年末湖北武汉暴发的新冠肺炎疫情一方面检验了突发公共卫生应急处置的实战成果，另一方面也暴露出我国在风险预警、防控策略评估、应急响应、卫生救援等方面存在短板和漏洞，公共卫生应急体系和应急能力仍需长足建设。

（六）拓展数字化和国际交流

近年来公共卫生领域加强信息化建设，"互联网 + 公共卫生"初见成效，通过技术赋能不断提升公共卫生数字治理能力，为基层减负，并推动改革。2019 年国家卫生健康委员会上线了免费向所有基层卫生人员开放的基层卫生能力建设平台，开展线上继续医学教育；上线了工作场所职业病危害因素监测系统，加强监测数据报送和统计分析；中国疾控中心在运用"一体化云数据中心"的基础上，加快建设中国疾病预防控制信息系统（2020 年 1 月 1 日实现上线试运行），逐步构建以人为核心的"全民、全生命周期、全覆盖"的新时代疾病监测与健康信息管理模式。中国政府继续加强国际交流合作，担任联合国艾滋病规划署规划协调局主席，举办"一带一路"公共卫生合作网络建设圆桌会，创办《中国疾病预防控制中心周报（英文）》（China CDC Weekly），开展世界艾滋病日等世界主题日活动，发布《中日韩积极健康老龄化合作联合宣言》，与世界卫生组织等国际组织、东盟等区域组织、有关国家和地区加强协调和合作，参加世界卫生大会、G20卫生部长会议并介绍中国卫生保健、卫生应急经验，继续开展埃博拉等疫情防控及基层卫生服务指导的公共卫生援外行动，规划和管理国际公共卫生合作项目，维护国际和地区公共卫生安全。

二 中国公共卫生治理改革面临的复杂挑战与突出问题

当前的中国公共卫生治理面临国际国内环境复杂多变、各种因素错综交织的形势，面临解决历史沉积、应对现实挑战、开创长治久安的三重叠加改革使命，特别是 2019 年末暴发的新冠肺炎疫情及其后续衍生的全球疫情危机，深刻暴露出公共卫生治理体系和治理能力存在短板和不足。总的来看，当前的中国公共卫生治理有两对突出矛盾，一是人民群众日益增长的公共卫生需求与公共卫生领域供给侧改革不足之间的矛盾，矛盾的主要方面是公共卫生领域供给侧改革的不足，主要表现为公共卫生服务与制度供给不足；二是日趋复杂频发的公共卫生风险与公共卫生风险应对能力不足之间的矛盾，矛盾的主要方面是公共卫生风险应对能力的不足，主要表现为公共卫生的风险防范和应急处置能力不足。科学研判公共卫生治理的挑战与问题，理性思考新冠肺炎疫情这一突发公共卫生事件的警钟与启示，有助于抓紧补短板、堵漏洞、强弱项，明确改革进路。

（一）当前面临的复杂挑战

主要表现在人口结构特征变化、全球化互动紧密频繁、多项改革任务叠加三个方面。

1. 人口结构特征变化

一是老龄化社会来临。中国已完成从高出生率、高死亡率、传染性疾病和营养不良为主的疾病模式向低出生率、低死亡率、慢性病为主的疾病模式转变。国家统计局数据显示，2019 年末，中国 60 周岁及以上人口达到25388 万人，占总人口的 18.1%，其中 65 周岁及以上人口 17603 万人，占总人口的 12.6%。① 老年人口抵抗疾病风险能力较弱，长期以来的生活方式和行为习惯难以改变，对公共卫生风险的识别能力较弱，需要整合多样化、多层次的预防、治疗、保健和康复等卫生服务。二是人口流动性大大增强。一方面是人口流动规模较大，工业化、城市化推动大量农村人口涌入城市，特别是向中心城市、城市群集聚，2019 年全国流动人口 2.36 亿，② 各大城市常住流动人口中北上广深位居前列；另一方面是人口流动频次较高，交通基础设施建设特别是高铁网络四通八达，春节、国庆等法定节假日形成流动高峰期，2019 年春运旅客 29.8 亿人次，全年国内旅游人数 60.06 亿人次。③大规模的人口流动对疫情防控和公共卫生资源配置造成一定压力。三是农村地区"三留守"群体规模较大。根据 2016 年民政部初步摸底排查结果，全国有 1600 万左右农村留守老人；④ 截至 2018 年 8 月，全国有 697 万农村留守儿童；⑤ 农村留守妇女也规模庞大，而农村健康环境、居民健康意识和行为习惯、公共卫生配置等因素都给农村公共卫生治理带来巨大挑战。

2. 全球化互动紧密频繁

一是人员往来频繁快速。国家移民管理局数据显示，2019 年全国边检机关检查出入境人员 6.7 亿人次，其中内地居民出入境 3.5 亿人次，外国人

---

① 国家统计局：《2019 年国民经济运行总体平稳　发展主要预期目标较好实现》，2020 年 1 月 17 日，http：//www.stats.gov.cn/tjsj/zxfb/202001/t20200117_1723383.html，最后检索时间：2020 年 3 月 14 日。

② 国家统计局：《中华人民共和国 2019 年国民经济和社会发展统计公报》，2020 年 2 月 28 日，http：//www.fangchan.com/data/142/2020 - 03 - 02/6640136849581216724.html，最后检索时间：2020 年 3 月 14 日。

③ 中国旅游研究院（文化和旅游部数据中心）：《2019 年全国旅游市场基本情况》，2020 年 3 月 10 日，http：//www.ctaweb.org/html/2020 - 3/2020 - 3 - 10 - 16 - 48 - 64712.html，最后检索时间：2020 年 3 月 14 日。

④ 民政部：《民政部举行 2018 年第一季度例行新闻发布会》，http：//www.gov.cn/xinwen/2018 - 02/24/content_5268870.htm，最后检索时间：2020 年 3 月 14 日。

⑤ 王亦君：《全国现有农村留守儿童 697 万人》，《中国青年报》2018 年 10 月 31 日，第 4 版。

入出境9767.5万人次。[①] 随着经济全球化的发展和中国对外开放的深化，中国各类组织和公民与其他国家互动频率大大提高，商务、旅游、留学以及全球化的网购消费与交通运输网络，都让中外人口、货物之间的接触交流更加密切，公共卫生风险快速传播扩散的可能性和可及性增强。二是不确定性因素增多。近年来国际关注的突发公共卫生事件（PHEIC）频繁突袭人类，以新冠肺炎为代表的疫情出现在各国之间折返"倒灌"、交叉感染，癌症、糖尿病、心脑血管病等慢性非传染性疾病也成为世界各国，尤其是发展中国家的主要疾病负担，社会分化、环境退化乃至气候变暖也危胁着人类生命健康和公共安全。面对公共卫生领域不可预见的"黑天鹅"和极有可能发生的"灰犀牛"，每个国家甚至每位公民难以单独迎战重大公共卫生危机。

3. 多项改革任务叠加

一是机构职能体系改革。2018年开启的新一轮机构改革组建了国家卫生健康委员会，新增老龄健康司、职业健康司等内设机构，职责方面更加注重预防为主和健康促进，推进协调深化医改。由于中央和地方机构改革时间不长，并且医疗服务、公共卫生服务、基层卫生服务归属卫生健康行政部门中的不同司局管理，从"疾病"到"健康"的职能转变尚未取得根本性转变，预防为主的方针尚未得到根本性体现，医疗机构承担公共卫生职能定位不够明确，相互竞争政治、经济资源和协调不畅的问题仍然突出，疾控中心的职能定位也有待商榷。此外，卫生健康部门与应急管理部门的应急救援和协调职责、与市场监管部门的生物安全风险防控职责等都需要在体制改革框架内梳理完善。二是医疗卫生体制改革。医改面临深度攻坚和重心转移的双重挑战，一方面，尽管十年医改取得明显的效果，但分级诊疗体系建设、优质医疗资源整合、公立医院和药品供应制度改革等仍是医改任务中的"硬骨头"；另一方面，近年来的医改强调传统的医疗、医保和医药"三医联动"，公共卫生服务和疾病防控体系改革的迫切性正在凸显，

---

① 朱紫阳：《2019年出入境人员达6.7亿人次　内地居民出入境3.5亿人次》，http：// legal. people. com. cn/n1/2020/0108/c42510 – 31539627. html，最后检索时间：2020年3月14日。

公共卫生体系内的功能设定、运行机制、人员激励、筹资保障等需要深刻调整，公共卫生体系与医疗、医保、医药体系的联动协同需要积极推动。三是央地关系体制机制改革。中央和地方的事权划分仍需理顺，尤其是赋予地方更多自主权的探索实践仍需推动；涉及公共卫生投入的权责清晰、财力协调、区域均衡的中央和地方财政关系有待进一步规范和优化，特别是财政投入的支出责任、支付渠道、绩效监督需要结合公共卫生治理实际更加合理地完善相关制度；条块关系、区域间关系的协调沟通和协同治理还需发挥合力，例如疫情大考中公众对疾控中心究竟是垂直管理好还是分级属地管理好的体制讨论，湖北省和相邻省份、武汉市和相邻城市在联防联控和应急响应中的沟通协作，这些都是央地关系的现实挑战。

（二）当前存在的突出问题

主要表现在长期以来形成的三个局面"仍未改变"。

1. 公共卫生较医疗服务发展滞后仍未改变

一是"重治轻防"倾向尚未扭转，公共卫生事业始终投入不足。从机构数量来看，2013～2018年，医院数量呈逐年递增态势，专业公共卫生机构数量则从2014年起呈逐年递减趋势，年均下降15.3%（见图1）。从总费用来看，公共卫生机构总费用从2003～2009年的年均增速24.99%下降为2009～2016年的9.87%，[①] 2018年较2016年增长523.92亿元，而同期的医院增长6075.76亿元，虽然二者增速近似，但在规模上前者不到后者的1/10。从财政投入来看，公共卫生机构受财政投入和重大公共卫生项目经费投入影响较大，但其投入远落后于医疗体系的投入和费用增长。从人员来看，2013～2018年，医院人员数量增长明显，而专业公共卫生机构人员数量增长缓慢（见图2），缺口较大，2007～2017年的疾控中心卫生技

---

① 袁蓓蓓：《2019年中国公共卫生事业发展报告》，载李培林、陈光金、王春光主编《社会蓝皮书：2020年中国社会形势分析与预测》，2019，第111页。

术人员年均下降速度为 0.7%，同期医院卫生技术人员则年均增速超过 6%，[①] 机构和人员激励乏力，尤其是公益一类事业单位改革对公共卫生系统人员稳定带来较大冲击，疾控系统人才加速外流。二是医防体系长期割裂，整合型卫生服务体系尚未突破。医疗服务体系和公共卫生服务体系分设造成临床治疗服务和预防性服务的人为分割，相互之间的分工协作机制不健全、资源联通共享不足，医学教育中临床医学和预防医学教育互不交叉，基层公共卫生服务机构内部的临床医生和公共卫生人员缺乏有效机制促进合作并提供整合和连续的服务，防治分离难以实现以人为本的全生命周期健康管理服务。

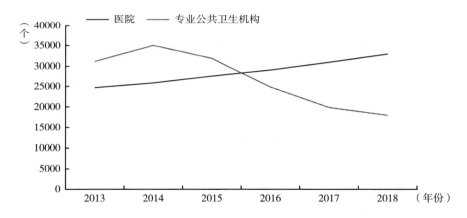

图1 2013～2018年医院和专业公共卫生机构数量变化

资料来源：2019年中国卫生健康统计年鉴。

2. 基层医疗服务能力相对薄弱仍未改变

一是结构性的发展不平衡。整个卫生服务体系长期以来以发展医院为重点，财政投入和服务消费两方面的数据可以反映出行政管理机构与患者"两端"对于医院、基层医疗机构及其卫生人员的服务能力印象存在差异，这也客观上制约了分级诊疗体系的实现。卫生总费用花在大医院相对较多，流向基层医疗卫生机构相对较少，2013～2017年，各级财政对城市社区卫

[①] 袁蓓蓓：《2019年中国公共卫生事业发展报告》，载李培林、陈光金、王春光主编《社会蓝皮书：2020年中国社会形势分析与预测》，2019，第112页。

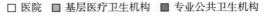

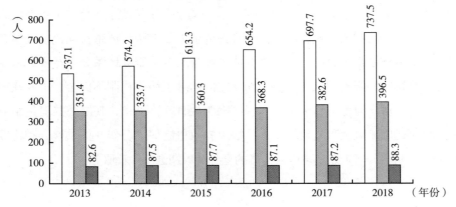

图2　2013～2018年各类医疗公共卫生机构人员数

资料来源：历年卫生和计划生育/卫生健康事业发展统计公报。

生服务中心、乡镇卫生院等基层医疗卫生机构的直接补助由1059亿元增加到1808亿元，年均增长14.3%，占基层医疗卫生机构总收入的44.2%，[①]而同期各级财政对公立医院的直接补助由1297亿元增加到2378亿元，年均增长16.4%。从医疗服务消费来看，2018年医院诊疗人次增加1.4亿人次，基层医疗卫生机构诊疗人次减少0.2亿人次，[②]患者"用脚投票"表现医院就医倾向。另一个发展不平衡表现在"重城市、轻农村"，突出反映在财政资金、优质医生、患者向大中城市集中的逆向资源配置，以至于基层医疗难以发挥疾病预防的第一道防线作用，患者治病成本和医疗运行成本也显著提高。二是基础性的发展不充分。基层医疗卫生机构基础差、底子薄、能力弱，特别是人员配备问题突出，乡村医生和卫生员自2011年以来一直呈下降趋势，仅2018年就减少61513人，每千农村人口乡村医生和卫生员从2011年的1.20下降至2019年的0.97；2018年社区卫生服务中心和乡镇卫

[①] 2018年12月24日在十三届全国人大常委会第七次会议上的《国务院关于财政医疗卫生资金分配和使用情况的报告》。

[②] 国家卫生健康委员会：《2018年我国卫生健康事业发展统计公报》，2019年5月22日发布。

生院副高级以上卫生技术人员占比分别为 5.1% 和 2.2%，村卫生室人员中 90.5% 为中专及以下学历，① 每万人口全科医生数 2.22 人，全科医生数量缺口巨大，基层医务人员质量水平亟待提高。

3. 公共卫生风险防范化解能力不足仍未改变

一是风险研判、预警、决策能力不足。以新冠肺炎疫情为例，"非典"之后政府建立的全球规模最大的传染病疫情和突发公共卫生事件网络直报系统出现失灵，医疗服务机构和疾控机构没有发挥好"哨兵"作用，这暴露出系统监测、流行病学调查、疫情分析研判等方面存在重大漏洞，难以提供专业权威的循证依据。在风险预警和决策上，既有风险研判能力不足、行政权力干预的影响，也有现行法律对地方政府应急响应和早期预警职责不够清晰的制约，疫情的发布预警和社会舆情的引导不够及时、透明，容易扩大公共卫生风险损失并衍生社会安全问题。二是应急管理处置能力不足。政府、医疗机构和专业公共卫生机构应对突发公共卫生事件的责权及协同联动机制需要进一步明晰，统一的应急指挥体系和高效的协调机制运转还不够融合，特别是在信息的上下传递、双向反馈方面仍存在滞后、失真。应急响应标准启用并转换、平战转换的程序和操作规范还不够科学，不能充分结合本地或本部门实际给予及时、有针对性、灵活的防控政策调换供给。应急预案执行、应急救治、资源调配使用、市场和社会力量的吸纳和协同等方面也存在短板。三是善后学习和应急基础能力不足。针对重大疫情事件的事后评估总结，未能及时有效地转化为制度成果和思想的深刻认识，应急管理问责制度不够科学完善。应急医疗救助制度、应急救援专业协同、应急防控基础设施、应急人才培养、公众公共卫生安全和应急意识等方面的基础能力都有待改进和完善。

三　2020年中国公共卫生治理的改革展望

中国公共卫生事业改革的出路是推进公共卫生治理体系和治理能力现代

---

① 代涛：《我国卫生健康服务体系的建设、成效与展望》，《中国卫生政策研究》2019 年第 10 期，第 5 页。

化。公共卫生治理要迈向现代化，而不是拘泥于传统化，需要深刻把握中国发展要求和时代潮流，扬弃传统理念、传统手段、传统方法，守正出新，与时俱进。公共卫生改革靶向是治理，而不是局限于服务，需要发挥政府、市场、社会多元治理主体作用和优势，推进系统治理、综合治理、依法治理、源头治理。当前和未来一个时期，中国公共卫生治理改革可以从以下几个方面着手，提高改革效能，提升治理水平。

（一）固方向：推进"以治病为中心"向"以人民健康为中心"深刻转变

坚持健康导向，落实健康中国战略，将健康融入所有政策，统筹医疗、医保、医药、公共卫生协调发展，医疗服务体系和公共卫生体系协同融合，基本医疗保险基金和公共卫生服务资金综合使用，加快推动治病向防病前移、向康复延伸，建立不同系统、不同层级信息互通共享机制，打通全链条的防控救治环节，打造健康共同体，为人民群众提供全方位全周期、优质高效的健康服务。针对公共卫生事业在"大卫生、大健康"体系中发展不平衡、不充分的现状，应将公共卫生改革发展放在更加优先、更加突出的位置，完善全民健康和公共卫生安全顶层设计，推动公共卫生建设和国民生命健康相关指标纳入各级政府考核和评估，提升健康城市、健康社区、健康乡村治理水平。

（二）扬优势：坚持预防为主、防治结合、联防联控、群防群控

预防是最经济、最有效的健康策略，要把防放在第一位，加大宣传教育提高公众预防意识，提高完善"防、治、管、教"综合防控体系。推进防治结合，健全专业公共卫生机构、综合医院和专科医院、基层医疗卫生机构整体联动的疾病预防控制机制，扩大早诊早治覆盖面，做好健康知识科普。事实证明，联防联控、群防群控，上下联动、党群结合，这是中国应对重大突发公共卫生事件、打赢疫情防控阻击战的制度优势。新冠肺炎疫情防控中的部门协作、军民融合、举国动员、平战结合、战备状态、科技支撑等行之

有效的做法要转化为制度化安排，健全分区分级、科学精准开展差异化防控制度，夯实联防联控的基层基础，完善"大数据+网络化"防控模式，提升社会治理自治活力。

（三）补短板：提高公共卫生系统应有保障

强化公共卫生法治保障，加快制定《公共卫生法》《生物安全法》，推动相关法律法规立改废释，确立国家公共安全战略，提高依法防控、依法治理能力，筑牢人民健康公共卫生安全防线。全面深化医疗卫生体制改革，优先加快疾控体系改革，突出疾控机构在疾病预防控制和突发公共卫生事件中涉及决策参与权等的作用，完善各级疾控机构不同功能定位和体系协同，建立激励机制鼓励疾控机构功能转型和能力提升。加强公共卫生体系建设，优化卫生健康资源配置，明确以公共财政为主，调整卫生费用投入分配结构，完善多渠道、可持续的筹资机制，改善公共卫生机构基础设施条件和实验室能力，加强公共卫生人才培养，建立公共卫生医师队伍，鼓励重点高校设立公共卫生学院，改革薪酬分配和人员激励政策，提升基本公共卫生服务能力，加强科技赋能、以人为本的智慧型公共卫生体系建设。

（四）强弱项：健全公共卫生应急管理体系

强化风险意识，提高公共卫生重大风险发现、报告、预警、响应、处置能力，完善公共卫生重大风险研判、评估、决策、防控协同机制。强化各级各类医疗机构和疾控机构、多部门并行联动、智慧城市与智慧乡村地方大数据、网络平台或新媒体实时数据、公众"吹哨人"在公共卫生风险监测预警中的能力和作用，健全突发急性传染病大流行应急预案建设，建立切实可行的预案触发机制。针对突发重大公共卫生事件，通过法律修改或行政授权、行政委托赋予地方更大的自主处置权力，提升快速反应能力，健全专家参与决策的公共卫生决策机制，分清行政决策与专业咨询的职责和联系，在专业研判基础上科学评估应对策略，必要时采取利益相关人参与的决策听证

机制，健全依法决策机制，加强信息公开和舆情引导。加强公共卫生安全事件应急指挥机制建设，建立健全分级、分层、分流的传染病等重大疫情救治机制，健全应急物资保障制度、重大疾病医疗保险和救助制度，完善应急医疗救助机制。日常工作加强公共卫生应急队伍建设、重大疫情防控救治基地建设、应急储备、防控培训演练、院前急救体系建设等。

（五）用资源：全面运用各类公共卫生资源

用好公共卫生体系内资源，开展公共卫生服务能力提升行动，通过培训、交流、评价、监督等，切实强化医疗机构公共服务职能及其与公共卫生融合水平，加大专业公共卫生机构对基层医疗卫生机构的基本公共卫生服务指导力度，增强专业公共卫生机构技术能力和前沿科研投入，推进医共体、医联体公共卫生和医疗队伍、资源配置与使用、服务、信息的融合。用好政府部门间和层级间资源，加强跨层级、跨地域、跨系统、跨部门、跨业务的信息联通共享，提升公共卫生风险防范应对的协同行动水平和资源调配能力，开展公共卫生信用体系建设，实施信用联合奖惩。用好市场和社会资源，积极利用平台企业、技术公司、私立医疗卫生组织等优势作用，运用大数据、人工智能、云计算等现代信息技术，合作开发"云网边端一体化"的多层次公共卫生服务体系、分级诊疗体系和国民健康管理体系，联合开展疫情监测分析、病毒溯源、防控救治、资源调配等疫情应对工作，发挥基层机构和家庭医生"守门人"作用，强化基层预检分诊、患者康复复查、健康咨询管理、宣传指导、网格化管理、社区服务能力，加强与社会组织、公众在风险监测预警、物资供应、志愿服务、心理干预、健康文化普及等方面的合作水平。用好国际国内资源，积极参与全球公共卫生治理与国际合作，相互汲取和吸纳前沿的健康新知、干预举措以及更专业化的危机处理与应对经验，[①] 广泛调动全球化的专业力量、物资调配和信息共享，共同构建人类卫生健康共同体。

---

① 胡玉坤：《全球化下的公共卫生：变化与挑战》，《光明日报》2020年3月5日，第14版。

参考文献

马国川、苏琦:《这是一堂风险社会启蒙课——专访清华大学苏世民书院院长薛澜》,《财经》2020年第9期。

王坤等:《我国公共卫生体系建设发展历程、现状、问题与策略》,《中国公共卫生》2019年第7期。

吴俊、叶冬青:《新中国公共卫生实践辉煌70年》,《中华疾病控制杂志》2019年第10期。

习近平:《全面提高依法防控依法治理能力,健全国家公共卫生应急管理体系》,《求是》2020年第5期。

杨维中:《中国公共卫生70年成就》,《现代预防医学》2019年第16期。

B.21
2019年中国安全生产领域改革进展

王永明*

摘　要： 2019年中国安全生产形势继续呈现稳定态势，进入历史安全生产形势最好时期。在党和国家机构改革的大背景下，安全生产领域的改革遵循《中共中央国务院关于推进安全生产领域改革发展的意见》继续推进，安全生产治理的总体思路由"标本兼治"逐步转向为"标本兼治、以治本为主"，在3·21响水特大爆炸事故后派出"国家队"对重点地区和重点行业"开小灶"进行专项整治。但是在两项改革并行推进期间，职业健康管理体制、安全生产执法队伍建设等方面出现了新的问题，亟须体制机制的进一步改革和创新予以解决。

关键词： 安全生产形势　综合监管　安全生产执法队伍

2019年是党和国家机构改革之后的开局之年，党中央国务院对安全生产工作高度重视。2019年全国生产安全事故起数和死亡人数分别同比下降18.3%和17.1%，较大事故和重特大事故起数分别同比下降10.2%和5.3%，安全生产形势进入历史最好时期，为新中国成立70周年营造了良好的安全生产环境。同时，安全生产工作面临的形势依然严峻复杂，部分地区危化品、危险废物、建筑施工、矿山、交通运输等领域事故发生较多，重大

---

* 王永明，中共中央党校（国家行政学院）应急管理培训中心教授，主要研究方向为安全生产与应急管理、城市公共安全管理、重大突发事件应急准备。

涉险事故多发，重特大事故尚未得到有效遏制，尤其是江苏响水 3·21 特别重大爆炸事故、唐山高速公路 9·28 交通事故，都给人民群众生命财产造成重大损失。

目前，《中共中央国务院关于推进安全生产领域改革发展的意见》（以下简称《意见》）依然是指导安全生产领域改革的顶层设计文件，在《意见》的指导下，安全生产领域的责任、体制、法治、防控、基础等各个方面均出台了重要的制度措施并且逐步落地生效。此外，在党和国家机构改革的大背景下，安全生产领域改革呈现了新的特点和新的问题，有待在下一步的改革中解决和落实，为实现《意见》的第二个目标奠定基础①。

一 体制改革背景下的安全生产领域改革思路和调整

在习近平新时代中国特色社会主义思想指引下，安全生产工作进入历史上最好的发展时期，安全生产领域的改革依然遵循《意见》的指导不断推进：安全生产监管体制发生了大的调整，尤其是在党和国家机构改革的大背景下，体制改革动作较大。

（一）国家层面的安全生产体制改革情况

依据 2018 年的机构改革方案，我国决定整合 11 个部门的 13 项职责成立应急管理部，不再保留国家安监总局。从应急管理部的"三定方案"来看，实际上应急管理部承担了以前国家安监总局的绝大多数职责任务，如图 1 所示。

原国家安监总局共有 10 个内设司局，除去办公厅和人事司之外，共有

---

① 《意见》明确了安全生产领域改革的两个目标任务：第一步，到 2020 年，安全生产监管体制机制基本成熟，法律制度基本完善，全国生产安全事故总量明显减少，职业病危害防治取得积极进展，重特大生产安全事故频发势头得到有效遏制；第二步，到 2030 年，实现安全生产治理体系和治理能力现代化，全民安全文明素质全面提升，安全生产保障能力显著增强，为实现中华民族伟大复兴奠定稳固可靠的安全生产基础。

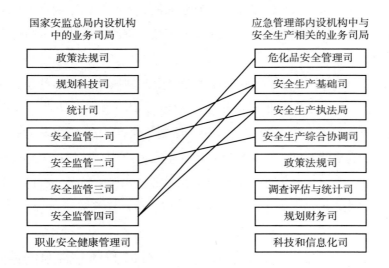

图 1　原国家安监总局与应急管理部与安全生产相关司局对应情况

资料来源：本图依据《国家安全生产监督管理总局主要职责内设机构和人员编制规定（2008）》和《应急管理部职能配置、内设机构和人员编制规定（2018）》制作。

8个业务司局，其中最为核心的业务司局有5个：安全监管一司，主要承担非煤矿山和海上石油生产的安全监管；安全监管二司，主要承担有专门安全生产主管部门的行业和领域的安全监管，即综合监管工作；安全监管三司，主要承担化工（含石油化工）、医药、危险化学品和烟花爆竹等行业领域的安全监管工作；安全监管四司，主要承担冶金、建材、商贸等行业的安全监管工作；职业安全健康管理司，主要承担监督检查工矿商贸作业场所（煤矿除外）职业卫生的工作。

在本次机构改革中，职业安全健康管理职责改由国家卫健委负责，因此原国家安监总局的职业安全健康管理司按照"人随事走"的原则整体划拨至国家卫健委。其他四个业务司局的职责和机构基本得到完整保留，例如应急管理部的危化品安全管理司对应原国家安监总局的安全监管三司；应急管理部的安全生产综合协调司对应原国家安监总局的安全监管二司；应急管理部的安全生产基础司和安全生产执法局将原国家安监总局的安全监管一司和安全监管四司的管理领域进行了整合，对这些领域的安全监管由"分条管理"调整为"分段管理"，安全生产基础司负责上述领域的安全生产基础工作，例如拟定规程、标准，指导开展安全生产标准化建设等工作，安全生产执法局负责就上述领域的规程、标准贯彻情况进行执法检查。

值得注意的是，虽然安全生产监管的核心司局得到了整体性保留，但是相比较原来一个正部级的单位主抓安全生产，现在是应急管理部（共有20个司局）的四个司局主要负责安全生产工作，这个体制格局的调整对未来安全生产工作具有一定的挑战。各省及地方应急管理厅（局）基本依据应急管理部的司局设置模式从主导行业安全监管、安全生产基础、安全生产执法、安全生产协调四个方向"因地制宜"设置相关处室，例如甘肃省应急厅在设置危化安全监管处的同时还设置了矿山安全监管处，山西应急厅围绕本省的主导产业煤炭生产设置了煤矿安全综合处、煤矿安全执法处、煤矿地质安全监管处、煤矿通风安全监管处、煤矿机电安全监管处。

（二）基于《意见》的安全生产领域改革进展与调整

《意见》是指导推进安全生产工作改革的纲领性文件，如图2所示。2018年的国家机构改革之后，这样一个改革框架依据体制改革思路进行调整，主要体现在两个方面：①风险防范的重点领域中，"职业病防治"由于主责单位划至国家卫健委，对原来《意见》的指导思路进行了调整。②伴随改革的推进，安全生产领域改革主导思路由"标本兼治"转为"以治本为主"，主要体现在工作手段和方法的转变上，以前重大生产安全事故发生后往往会开展的"全国安全生产大检查"转变为现在的某领域某地区的"安全生产专项整治"，不再是类似以前安全生产大检查中的单方面查找问题并提交给属地，限期由属地政府进行整改，而是以某生产安全事故作为切入点深挖问题的系统性根源，派出专家团队对其进行打包整治，例如深入剖析地方发展理念、体制机制缺失、责任体系完整性、法制缺位等相关问题，再将经验和做法进行全国推广。2019年江苏响水3·21特大爆炸事故发生后，

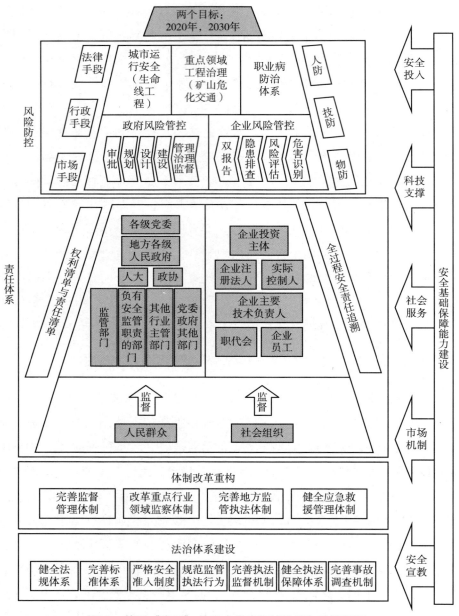

图2　基于《意见》的安全生产领域治理与改革框架

资料来源：王永明：《中国安全生产总体形势及改革发展》，载龚维斌主编《社会体制蓝皮书：中国社会体制改革报告 NO.5》，社会科学文献出版社，2017，第318～332页。

国务院江苏安全生产专项整治组进驻江苏、国务院安委会针对危险化学品等重点行业领域在全国范围开展长达 3 个月的安全生产集中整治。这都体现了系统治安的新思路。

二 体制改革背景下的安全生产领域改革进展

依据《意见》绘制的安全生产领域改革框架，包括责任、体制、法治、防控、基础五个核心模块，2019 年我国安全生产领域改革工作在上述五个方面都有所推进。

（一）责任：深入推进《地方党政领导干部安全生产责任制规定》贯彻落实

2018 年 4 月 18 日，中办、国办印发《地方党政领导干部安全生产责任制规定》（以下简称《规定》），对县级以上各级地方党委和政府的班子成员在安全生产职责、考核考察、表彰奖励和责任追究等方面进行明确规定，这是我国有关安全生产责任制的第一部党内法规。《规定》将进一步规范地方党政领导干部安全生产责任制，进一步明晰安全生产治理中的"党政同责、一岗双责、齐抓共管、失职追责"，牢固树立发展绝不能以牺牲安全为代价的红线意识，明确各级党政领导干部的安全生产职责，运用考核考察、巡查督查、激励惩戒等措施，强化地方各级党政领导干部"促一方发展、保一方平安"的政治责任。《规定》出台后，中组部、应急管理部联合发文，要求各地组织部、安全生产监管部门要学习、宣传和贯彻落实《规定》。此后，大多数省（自治区、直辖市）陆续出台了《规定》的配套实施细则。

以重特大生产安全事故责任追究倒推《规定》的贯彻落实。2019 年 3 月 21 日，江苏省响水县发生特别重大爆炸事故，导致 78 人遇难、76 人重伤，600 余人住院治疗，直接经济损失 19.86 亿元。事故发生后，习近平总书记连续多次做出重要批示。事故发生后中央及地方各级纪委监察部门依据

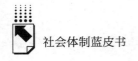

《规定》对相关人员进行了责任追究①，对响水县、盐城市和江苏省相关领导的责任追究依据就是《江苏省党政领导干部安全生产责任制规定实施细则》。

以考核巡查为抓手贯彻落实《规定》。2019 年 4 月中下旬到 5 月中旬，国务院安委会组建了 16 个考核巡查组，对各省、自治区、直辖市和新疆生产建设兵团开展全覆盖巡查，对各地贯彻落实《意见》和《规定》的情况进行检查，着力查问题、促整改、抓落实。

（二）体制：机构改革背景下安全生产基层执法队伍有待强化

《意见》曾明确提出，"地方各级党委和政府要将安全生产监督管理部门作为政府工作部门和行政执法机构，加强安全生产执法队伍建设，强化行政执法职能"，在 2018 年机构改革前，只有少数省份明确了安监部门的行政执法职能。在本轮机构改革后，各级安监部门并入了同级的应急管理部门，原来的理念也发生了重要调整，由"应急管理是安全生产的最后一道关口"调整为"安全生产是应急管理工作的基本盘和基本面"。此外，由于应急管理部门现在负责的领域不仅仅是事故灾难，还有自然灾害；工作重心不仅仅是风险防范和执法检查，还有抢险救援。因此，很多基层安全生产执法队伍并未得到加强，甚至在改革过程中出现了解散和分流等具体问题。目前基层的安全生产执法队伍改革主要有以下两个方向②。

（1）内设机构行使安全生产执法职能，不再单设成建制的执法队伍。

---

① 江苏响水 3·21 特别重大爆炸事故发生后，15 名公职人员因涉嫌严重违纪违法被监察立案调查并采取留置措施；同时，江苏省对该事故中存在失职失责问题的响水县、盐城市和省应急管理厅、生态环境厅等单位 46 名公职人员进行了严肃问责。在事故调查报告出台后，经中共中央批准，中央纪委国家监委对江苏省委常委、常务副省长樊金龙和江苏省副省长费高云在江苏响水天嘉宜化工有限公司"3·21"特别重大爆炸事故中的失职失责问题立案审查调查。经过调查决定给予樊金龙同志党内警告处分，由国家监委给予费高云同志政务记过处分。

② 李湖生：《新体制下我国安全生产执法队伍改革问题探讨》，《中国安全生产科学技术》2019 年第 15 期，第 65～71 页。

例如，广东省在本轮机构改革中取消了各级安全执法检查队伍，改为在各级应急管理部门设置安全生产执法内设机构（处、科、股），据初步统计，全省安全生产行政执法人员编制减少至改革前的46.4%；此外，辽宁省在本轮改革中各级政府分别设置了应急事务服务中心或综合执法中心，将改革前的各级安全生产执法监察队伍整合于其中，而应急事务中心和综合执法中心大都隶属于本级政府，不受应急管理部门领导，安全生产执法工作改由各级应急管理部门内设的安全生产执法局（处、科、股）承担，全省安全生产执法机构人员编制减少至改革前的45.8%。

（2）省级执法队伍撤销，市、县两级执法队伍保留或者调整至综合行政执法局。在机构改革背景下，很多省份对照应急管理部的机构设置方式内设安全生产执法处，替代原有的省安全生产执法队伍的职责；但是在市县级别，有些省市继续保留安全生产执法队伍，有些省份（例如江苏、浙江、贵州、河北等）则将该队伍调整至了同级政府新设的综合行政执法局，在执法机构权威性提高的同时，如何能够兼顾综合执法局对于高危行业的安全生产执法专业性，必将成为上述地区未来需要解决的重要问题。

总之，机构改革后安全生产执法队伍及人员数量并未增强，甚至受到行政编制的约束而削弱，这是机构改革对安全生产体制的重要冲击。

（三）法治：安全生产配套法律法规逐步完善

2019年安全生产领域法律法规立改废释、执法普法持续推进，依法治安水平得到提升。这主要体现在《生产安全事故应急条例》《安全生产行政执法与刑事司法衔接工作办法》等法规办法的相继出台。

（1）《生产安全事故应急条例》

2019年2月17日，国务院发布708号国务院令，公布《生产安全事故应急条例》（以下简称《条例》）。《条例》对我国生产安全事故的应急工作体制、应急准备和应急救援等做了具体规定，如表1所示。

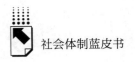

表1 《生产安全事故应急条例》内容要素

《条例》的位阶及适用范围		《条例》是《突发事件应对法》和《安全生产法》的配套行政法规；《条例》是生产安全事故应急工作的行为规范，包括普遍适用原则和例外适用原则
《条例》内容	生产安全事故应急工作体制	明确生产安全事故应急工作由县级以上人民政府统一领导、分级负责；明确政府相关部门按照自身职责分别做好有关行业和领域的生产安全事故应急工作；明确应急管理部门对生产安全事故应急工作负有统筹职责；明确乡镇等政府和派出机关协助做好生产安全事故应急工作；明确生产经营单位是本单位生产安全事故应急工作的责任主体
	生产安全事故应急准备	规范了应急预案的编制；规范了预案的备案；规范了预案的演练；强化了应急救援队伍能力建设；规范了物资储备要求；规范了应急值班制度；规范了从业人员的应急培训；强化了应急救援的信息化建设
	生产安全事故现场应急救援	规范了生产经营单位的初期处置行为；规范了政府的应急救援程序；规范了现场救援指挥部的设立；设置了"应急救援中止"和"应急救援终止"等规定
	应急救援保障及后续行为	设立了必须履行救援命令或者救援请求的规定；规范了通信等保障要求；规定了可以调用和征用财产的情形；规范了应急救援评估；明确应急救援费用由事故责任单位承担；明确了救治和抚恤以及烈士评定的要求
	法律责任	明确了对有关政府及部门和有关人员违法行为的制裁；明确了对生产经营单位未制定应急预案等违法行为的处罚；明确了对生产经营单位其他应急准备不到位行为的处罚

资料来源：邬燕云：《让生产安全事故应急更科学更规范——〈生产安全事故应急条例〉解读》，《中国应急管理》2019年第3期，第36～39页。

（2）《安全生产行政执法与刑事司法衔接工作办法》

为贯彻落实《意见》要求，完善安全生产行政执法与刑事司法的衔接，2019年4月16日，四部门（应急管理部、公安部、最高人民法院、最高人民检察院）联合印发《安全生产行政执法与刑事司法衔接工作办法》（以下简称《办法》）。《办法》明确涉嫌安全生产犯罪的案件主要由重大责任事故案件、强令违章冒险作业案件、重大劳动事故案件、危险物品肇事案件、消防责任事故、失火案件、不报谎报安全事故案件等构成；《办法》强化了四部门办案全过程协调配合机制，例如形成案件移送、立案监督的程序闭环，明确公安机关做出立案或不予立案的期限和要求，应急部门提出异议、提请复议和建议监督的程序；《办法》构建了四部门常态化协作工作机制。

此外，2019年还发布、修改和废止了一系列与安全生产相关的规定办法，例如发布了《安全评价监测检验评价机构管理办法》，科学设置机构准入条件，强化事中事后监管①；修改了《生产安全事故应急预案管理办法》，针对预案衔接、科学论证、依法公开、演练要求等做了明确规定。

（四）防控：全面整治化解重点领域和重点地区的系统性安全风险

江苏响水3·21特别重大爆炸事故发生后，习近平总书记连续五次做出重要批示，要求从国家安全战略高度防范化解危化品"灰犀牛"的风险。李克强总理在国务院常务会议上审议响水事故调查报告时指出要把危化品作为重点进行整治。

近年来我国化工行业发展较快，2018年我国化工总产值占据全球的40%，化工品被广泛应用于国民经济各领域。与此同时，我国危化品的安全生产形势异常严峻，2019年发生的江苏响水3·21事故、山东济南4·15事故和河南三门峡7·19事故三起重特大生产安全事故，给人民生命财产造成重大损失。

以标准建设引领危化领域安全风险治理。为贯彻党中央、国务院有关部署，指导地方政府和企业系统深入排查化工园区和危险化学品的安全风险，应急管理部于2019年4月制定印发了《化工园区安全风险排查治理导则

---

① 在天津8·12事故和响水3·21事故等特别重大生产安全事故中，均出现了安全评价监测检验机构检查不深入、不全面，评价报告与实际情况严重不符，为事故主体企业出具虚假证明等违法违规行为。

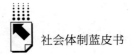

（试行）》和《危险化学品企业安全风险隐患排查治理导则》。《化工园区安全风险排查治理导则（试行）》弥补了我国化工园区安全风险排查治理指导文件的空白，目的是针对我国目前存在的800多个化工园区，系统性、标准化地排查其规划和布局问题、项目准入问题和区域风险叠加问题。《危险化学品企业安全风险隐患排查治理导则》系统总结了近年来化工和危化品重特大安全事故教训，并借鉴国际上先进的化工过程安全管理方法针对危化品企业制定风险隐患排查治理导则。

以专项整治为抓手推动危化品等领域安全风险治理。2019年11月，李克强总理做出重要批示，要求切实抓好全国危化品安全专项督查工作。国务院安委会在11月印发《全国安全生产集中整治工作方案》，针对危化品等重点行业领域开展为期3个月的安全生产集中整治。在方案中突出加强危化品领域的整治，针对源头管理失控，重点整治危化品企业和化工园区两个导则不落实、招商项目不符合园区发展定位、盲目引进其他地区淘汰的产业产能、安全生产评估和防控措施不实等问题；针对监管责任悬空，重点整治各环节安全责任不清晰、存在监管漏洞盲区，两重点一重大建设项目审批不规范、不严格，危险固废安全监管缺失；针对本质安全水平下降，重点整治一、二级重大危险源安全监管监控设备不完善等；针对安全管理制度不落实，重点整治隐患排查治理制度不健全、现场安全管理混乱等突出问题。此外，还要针对煤矿、非煤矿山等其他重点行业领域进行整治。

以重点地区为突破口开展系统性安全风险整治。江苏响水3·21特别重大爆炸事故发生后，中央领导要求"开小灶进行整治，务必整出实效"，根据党中央、国务院决策部署，国务院江苏安全生产专项整治督导工作组进驻江苏省开展专项整治督导工作，这在我国历史上是第一次由国家层面派驻工作组对一个省的安全生产工作进行专项整治。专项整治督导分三个阶段，第一个阶段为集中督导阶段，督导组赴市县指导查找问题、完善措施，督导重点行业的突出问题专项整治；第二个阶段整改提升，督促落实整改措施，着力完善制度、建立长效机制，总结可推广的经验做法；第三个阶段考核评估，形成专项整治工作报告。

（五）基础：构建防控体系、强化安全准入、完善规章标准

2019年安全生产基础能力建设在体系建设、准入条件、标准完善等方面有所推进。首先，以构建安全预防控制体系为抓手，全力夯实企业安全基础。应急管理部安全生产基础司牵头制定非煤矿山、建材、冶金等行业的安全风险管控指导意见，指导企业管控安全风险，并且在各行业培育示范单位。以落实安全生产承诺制为主线，强化安全生产标准化建设。以长江流域的尾矿库和"头顶库"为重点对象，指导地方防范化解尾矿库重大风险。其次，以强化安全生产准入为抓手，不断提升安全保障水平。应急管理部会同自然资源等部门进一步提高非煤矿山主要矿种最小开采规模，完善非煤矿山安全许可条件。最后，以标准体系建设促进基础能力，2019年应急管理部安全生产基础司全面梳理非煤矿山和工贸行业领域的现行法规、标准和规范性文件，同时构建相关行业的规章标准体系框架，制订2019～2021年立改废计划。

三　中国安全生产领域改革的挑战与展望

虽然我国安全生产形势稳定好转，但是在《意见》推进过程和国家机构改革进程这一重合期，仍然有很多挑战需要应对，主要体现在以下几方面。

（一）职业健康防治需要相关部门加强协作

职业健康与安全生产工作具有相同的工作目标、工作对象和工作方法。两者都是为了保障劳动者的生命安全与健康，两者的工作对象都是一线劳动者，两者的工作重心都是通过监察进行"防"，而不是"治"和"救"。正是由于两项工作的极大相似性，甚至可以应用同一支监察队伍共同开展安全生产和职业健康监察，所以按照国际惯例，这两个事情往往并项管理，甚至看作一项工作，即职业安全与健康，美国1970年通过了《职业安全与健康法案》，其宗旨是"尽可能地确保每一个工人都有安全和健康的工作条件并

维持我们的人力资源"。2016 年出台的《意见》中，"改革安全监管监察体制"一节中明确提出"坚持管安全生产必须管职业健康，建立安全生产和职业健康一体化监管执法体制"，但是在本次机构改革中，职业安全健康管理司由原国家安监总局划拨至国家卫健委，使安全生产工作与职业健康管理工作分离。

职业健康虽然从大的框架来看属于公共卫生体系，但是由于其特定的目标人群（劳动者）、特定的风险防控策略（重心在"防"，而不是"治"）、特定的干预策略（对劳动场所进行监察），决定了该项工作与传统安全生产工作具有极大的同质性。因此在现有体制格局下，关于职业健康防治，就需要加强各级安全生产管理部门和卫生健康管理部门的协作配合，具体体现在监察执法队伍建设、监察信息沟通、治理措施沟通等方面，以提升安全生产和职业健康防治的执法效率，节省宝贵的基层编制资源。

（二）交叉领域的监管需要规范化和标准化

江苏响水事故发生最主要的原因是在危险废物处理的过程中出了问题，在事故调查过程中，出现危废的行业主管部门归属争议，生态环境部门和应急管理部门在危废管理的责任上存在模糊不清的地方，最后导致各级应急管理部门和生态环境部门的大量公职人员被追责。虽然《意见》明确了三个必须——"管行业必须管安全、管业务必须管安全、管生产经营必须管安全"，但是相关部门对各自的安全监管职责还存在认识不统一的问题。江苏响水事故暴露出监管部门之间统筹协调不够、工作衔接不紧等问题。虽然江苏省、市、县政府已在有关部门安全生产职责中明确了危险废物监督管理职责，但应急管理、生态环境等部门仍按自己理解各管一段，没有主动向前延伸一步，存在监管漏洞。存在交叉监管的领域，尤其是综合监管领域，要通过制度建设的方式规范责任边界和协作机制。

（三）进一步完善我国安全生产执法体制

《意见》要求"地方各级党委和政府要将安全生产监督管理部门作为政

府工作部门和行政执法机构，加强安全生产执法队伍建设，强化行政执法职能"，这项工作在机构改革这一特殊时期由于应急管理机构改革的原因没有落实到位，机构改革中，个别省份取消各级安全执法队伍，同时又受行政编制的限制，导致安全生产执法力量被严重削弱。因此，在下一步的改革过程中，建议应急管理部牵头指导我国各级安全生产执法队伍建设，进一步厘清各级应急管理部门与安全生产执法队伍的职责边界，因地制宜合理配置安全生产执法队伍力量，尤其是向基层和重点区域倾斜，出台相关标准和意见，推动安全生产执法队伍专业化、规范化、正规化建设。

参考文献

刘铁民：《中国安全生产若干科学问题》，科学出版社，2009。

应急管理部、公安部、最高人民法院、最高人民检察院：《安全生产行政执法与刑事司法衔接工作办法》，《中国应急管理报》2019年5月7日，第1版。

王亦君：《我国着力构建安全生产执法司法常态化协作机制》，《中国青年报》2019年5月8日，第3版。

刘志涛：《安全生产行政执法与刑事司法衔接步入正轨》，《中国商报》2019年5月16日，第6版。

B.22

2019年我国食品药品安全
监管改革进展与展望[*]

闫志刚　边晓慧[**]

摘　要： 2019年，我国食品药品安全监管改革在新的"大市场-专药品"体制下不断深化，其中，"放管服"改革积极推进，综合执法改革取得阶段性成果，重点领域的监管得以强化。总体呈现制度建设加速、监管效能提升、监管方式全面转型、监管机制不断创新的特点。但仍存在一些薄弱关系，下一步应处理好产业发展与安全监管、综合监管与专业监管、监管事权和监管能力、食品药品监管部门与一般市场监管部门、省级药品监管机构与省以下市场监管部门之间的关系。

关键词： 食品药品　监管改革　"放管服"　综合执法体制

监管改革系指实施监管的机构、体制、机制、法律法规依据、方式等方面发生较大的变化，近些年，伴随着国家治理现代化，食品药品监管领域的改革一直在进行中。2019年是我国"大市场-专药品"新食品药品监管体制开始运作之年，整体来看，食品药品监管改革呈现系统推进、不断深化、

* 本文为首都经济贸易大学北京市属高校基本科研业务费专项资金资助项目"大市场监管体制下的保健食品监管研究"（项目编号：XRZ2020006）的阶段性研究成果。
** 闫志刚，首都经济贸易大学城市经济与公共管理学院讲师，主要研究方向为政府监管；边晓慧，安徽大学管理学院讲师，主要研究方向为政府信任、政府监管。

全面转型的特征。一方面，随着多份明确相关监管责任、调整监管事权划分等事项的规范性文件出台，食品药品监管体制改革的系统性、整体性、规范性得以增强；另一方面，在国家推进"放管服"改革、转变市场监管方式等大背景下，食品药品监管工作延续了近年来的改革创新态势，审评审批、监管方式转型等工作开始全面提速。

一 2019年我国食品药品安全监管改革的主要进展

1. 食品药品"放管服"改革不断推进

市场监管是政府职能的重要内容，市场监管改革也是政府职能改革的组成部分，并总是与政府职能转变的总体思路相一致。近年来，在全国深化"放管服"改革、优化营商环境的大背景下，食品药品监管领域的"放管服"改革也在积极推进，改革促进了监管方式的转变，增强了监管的透明度和公平性，提升了监管效能。2019 年，国家市场监管总局和药品监管局继续取消和下放了一批食品药品行政许可事项，全面清理食品药品监管领域各类证明事项，涉及食品药品生产许可、保健食品延续注册与变更等多种事项，其中，药品（包括医疗器械、化妆品）监管证明事项，国家药品监管局分三次公告共计取消 120 项。

在食品领域，普通食品生产经营许可改革、特殊食品的注册备案改革均取得进展。根据国家市场监管总局 2018 年 11 月份印发的《关于加快推进食品经营许可改革工作的通知》，各地不断推进食品经营许可改革，包括优化食品经营许可条件、简化许可流程、缩短许可时限、加快推行电子化审批。2019 年 5 月，国家市场监管总局组织修订了《食品生产许可管理办法》，并向社会公开征求意见，包括实行部分食品生产许可告知承诺、调整食品生产许可申请材料、压缩食品生产许可时限、推进食品生产许可信息化等内容。此外，各地积极试行食品经营许可和营业执照"证照合一"许可登记制度，推行电子化审批，努力实现群众办事"最多跑一次"。特殊食品审评审批改革加快，特别是保健食品监管，注册备案双轨制加快推进，审评审批速度提升，全年国家市场监管总局新批准保健食品注册申请 343 件，发放保健食品备案凭证 2121 个，保健食品简易变更由 60 个工作日压缩至 30 个工作日以内。

在药品领域，从 2015 年开始，中央相继印发了《关于改革药品医疗器械审评审批制度的意见》《关于深化审评审批制度改革鼓励药品医疗器械创新的意见》等文件，推进药品、医疗器械审评审批制度改革，加快创新药、临床急需药品审批改革，监管机构简化上市审评程序和要求，同时做好药品注册审评检查与检验各环节衔接，提高药品评审工作效率和注册时间的可预期性。2019 年国家药监局先后发布了《关于进一步完善药品关联审评审批和监管工作有关事宜的公告》《关于实施医疗器械注册电子化申报的公告》等文件，进一步加快药品医疗器械审评审批。全年国家药品监管局新批准药品上市注册申请 462 件、医疗器械 1506 件，医疗器械注册人制度试点扩大至 21 个省份。①

2. 食品药品监管体制与执法改革不断深化

在食品药品监管体制改革中，横向间不同监管部门的职能划分和纵向间的监管事权划分历来是改革的核心内容。我国 2013 年开始实行大部制改革，仅中央层面将食品药品生产流通等领域的监管职能整合成立了食品药品监管总局，地方实践中出现了与中央对口的专业模式和"多合一"的综合模式的竞争；2018 年，"多合一"的大市场监管模式最终被新一轮机构改革确认，该模式通过整合包括食品监管职能在内的多种市场监管职能成立市场监管总局，并对食品监管实行分级属地管理；同时改革也考虑到药品监管的专业性，成立国家药品监管局，作为市场监管总局的二级局，地方药品监管机构只设立到省级层面，药品经营监管由省级以下地方市场监管机构统一承担。此模式兼顾了食品安全监管的协调力与综合性和药品监管的特殊性与专业性。在市县普遍采取市场监管综合执法的前提下，用"小折腾"获取

① 《2019 年，我们收获的那些民生红利》，《光明日报》2020 年 1 月 2 日，第 11 版。

"大红利"的方案，一定程度上有利于监管的统一性。①

在"多合一"大市场监管的总体思路下，2018 年的食品药品监管体制改革主要在国家和省级层面得到推行，国家市场监管总局、国家药品监管局和各省级市场监管局、药品监管局相继挂牌成立。2019 年，食品监管体制改革主要在地方层面上加速推进。截至 2019 年底，全国省市县市场监管机构基本组建到位，绝大多数地方在乡镇设置派出机构市场监管所，地方食品安全监管由这些机构负责执行。在食品监管事权划分方面，国家总局成立了五个司分别承担生产、流通、抽检、特殊食品监管、综合协调职能，执法和稽查办案职能由总局执法稽查局的一个处室负责；省级层面聚焦于区域统筹协调和监督指导职能，重点做好生产企业的监管，原则上不设执法队伍，法律法规明确要求省局承担的执法职责，由其内设机构以市场监管部门名义对外实施；市县层面重点做好流通企业的监管，主要负责日常监管和执法活动。

在药品监管方面，目前全国省级药监部门均已设立，除新疆生产建设兵团在市场监管局加挂药品监管局牌子外，其余 31 个省（区、市）均为单独设立，药监部门主要领导大都兼任市场监管局党组成员、党组副书记或副局长。虽然中央要求药监部门设到省一级，但约有一半省级药监部门通过以检查分局、监管办公室、稽查办公室等形式设立直属派出机构，或者在省直属事业单位下设派出机构（江西），在市县市场局加挂药监机构牌子（浙江）等。在药品监管事权划分方面，国家局主要负责业务指导、药品（包括药品、医疗器械和化妆品）研发和临床阶段的监管、境外检查以及产品审批等职能，省局主要负责药品生产企业和较大流通企业（如药品批发企业、零售连锁总部、互联网销售第三方平台）的监管，市县市场局主要负责较小流通企业的监管。

3. 食品药品监管的重点领域监管得以强化

新一轮食品药品监管体制改革虽然对食品药品监管工作带来一定影响，

---

① 胡颖廉：《中国食品安全监管体制演进》，《第一财经日报》2018 年 8 月 14 日，第 A11 版。

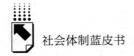

如一些监管力量分流到别的部门，但整体上仍比较平稳，特别是在国家和省级层面，机构整合中监管队伍保持了相当的稳定性，有的内设机构甚至扩大了监管力量，如总局和一些省局都设立了专门的食品协调机构，因而食品药品监管工作得以稳步推进，重点领域的监管不断强化。

首先，食品安全监管综合治理进一步深化。2019 年 5 月，中共中央、国务院印发《关于深化改革加强食品安全工作的意见》，要求深刻认识食品安全面临的形势，深化改革创新，按照"四个最严"要求，进一步加强食品安全工作，确保人民群众"舌尖上的安全"。9 月 9 日，由中央纪委国家监委联合市场监管总局等 14 个部委开展整治食品安全问题联合行动，聚焦人民群众关注的校园食品安全、农产品质量安全、非法添加、假冒伪劣等突出问题进行专项整治，保证取得"可检验、可评判、可感知"的成果。针对群众反映强烈的保健市场乱象，1 月至 4 月，市场监管总局联合公安部等 13 个部委开展整治保健市场乱象"百日行动"，针对保健市场的重点领域和重点违法行为进行专项执法行动，5 月至 12 月，市场监管总局又组织开展了保健食品"五进"宣传活动，向普通消费者传递"保健食品不能替代药物"的核心理念，普及保健食品不同于普通食品、药品的有关知识。为加强学校食品安全监管，教育部、国家市场监管总局和国家卫生健康委员会联合印发《学校食品安全与营养健康管理规定》，开展校园食品安全风险防控行动，提升了学校、幼儿园食堂安全水平。据统计，2019 年，全国共查处食品违法违规案件 24.6 万余件，责令停产停业 2604 户，公安机关抓获犯罪嫌疑人 1.7 万人。[①]

其次，在药品领域，国家重点加大疫苗监管力度，推进完善疫苗监管体系。根据《关于改革和完善疫苗管理体制的意见》部署，中央层面建立疫苗管理部际联席会议制度，完善疫苗监管体制机制；同时，加强疫苗质量监管，加强疫苗全流程、全生命周期管理，出台疫苗生产企业巡查规定，印发

---

① 国家市场监管总局：《2019 年全国新设市场主体 2179 万户》，http：//www. gov. cn/shuju/2019－12/28/content_ 5464620. htm，最后检索时间：2020 年 2 月 15 日。

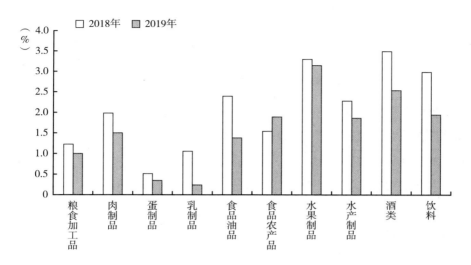

图1　2018年和2019年我国主要食品种类抽检不合格率

资料来源：根据国家市场监管总局官网数据整理。

《关于向疫苗生产企业派驻检查员的指导意见》，全面提升批签发检验能力建设；推进WHO国家疫苗监管体系（NRA）评估工作，制定相应的管理手册和规范文件，着力建立监管工作质量管理体系。此外，国家药品监管局分别指导开展了中药饮片专项整治，执业药师"挂证"专项整治，违法宣称非特殊用途化妆品清查专项行动，以及麻醉药品、第二类精神药品、药品类易制毒化学品、芬太尼类药品等生产经营环节专项检查，强化对高风险产品监管。

二　2019年我国食品药品安全监管改革的主要特点

1. 监管制度建设提速，不断提升监管的制度化、法制化水平

2019年，我国监管制度建设提速，一大批食品药品监管领域的规范性文件相继出台，突出了食品药品监管改革的顶层设计，完善和健全了食品药品监管的相关规定，为食药市场监管提供了重要的制度保障，不仅有利于规范市场监管行为，构建食药监管的长效机制，而且对于明确监管事权划分，

287

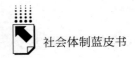

强化监管责任落实都具有积极意义。事实上，在推进依法治国、构建法治政府的总体要求下，坚持依法依规监管，运用法治思维和法治方式履行市场监管职责也是我国进一步推进市场监管现代化的必然要求。

国家十分重视食药领域监管制度设计，即在梳理现有监管法律法规和规章制度的基础上，加快法规制度立改废释，构建统一、科学、系统的食药监管制度体系，确保市场监管有章可循、有法可依。2019 年，我国食药监管相关的制度建设取得重大进展，主要集中在以下方面：一是出台了一系列文件，对各级食品药品监管机构的职责进行划分，厘清监管事权，明确监管对象和范围，确保权责更加明晰。二是制定和修订了一大批食品药品监管法律法规，如《药品管理法》《疫苗管理法》《食品安全法实施条例》等，推动了监管工作的制度化、规范化。此外，修订的《药品注册管理办法》《药品生产监督管理办法》《药品经营监督管理办法》《药品抽样原则及程序》《生物制品批签发管理办法》《非特殊用途化妆品备案管理办法》《化妆品境外检查暂行管理规定》多次向社会公开征求意见，《药品网络销售监督管理办法》《医疗器械监督管理条例》等法规规章也都在紧张的制定和修订之中。

我国历来重视食药市场监管的制度建设，相关法律法规体系逐步完善，但是，监管法律法规不健全仍然是制约食药监管的重要症结，与此同时，伴随着复杂的食药市场形势发展变迁，出现了一系列监管新问题、新挑战，人民群众对监管也有新的要求和期盼，一系列监管改革经验也亟须通过法律法规等形式固定下来，这都要求我们继续重视和加强监管制度设计以及法律规范修订。

2. 重视监管执法体制改革，推进监管综合行政执法水平与绩效

监管执法是将监管制度优势转化为治理效能的必要环节，重视监管执法改革，深化综合执法成为进一步完善大市场监管的必然要求，也是预防大市场监管弊端的关键①。2018 年 11 月 26 日，中共中央办公厅、国务院办公厅

---

① 薛澜、李希盛：《深化监管机构改革，推进市场监管现代化——以杭州市为例》，《中国行政管理》2019 年第 8 期，第 21～29 页。

联合印发了《关于深化市场监管综合行政执法改革的指导意见》，成为我国深入推进监管综合执法改革，建立统一、权威、高效的市场监管执法体制的指导性文件。遵循"大市场监管""综合执法"等市场监管改革的整体逻辑，市场监管综合执法改革将通过整合市场监管职能，加强执法队伍建设，着力解决我国市场监管体制不完善、权责不清晰、能力不适应、多头重复执法与执法不到位并存等矛盾。

2019年，食药领域监管的综合执法改革不断推进，呈现出以下特点：一是监管执法重心下移。食品药品监管综合执法体制改革突出了基层导向，国家不断加强基层标准化、规范化建设，推动人、财、物向基层倾斜。在事权划分上，一些食品药品监管事权层层下放，行政执法职能主要定位市县级市场监管部门，特别是对食品药品流通企业的监管执法职能。2019年，食品药品监管体制改革主要在市县级层面得到推行，在中央明确综合执法改革方向与要求时进一步推进人、财、物向基层倾斜，规范了地方综合执法改革。此外，国家市场监管总局于2019年7月8日制定《市场监督管理所条例》面向社会公开征求意见，对于进一步促进市场监管所规范化、法制化建设，加强辖区内的食品、药品监管具有重要意义。二是打造高素质专业化执法队伍。在大市场监管改革下，按照减少层次、整合队伍、提高效率的原则，各地逐步整合了市场监管执法队伍，并致力于构建适应市场监管综合执法专业性、技术性要求的职业化监管执法队伍建设，严把人员进口关，加强人员能力培训，实行持证上岗和资格管理等。其中，对于药品监管的执法凸显其"专业性"，国务院在2019年7月印发了《关于建立职业化专业化药品检查员队伍的意见》，提出建立职业化、专业化药品检查员队伍，不断提升药品监管执法队伍的专业素养。三是建立健全协同高效的综合执法工作机制，实现统一指挥、横向协作、纵向联动。综合执法有多方面的含义，既有集中进行，也有多部门联合进行①，因此构建综合执法工作机制尤为必要，

---

① 中国青年网：《组建国家市场监督管理总局意义：市场监管进入新阶段》，https：//news. china. com/domesticgd/10000159/20180402/32261146_ 1.html，最后检索时间：2020年4月28日。

大市场监管体制建立以来，新的综合执法机制正在探索建立之中，如专项业务综合协调机制、重大案件的联动执法和联合惩戒机制、执法案情通报和典型案例定期发布机制、行刑衔接机制等。

3. 监管方式全面转型，从事前监管向更加重视事中事后监管转型

随着我国"放管服"改革的不断深化，食药监管也在推动事前审批监管更多转向事中事后监管。2019年，我国食药监管领域，进一步精简事前审批，加强事中事后监管，推动监管方式的全面转型。

长期以来，我国的市场监管以基于准入的事前监管为核心，通过建立较为完善的企业准入以及产品准入标准，确保生产厂商的生产资质和能力。学者刘亚平认为，这种"发证式"监管有其优越性，但也存在很多的弊端，当监管对象规模大、相似度高时，标准化可以节省成本，但是当大量中小企业存在时，标准化的准入控制可能在一定程度上失效，导致大量无证经营的机会主义行为存在[1]。与此同时，基于准入的市场监管也增加了合规企业的交易成本，增加企业负担，影响市场活力。监管体制改革就是让政府更加有效履行职能从而使市场更加有效地发挥作用，即找到政府和市场关系的均衡点[2]。因此，与我国深化"放管服"改革的逻辑一致，在食药领域，推进企业准入更加宽松，产品准入更加快捷，对于营造有利于激发市场主体活力的监管环境，激发市场主体活力，促进市场竞争具有积极意义。

2019年9月，国务院印发《关于加强和规范事中事后监管的指导意见》，要求放管结合、并重，推动监管方式从事前审批为主转变为事中事后监管为主，构建权责明确、公平公正、公开透明、简约高效的事中事后监管体系。与事前"发证式监管"反映的静态的政府"全能主义"监管理念不同，事中事后的监管是一种动态的"调适性监管"[3]。从当前改革内容来看，

---

① 刘亚平、梁芳：《监管国家的中国路径：以无证查处为例》，《学术研究》2018年第9期，第44~52页。
② 胡颖廉：《十三五期间食品安全监管体系催生：解剖四类区域》，《改革》2015年第3期，第72~81页。
③ 刘亚平、文净：《超越机构重组：走向调适性监管》，《华中师范大学学报》（人文社会科学版）2018年第1期，第10~16页。

食品药品领域的事中事后监管主要包括实施食品、药品的全生命周期管理，落实"双随机、一公开"检查抽查制度，加强食品、药品质量安全风险管理等。此外，事中事后监管还重视监管过程的公开、透明、公平，持续推进阳光监管，规范监管过程和行为。

4. 监管机制持续创新，促进监管科学化水平

在社会经济高速发展阶段，我国市场监管也必须与时俱进，不断探索、持续创新市场监管机制，由此才能适应新的市场环境，确保市场监管的科学性和有效性。2019年，我国食药监管领域的信用监管、大数据智慧监管进一步推进，显著提升了我国食药监管的科学化、现代化水平。

一是信用监管机制进一步完善。近年来，我国在市场监管领域大力推行信用监管，对企业信息进行公示并对失信企业进行联合惩戒，食品药品监管系统也制定下发了相关指导文件，一些地方也做了一些探索。2019年7月9日，国办印发《关于加快推进社会信用体系建设构建以信用为基础的新型监管机制的指导意见》，要求围绕信用监管创新监管理念、监管制度和监管方式，建立健全新型信用监管机制，新型信用监管方式包括食品药品在内的市场监管常态，具有广覆盖、系统性的特点。目前，信用监管作用已开始发挥重要作用，2019年全国"一张网"归集信用信息8.2亿条、日均查询量1536.7万人次，2018年度企业年报率达到91.5%，纳入严重违法失信企业名单80.3万户[1]。

二是大数据智慧监管加快推进。2019年，食品药品监管领域推行了一系列信息化、智能化手段。不少地方政府实施"互联网＋明厨亮灶"工程，建设市场监管大数据智慧监管平台提高餐饮业的监管效能。5月21日，国家药监局印发《关于加快推进药品智慧监管的行动计划》，提出构建监管"大系统、大平台、大数据"，加强药品智慧监管建设，实现监管工作与云计算、大数据、"互联网＋"等信息技术的融合发展，创新监管方式，服务

---

① 任震宇、姜馨：《重点抓好"七个着力"数说2019年市场监管》，http：//www.ccn.com.cn/m/view.php? aid=480162，最后检索时间：2020年4月20日。

改革发展。① 2018 年开始建设的药品（疫苗）信息化追溯体系也加快了进度，部分省市的疫苗追溯协同服务平台基本建成并开始试点，药品品种档案及药品信息采集平台建设取得阶段性进展；此外，国家药监局发布了化妆品监管 App，8 月初用户量已超 80 万，树立了药监部门为民服务的良好形象。②

三　2020年食药监管改革展望

2020 年，我们将全面建成小康社会，实现第一个百年奋斗目标，而食品药品安全则是小康社会的基本保障。同时，食品药品面临的新旧风险隐患交织叠加，推进监管体系和监管能力现代化，要求食品药品监管必须同步建成科学、完善的监管体系，真正能有效守护人民群众的健康。针对食品药品监管改革的重点环节，笔者认为下一步应注意处理好以下几个方面的关系。

1. 产业发展与安全监管的关系

食品药品行业如今已发展成为国民经济的重要组成部分，在我国监管现代化背景下和其他行业一样具有"放管服"的客观要求，需要继续在减少审批、压缩时间、提高市场准入效率上下功夫，提升产品的可及性，满足人民群众更高需求。同时，食品药品比较特殊，其监管本质上是一种社会性监管，必须警惕和防范对国民身体健康和生命安全造成伤害的风险。因而需要平衡好二者的关系，在放松与强化之间找到平衡，确保在"放"的同时管得住。

2. 综合监管与专业监管的关系

目前，我国"大市场－专药品"的食药监管总体格局已经建立，作为

---

① 《国家药品监督管理局印发〈国家药品监督管理局关于加快推进药品智慧监管的行动计划〉》，国药监综〔2019〕26 号，http：//www.gov.cn/fuwu/2019 – 06/24/content _ 5402671.htm，最后检索时间：2020 年 3 月 26 日。

② 国家药品监督管理局：《国家药监局发布系列 App 移动互联网助力药品监管》，http：// www.sfdaic.org.cn/business/2019/0806/1130.html，最后检索时间：2020 年 4 月 3 日。

典型的"综合吸纳专业"改革模式被认为是适合我国现阶段食品、药品产业需求，具有促进监管资源整合，减低监管部门间协调成本，提升监管效能等优势。但是也必须认识到综合侵蚀专业的潜在风险，防止因过于追求监管统一协调和覆盖面而忽视了监管流程、监管标准等的专业性和技术深度。在食品、药品产业不断发展规范的背景下，未来综合监管中如何确保食药监管的专业性和相对独立性，平衡综合监管和专业监管的关系将十分关键。

3. 监管事权和监管能力的关系

本次综合执法体制改革倾向于压实基层的责任，但在实际改革当中则存在伴随监管职责的下放，相应专业人员、物资经费、检测资源、执法设备并未相应转移到基层的情形，造成"人不随事走，物不以权分""管人的人比管事的多"等现象，另外，地方食品药品执法队伍普遍存在年龄结构偏大、专业素养偏低等问题，当前提高基层监管能力显得尤为迫切。应高度关注基层市场监管机构能力建设，推动人、财、物向基层倾斜，加强基层执法人员能力培训，确保基层监管机构有能力接住本次改革转移的监管事权。

4. 食品药品监管部门与一般市场监管部门的关系

本次机构改革，将食品药品监管部门与工商、质检等部门进行了整合，重塑了食品药品监管部门与一般市场监管部门的关系，有利于解决之前食品药品监管中职责重叠与模糊的问题。但在新的体制下，二者之间同样存在职责不清的情形，未能实现"化学融合"，如在2019年的保健市场专项整治中，有的地方由反不正当竞争机构主导，有的地方由特殊食品监管机构主导。下一步应明确其各自职责，建立制度化的协调机制。

5. 省级药品监管机构与省以下市场监管部门的关系

本次机构改革，在药品监管机构设置上的一个特色是只设到省一级，打破了之前上下一般粗的"权责同构"问题，但也带来了一定的协调和执行问题。从当前实践来看，省级药监部门不太习惯这种没有"腿"的体制，通过多种形式设立了一些派驻机构。由于药监机构和市场监管机构相对独立，在药品监管中省级药监机构及其派驻机构与市县市场监管机构之间的协作面临问题，需要有针对性地加以解决。

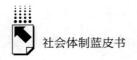

参考文献

吴元元：《信息基础、声誉机制与执法优化——食品安全治理的新视野》，《中国社会科学》2012 年第 6 期。

胡颖廉：《中国药品安全治理现代化》，中国医药科技出版社，2017。

刘鹏：《中国食品安全——从监管走向治理》，中国社会科学出版社，2017。

B.23
2019年防灾减灾体制改革：
回顾与前瞻

王郅强　武永超*

摘　要： 伴随国家应急管理体系与能力现代化的持续推进，防灾减灾体制改革迎来了新的历史契机。本文立足横纵相结合的历史视角，借助文献研究方法，首先，扼要回顾了新中国成立以来中国防灾减灾体制改革历史演进；其次，重点梳理和分析了2019年我国防灾救灾体制改革的趋势和改革要点；最后，对2020年防灾减灾体制改革提出一些具有前瞻性和针对性的意见建议。通过研究，笔者认为，新中国防灾减灾体制改革经历了起步、发展和深化三个历史阶段，完成了从无到有，从封闭到开放，从单一到多元的历史蜕变；2019年的防灾减灾体制改革呈现现代化、社会化和国际化趋向特征，具体改革要点上，着力构建综合统筹、权责明晰的纵向防灾减灾体制，持续健全属地管理、跨域协调的横向防灾减灾体制，不断搭设多方联动、多维组合的外向防灾救灾体制。相关研究成果将为防灾减灾体制改革提供新的洞见。

关键词： 防灾减灾　体制改革　治理现代化

---

* 王郅强，华南理工大学公共管理学院院长、教授，主要研究方向为应急管理、社会治理；武永超，华南理工大学地方风险治理研究中心博士生、兼职研究人员。

2019 年是新中国成立 70 周年。70 年防灾减灾事业艰苦卓绝，风云激荡，在党和政府的坚强领导下，我国防灾减灾救灾体制改革取得重大历史成就，积累了应对重特大自然灾害的宝贵经验，国家综合防灾减灾能力得到显著提升。

回顾 2019 年防灾减灾历程，总体上看，体制改革明显受到《中共中央关于全面深化改革若干重大问题的决定》、《中共中央国务院关于推进防灾减灾救灾体制机制改革的意见》、《国家综合防灾减灾规划（2016 ~ 2020）》、应急管理部组建、《中共中央关于坚持和完善中国特色社会主义制度 推进国家治理体系和治理能力现代化若干重大问题的决定》等背景影响，在具体改革趋势和举措上均具有相当大的延续性，同时又具有局部突破的特点。

一 从1949年到2019年：中国70年防灾减灾体制改革历史回顾与主要成就

新中国成立至今，伴随着顶层改革浪潮的持续铺展和特定灾难事故的间断推动，防灾减灾体制改革大致经历了三个重要的历史时期：（1）新中国成立初期至改革开放的改革起步期（1949 ~ 1978 年）：这一阶段防灾减灾的体制改革重点主要聚焦于防灾减灾领导体制和职能机构的确立。防灾减灾管理体制上实行党的一元化领导，具体主要由中共中央和国务院（政务院）统一领导，形成了以中央救灾委员会为核心、中央防汛总指挥部和中央防疫委员会为两翼、各相关职能部门为基础，三个高层次议事协调机构并行的"雁行体制模式"①。（2）改革开放至汶川地震前的改革发展期（1978 ~ 2008 年）：这一阶段防灾减灾体制改革的重心放在统筹协调体制改革方面，基本确立了党和政府统一领导、部门分工负责、灾害分类管理、属地管理为主的防灾救灾应急管理体制。（3）汶川地震以来的改革深化期（2008 年至

---

① 王宏伟：《从协调组织到政府部门，中国应急管理制度之变》，http：//www.bjnews.com.cn/opinion/2019/09/22/628377.html，最后检索时间：2020 年 2 月 20 日。

今）：这一阶段防灾减灾体制改革的要点在于补齐制度短板，深化体制内部功能和协同性，强化防灾减灾不同参与主体的职能整合以及在基层防灾救灾体制建设上强调重心下移和职责整合。

70 年防灾减灾体制改革使得我国防灾减灾能力得到极大强化和提升。从防灾减灾整体成效来看，根据应急管理部 2020 年 1 月公布的《2019 年全国自然灾害基本情况》中的最新数据，[①] 2019 年全年各类自然灾害共造成909 人死亡失踪，较近 5 年均值下降 25%，直接经济损失 3270.9 亿元，损失占 GDP 比重较近 5 年均值下降 24%。按照五年规划的时间跨度来进行统计，中国年均因灾死亡失踪人口总体上呈现持续下降的趋势（见图 1）[②]，

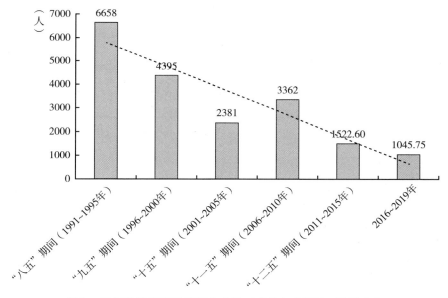

图 1　历年自然灾害因灾死亡人数（年均）（1991～2019 年）

注："十一五"期间（2006～2010 年）剔除了作为极端值的汶川地震的相关数据。
资料来源：《中国统计年鉴（199～2018）》《中国民政统计年鉴（1990～2018）》《2019年全国自然灾害基本情况》等。

---

① 应急管理部：《2019 年全国自然灾害基本情况》，http：//www. gov. cn/xinwen/2020 – 01/17/content_ 5470130. htm，最后检索时间：2020 年 2 月 20 日。
② 胡鞍钢：《全面深化改革与防灾减灾救灾机制》，《中国减灾》2014 年第 19 期，第 42～45 页。

从 1991 ~ 1995 年年均因灾死亡人数的 6658 人降至 2016 ~ 2019 年的 1045.75 人。从因灾直接经济损失来看，整体上因灾直接经济损失的绝对值虽然不断提高（见图 2），从 1991 ~ 1995 年的年均 1360.500 亿元上升到 2016 ~ 2019 年的 3491.775 亿元，在近 30 年间提高了 1.57 倍，但占 GDP 比重却在下降（见图 3），从 1991 ~ 1995 年的年均 3.52% 下降至 2016 ~ 2019 年的 0.68%。

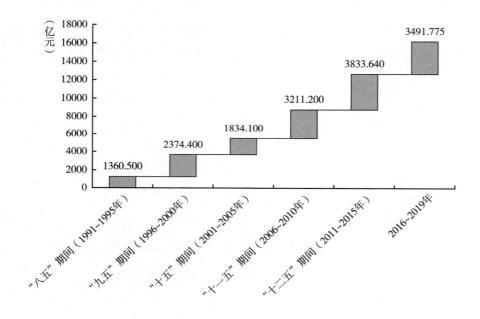

图 2　历年自然灾害直接经济损失（年均）（1991 ~ 2019 年）

注："十一五"期间（2006 ~ 2010 年）剔除了作为极端值的汶川地震的相关数据。

资料来源：《中国统计年鉴（1991 ~ 2018）》《中国民政统计年鉴（1990 ~ 2018）》《2019 年全国自然灾害基本情况》等。

从防灾减灾的具体领域来看，以洪涝灾害为例进行分析。根据 2018 年官方数据显示，2018 年我国洪涝灾害整体偏轻，受灾人口 0.56 亿人，因灾死亡 187 人，失踪 32 人，倒塌房屋 8.51 万间，直接经济损失 1615.47 亿元，其直接经济损失占 GDP 的 0.18%，同时因洪涝灾害死亡和失踪人口是

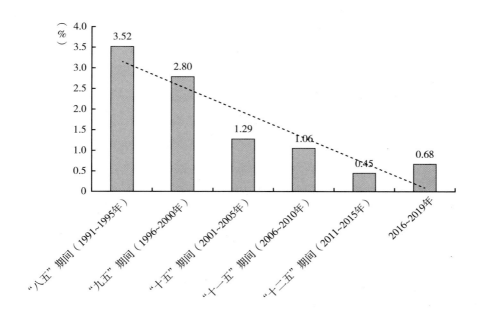

图 3　历年自然灾害直接经济损失占当年 GDP（年均）（1991～2019 年）

注："十一五"期间（2006～2010 年）剔除了作为极端值的汶川地震的相关数据。

资料来源：《中国统计年鉴（1991～2018）》《中国民政统计年鉴（1990～2018）》《2019 年全国自然灾害基本情况》等。

2011 年以来最少的一年。[①] 从纵向时间序列来看，新中国成立以来，我国洪涝灾害造成的死亡人数和倒塌房屋数持续减少（见图4、图5），从 20 世纪 50 年代年均死亡 8571 人到 2011～2018 年年均死亡 798 人，其中 2018 年单年度仅为 187 人，为新中国成立以来最少。与此同时，倒塌房屋数量由 20 世纪 50 年代的年均 240 万间减少到 2011～2018 年年均 57 万间，其中 2018 年为 8 万间，为新中国成立以来历史最低。因洪涝灾害造成的直接经济损失率呈现明显的下降趋势（见图6），由 1994 年最高值 3.8% 左右下

---

① 中国报告网：《2018 年我国洪涝灾害整体偏轻，死亡与失踪人口是最少一年》，http://free. chinabaogao. com/gonggongfuwu/201912/12164E0092019. html，最后检索时间：2020 年 2 月 19 日。

降至 2018 年历史最低值 0.18%，表明洪涝灾害防灾减灾工作取得明显效果。①

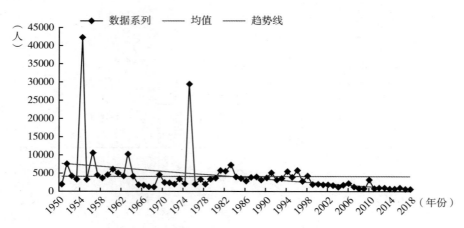

图4　1950~2018年因洪涝灾害死亡人数变化趋势

资料来源：《中国统计年鉴（1991~2018）》《中国民政统计年鉴（1990~2018）》，历年《全国自然灾害基本情况》、相关部门统计公报等。

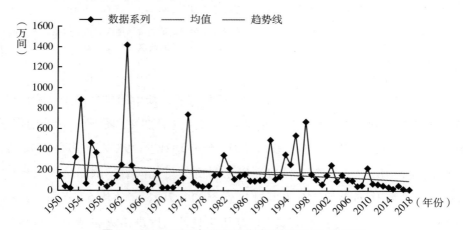

图5　1950~2018年因洪涝灾害倒塌房屋变化趋势

资料来源：《中国统计年鉴（1991~2018）》《中国民政统计年鉴（1990~2018）》，历年《全国自然灾害基本情况》、相关部门统计公报等。

---

① 吕娟、凌永玉、姚力玮：《新中国成立70年防洪抗旱减灾成效分析》，《中国水利水电科学研究院学报》2019年第4期，第242~251页。

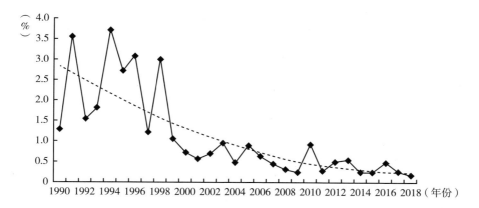

图6　1990～2018年因洪涝灾害直接经济损失率变化趋势

资料来源：《中国统计年鉴（1991～2018）》《中国民政统计年鉴（1990～2018）》，历年《全国自然灾害基本情况》、相关部门统计公报等。

二　从单一封闭到多元开放：2019年防灾减灾体制改革总体趋势

（一）防灾减灾现代化趋向增强

2019年，正值应急管理部组建第二年。2019年11月29日，习近平总书记在主持中共中央政治局就我国应急管理体系和能力建设进行第十九次集体学习时强调，应急管理是国家治理体系和治理能力的重要组成部分，要发挥我国应急管理体系的特色和优势，积极推进我国应急管理体系和能力现代化。[①] 这一重要指示，从客观上表明防灾减灾工作正逐步走向现代化。

防灾减灾的现代化趋势要求形成多元共治格局。所谓多元共治，就是全民共同参与，在减灾领域形成举国减灾、举国防灾的体制，而非举国救灾的

[①] 央视网：《习近平在中央政治局第十九次集体学习时强调充分发挥我国应急管理体系特色和优势积极推进我国应急管理体系和能力现代化》，https://news.china.com/zw/news/13000776/20191201/37484804.html，最后检索时间：2020年2月18日。

体制。① 这在防灾救灾体制改革中集中体现在三个方面：其一，需围绕构建统一指挥、专常兼备、反应灵敏、上下联动的应急管理体制，深入持续推进应急指挥体制、机构管理体制、安全监管和执法体制改革。其二，要完善风险防范精准化解机制，着力推动落实安全发展理念、全面提升预警发布、抢险救援和恢复重建等各环节的精准性，持续健全相关应急制度措施。其三，要健全防灾减灾法律法规预案标准体系，对涉及应急管理相关法律法规、地质气象灾害防控、应急组织救援、综合性消防救援力量等方面的规章制度进行系统梳理和细致修订，不断推动应急预案体系和应急管理标准体系建设。

（二）防灾减灾社会化改革趋势显著

进入新时代以来，与市场化改革相对应的社会化改革变得愈加重要，体制改革逐渐从二维转向三维，着重协调政府、市场与社会三者之间的关系。2019 年初，民政部在部署全年民政工作中就指出，要持续加强市场机制和社会力量在防灾救灾当中的参与程度，借助各类合作方式，不断提升市场和社会防灾救灾的效率。② 这些都表明，我国目前防灾减灾改革正朝向社会化不断深入。

在这一大趋势背景下，防灾救灾迎来巨灾保险时代。根据官方数据显示，2019 年全国自然灾害直接经济损失为 3270.9 亿元，损失占比较近 5 年均值下降了 24%。③ 在造成经济损失相对下降的原因中，巨灾保险的推广普及成为其中之一。巨灾保险机制的引入，打破了灾后损失救助基本依靠政府力量的局面，实现了灾害损失由传统依赖政府"一元"主体供给向广泛吸

① 郑功成：《全面深化改革与防灾减灾救灾体制机制建设》，《中国减灾》2014 年第 11 期，第 39~42 页。
② 民政部：《民政部召开加强基层民政工作总结交流暨 2019 年动员部署会议》，http://www.gov.cn/xinwen/2019-03/23/content_5376144.htm，最后检索时间：2020 年 2 月 17 日。
③ 应急管理部：《2019 年全国自然灾害基本情况》，http://www.gov.cn/xinwen/2020-01/17/content_5470130.htm，最后检索时间：2020 年 2 月 20 日。

纳市场和社会力量共同参与的"多元"公共救助体系机制的转变。有鉴于
巨灾保险在巨灾风险管理当中的作用，制度设计者对巨灾保险制度不断进行
改革完善，目前我国较为成熟的有两个典型模式：一是广东省在全国率先推
行的巨灾指数保险，其将指数型保险模式融入灾害总体制度设计当中，实现
了保险理赔与灾害级别的动态挂钩；二是浙江宁波市试点的公共巨灾保险模
式，其模式由公共巨灾保险、巨灾基金和商业巨灾保险三部分组成，涉及居
民人身伤亡抚恤和家庭财产损失救助两个领域，在筹资机制上具有较好的开
放性。

（三）防灾减灾国际化走向加深

2016 年 12 月，国务院办公厅印发《国家综合防灾减灾规划（2016 ~
2020 年）》，指出，要推进防灾减灾国际交流合作，与有关国家、联合国机
构、区域组织广泛开展防灾减灾救灾领域合作。[①] 进入 2019 年以来，各类
自然灾害叠加，其中不乏涉外灾害，这就不可避免地需要不同国家相互合作
与竞争，共同应对，防灾减灾国际化趋势不断加深。

这一趋势表明，我国防灾减灾体制改革不再局限于内部之间闭门造
车，更多需要放眼世界，在区域一体化和全球化框架下进行有针对性的体
制性改革。体制改革的内容不仅需要考虑本国领域内的政府、社会和市场
之间的关系，还需考虑到与其他国家地区之间的协调合作关系。梳理 2019
年防灾救灾国际交流可以看出，我国目前正在朝着这一方向进行变革。以
2019 年 9 月在广西南宁召开的 2019 年中国 - 东盟防灾减灾科学传播高峰
论坛暨第九届中国 - 东盟工程论坛为例，该论坛的举办旨在积极响应国家
"一带一路"建设和构建人类命运共同体倡议，搭建国际民间科技人文交
流平台，加强中国与东盟各国之间防灾减灾的科普合作，进一步加快构建

---

① 国务院办公厅：《关于印发国家综合防灾减灾规划（2016~2020 年）的通知》，国办发
〔2016〕104 号，http：//www. gov. cn/zhengce/content/2017 - 01/13/content_ 5159459. htm，
最后检索时间：2020 年 2 月 20 日。

国际科普交流机制。① 而借助这种半官方的合作方式开展减灾防灾不失为防灾减灾体制改革的一个重要方向。

三 从碎片化到整体化：2019年防灾减灾
体制改革要点

（一）纵向统御：着力构建综合统筹、分级负责的纵向防灾减灾体制

从纵向统筹体制改革来看，2019 年的防灾减灾体制改革继续坚持资源统筹和综合协调的既定方针，着力破解以往在中央层级关系状态下形成的"受灾群众找政府、下级找上级、全国找中央"的防灾救灾格局，保障减灾救灾资源和权力的下沉。而这当中，厘清和优化防灾救灾领导体制成为体制改革的重中之重。

首先，始终坚持党委在防灾救灾工作中的全面领导体制，加强党委对防灾减灾工作方向的引导。2019 年 10 月召开的党的十九届四中全会就指出，要在防灾救灾等系列应急管理当中发挥党中央集中统一领导优势，坚持党在防灾救灾事业当中处于总览全局、协调各方的领导地位，充分发挥党的政治、思想和组织领导作用，政治引领方向，思想引领行动，组织保障落实，促使防灾救灾工作形成合力。②

其次，继续发挥中央政府在防灾救灾工作中的主导体制，持续加强应急管理部门对防灾减灾救灾工作的统筹指导和综合协调。如 2019 年 4 月，应急管理部副部长郑国光在 2019 年全国汛期地质灾害和海洋灾害防治工作视频会议中就强调，组建应急管理部是党中央做出的重大历史决策，要借助这一发展契机，着力健全统筹防御化解各类自然灾害，综合防灾减灾

---

① 南宁市人民政府：《2019 年中国 - 东盟防灾减灾科学传播高峰论坛暨第九届中国 - 东盟工程论坛召开》，http：//www.gxzf.gov.cn/41326/yw/20190918 - 766906.shtml，最后检索时间：2020 年 2 月 20 日。
② 倪明胜等：《推进国家应急管理体系与能力现代化》，《天津日报》2020 年 2 月 24 日。

的工作体制。①

最后，持续完善基层防灾减灾体制，加强基层防灾减灾资源和力量统筹。如 2019 年 11 月，国家减灾委员会办公室依据《全国综合减灾示范县创建标准和管理办法（试行）》，规划批复了延吉市等 13 个县（市、区）为全国第一批综合减灾示范县创建试点地区，借由示范推广，持续推动基层综合减灾工作深入开展。②

（二）横向联动：持续健全属地管理、跨域协调的横向防灾减灾体制

从横向内部管理体制来看，2019 年的体制改革继续秉承《关于国务院机构改革方案的说明》明确指出的"一般性灾害由地方各级政府负责"的改革要求，持续构建属地为主、分级负责、区域协同防灾减灾体制。③ 在这当中，明确中央和地方应对灾害事权划分成为改革的重点。

首先，完善防灾救灾分级负责体制。对达到国家启动响应等级的自然灾害，中央发挥统筹指导和支持作用，地方党委和政府在灾害应对中发挥主体作用，承担主体责任。这一改革在 2019 年 1 月青海玉树雪灾灾情中就得到有效贯彻。④ 在灾情发生后，国务院就做出重要批示，国家减灾委、应急管理部启动国家Ⅳ级救灾应急响应，向青海省雪灾区派出工作组，青海省与玉树分级成立应对灾情指挥部门，开展减灾救灾工作。

其次，优化防灾救灾属地管理体制。第一，明确防灾减灾救灾工作主管部门职责，强化问责制度。如 2019 年 6 月，安徽省应急管理厅和民政厅联合下发《关于进一步加强自然灾害灾情管理工作的通知》，指出，防灾减灾

---

① 中国气象局新闻宣传司：《郑国光出席 2019 年全国汛期地质灾害和海洋灾害防治工作视频会议并讲话》，https：//www. mem. gov. cn/xw/bndt/201904/t20190413_ 245194. shtml，最后检索时间：2020 年 2 月 20 日。

② 《延吉市被确定为首批全国综合减灾示范县创建试点单位》，http：//jl. sina. com. cn/news/yaowen/2019－11－27/detail－iihnzahi3654242. shtml，最后检索时间：2020 年 2 月 21 日。

③ 王勇：《关于国务院机构改革方案的说明——2018 年 3 月 13 日在第十三届全国人民代表大会第一次会议上》，《中华人民共和国全国人民代表大会常务委员会公报》2018 年第 2 期。

④ 《国家减灾委、应急管理部对玉树雪灾启动Ⅳ级救灾应急响应》，新京报网站，http：//www. edaojz. cn/loushifangchan/86148. html，最后检索时间：2020 年 2 月 20 日。

必须明确属地管理职责，对因失实报告自然灾害损失情况导致严重后果的情形，要启动问责机制严肃追责。①

最后，完善灾害恢复重建责任和分工体制。如 2019 年 11 月，国家发展改革委、财政部和应急管理部三部委联合印发的《关于做好特别重大自然灾害灾后恢复重建工作的指导意见》中明确了灾后恢复重建的程序和责任划分，比如在确定启动程序环节，由国家发展改革委、财政部、应急部牵头，有关部门和灾区所在省份省级人民政府按职责分工负责；在综合评估损失环节，由应急部牵头，有关部门和灾区所在省份省级人民政府按职责分工负责。

（三）外向协同：不断搭设多方联动、多维组合的外向防灾救灾体制

从横向外部协同体制来看，2019 年防灾救灾体制改革主要承袭 2015 年民政部印发的《关于支持引导社会力量参与救灾工作的指导意见》精神，强调积极引导社会力量和市场力量的有序参与，加强政府与社会力量、市场机制的协同配合，借此形成防灾救灾工作合力。在这当中，如何实现多方有序参与和有效协助成为改革重点。

首先，着力完善市场力量参与体制。强化保险等市场机制在风险防范等方面的积极作用，积极推进农业保险和农村住房保险工作。如 2019 年 12 月，广东省农业农村厅与中国太保产险广东分公司签署战略合作协议。后者将发挥专业优势，与广东省在农业保险、扶贫保险、巨灾保险、支农金融创新四大领域开展全方位合作。此前，该公司已在广东试点首个猪饲料成本"保险 + 期货"产品和蔬菜、茶叶等特色农产品气象指数类保险。②

其次，持续健全社会力量协同体制。一是建立健全政府与社会力量协同

---

① 安徽省应急管理厅、安徽省民政厅：《安徽省应急管理厅与省民政厅联合下发通知要求进一步加强自然灾害灾情管理工作》，http：//www. xinhuanet. com/yingjijiuyuan/2019 – 07/17/c_ 1210199750. htm，最后检索时间：2020 年 2 月 22 日。

② 《广东省农业农村厅与中国太保产险广东分公司签署战略合作协议》，南方都市报网站，http：//epaper. oeeee. com/epaper/A/html/2019 – 12/09/content_ 52625. htm，最后检索时间：2020 年 2 月 22 日。

救灾联动体制机制，将政府购买等支持措施落到实处。如2019年11月，江苏省应急管理厅与省红十字会共同签署防灾减灾救灾联动工作机制合作协议，以此来深化两方应急联动机制，建立起统一协调的指挥和保障机制。二是有效保障社会力量参与到防灾救灾当中。[1] 如2019年6月，大连市财政与气象部门联合印发《政府购买服务指导性目录》，将气象监测设备维护等13项气象服务工作纳入市政府购买服务指导性目录，为充分利用社会资源、全面提升气象防灾减灾水平提供了有力的保证。[2]

最后，持续深化国内外交流参与协作体制。学习借鉴国际先进的减灾理念和关键科技成果，创新深化国际交流合作的工作思路和模式。如2019年11月，应急管理部郑国光副部长率代表团赴印度出席第十次上海合作组织成员国紧急救灾部门领导人会议时就向与会的各成员国表示，将不遗余力地推动完善中国与各成员国之间在上海合作组织框架下的紧急救灾联动机制，继续提升上合组织各成员国在紧急救助领域方面的合作力度，共同推进建立"一带一路"自然灾害防治和应急管理国际合作机制。[3]

四 让体制更具韧性：2020年防灾减灾体制改革前瞻

2020年是全面建成小康社会和全面打赢脱贫攻坚战目标实现之年，也是《防震减灾规划（2016～2020年）》《国家综合防灾减灾规划（2016～2020年）》等一系列防灾减灾规划的收官之年，对照4年来的防灾减灾体制改革取得的成效，应当看到，改革还在破题中，相关层面的体制性阻碍还未

① 江苏省应急管理厅救援协调和预案管理处：《省应急管理厅、省红十字会共商建立防灾减灾救灾联动工作机制》，http://safety.jiangsu.gov.cn/art/2019/7/22/art_3153_8642078.html，最后检索时间：2020年2月20日。
② 《大连：财政气象联合公布政府购买服务指导性目录》，http://www.cma.gov.cn/2011xwzx/2011xgzdt/201709/t20170921_449921.html，最后检索时间：2020年2月25日。
③ 中国气象局国际合作和救援司：《郑国光率团参加第十次上合组织成员国紧急救灾部门领导人会议并访问印度、尼泊尔和孟加拉国》，https://www.mem.gov.cn/xw/bndt/201911/t20191115_340732.shtml，最后检索时间：2020年2月22日。

真正消解，改革效能还有待进一步释放。多数共识表明，体制改革是一项偏常态化和静止性的行为，与此相似，防灾减灾在多数情况下亦呈现非常态，如何提升体制供给对现实防灾减灾的韧性，增强防灾减灾主体之间的关系韧性，以期实现防灾减灾体制在复杂多元的风险情境中结构调整与功能优化，成为2020年防灾减灾体制改革需要面对的重点任务。具体来看：第一，在增强纵向上下层级之间关系韧性方面，中央应在保证领导地位不变的前提下，进一步释放权力给下级政府，尤其是对相应专业或技术部门还需进一步授权，让灾害发生地属地部门有更多的灾害处置权力，提升防灾减灾的效率。比如在2020年初新冠肺炎疫情早期暴发阶段，具体负责疫情防控的武汉当地疾控部门在第一时间发现疫情但却因没有疫情信息发布权，只能上报给上级行政主管部门，而上级行政主管部门又层层上报至中央，致使疫情被社会公众知晓出现迟滞，造成了早期疫情防控一度处于被动状态，这显然暴露出目前公共突发事件应对层级体制的短板和弊端。有鉴于此，如何进一步向一些处于特殊地位的下级主管部门下放防灾减灾权限，可能会成为国家2020年防灾减灾体制改革的一个重要指向。

第二，在增强横向不同部门之间关系韧性方面，还需继续强化跨部门协调，进一步破除部门协作藩篱，减少协调成本和阻碍，保证主管部门在防灾减灾中的协作合力，集中优势提升防灾减灾能力和水平，继续推进防灾减灾科层体系的适应性变革，持续确保应急管理部门权力有机重组，进一步加强新组建的应急管理机构同涉及灾害事故应对相关部门的协调联动，不断提升防灾救灾预案体系和制度变革的衔接能力和水平。从2020年新冠肺炎疫情防控当中的应急网络直观来看，处于疫情应对中心的卫健部门，显然缺乏统领协调相关各方部门共同开展防控工作的权限和能力，这一方面是受制于权力层级的影响，另一方面暴露的是在突发公共事件当中相关职能部门在分工协作方面尚存在明显短板，由协调问题引发的直接负向影响即是内部应对系统的混乱，多龙治水，政出多门，严重削弱了疫情防控效率，这就要求下一步的改革需进一步明确不同灾害主管部门在应对灾害时的核心统领地位。此外，从应急管理部门和红十字会在此次疫情防控当中不尽如人意的表现可以预见，2020 年国家还会对这两个部门的职能进行进一步的整合优化。

第三，政府与社会内外之间韧性方面，集中体现为政府要继续向社会授权和放权，提升社会力量和市场力量的自主性，持续保证政府与社会、市场在风险与危机情境中的相互赋能与相互增权，培育其在防灾救灾当中的应对能力，以弥补政府单一供给的缺憾。2020 年要实现全面建成小康社会和全面实现脱贫，但这种全面在要素表现上肯定是不充分不平衡的，需要进一步进行深度嵌套融合。这种深度融合在 2020 年将突出表现在城乡一体化背景下，政府将更多精力投射到农村防灾减灾体制改革深化和创新上。相比城市而言，乡村受自然灾害影响较大，防灾减灾能力上还较薄弱，因灾致贫和因灾返贫现象一定还会长期存在。因此，如何应对脱贫之后的由于政府力量抽离带来的乡村防灾减灾职能和服务真空理应成为 2020 年体制改革的一个重点，而目前一个可行的改革方向是要考虑如何更多地将市场和社会力量吸纳到乡村场域内，以此来提升农村防灾减灾的建设能力。

参考文献

鲍文：《农业气象灾害防灾减灾能力构建及其范式研究》，《科技管理研究》2013 年第 5 期。

黄杨森、王义保：《发达国家应急管理体系和能力建设：模式、特征与有益经验》，《宁夏社会科学》2020 年第 2 期。

姜力：《将防灾减灾纳入国家经济社会发展规划，提升国家综合防灾减灾能力》，《中国应急管理》2014 年第 5 期。

彭军：《关于健全防灾减灾救灾体制的实践与思考》，《中国民政》2015 年第 1 期。

权保社：《深化体制机制改革，提高防灾减灾救灾能力》，《中国减灾》2014 年第 9 期。

沈伟志、马成兵、孙刚、宋华兴：《贯彻国家机构改革精神，着力提升我国地质灾害应急管理能力》，《城市与减灾》2019 年第 3 期。

王心甲：《社会应急救援力量建设探析——以福建省为例》，《安全与健康》2020 年第 2 期。

王志涛、苏经宇、刘朝峰：《城乡建设防灾减灾面临的挑战与对策》，《城市规划》

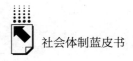
2013 年第 2 期。

应松年、林鸿潮：《国家综合防灾减灾的体制性障碍与改革取向》，《教学与研究》2020 年第 6 期。

郑功成：《防灾减灾救灾体制改革的战略思考》，《中国减灾》2016 年第 7 期。

郑功成：《国家综合防灾减灾的战略选择与基本思路》，《华中师范大学学报》（人文社会科学版）2011 年第 1 期。

钟开斌：《放权与协调：我国应急管理体制 70 年发展主线》，《中国减灾》2019 年第 19 期。

朱正威：《中国应急管理 70 年：从防灾减灾到韧性治理》，《国家治理》2019 年第 36 期。

2019年社会治安体制改革回顾与展望

沈国琴 *

摘　要： 党的十八大提出"立体化建设治安防控体系的策略"后，社会治安防控体系的建设呈现出崭新的特点，社会治安整体防控能力大大提升，中国的治安形势持续向好。2019年的社会治安体制改革在党和国家机构的指引下，坚持"科学规划、突出重点、分步实施、整体推进"原则，形成良好的社会治安环境，"平安中国"带给民众极大的安全感。就具体内容看，社会治安防控体系的专业化建设、社会化建设、法治化建设和智能化建设得以继续推进和深化发展。2020年开年即遇新型冠状病毒肺炎（NCP）疫情，需要因应时局，构建完善的应对和处置突发事件的社会治安防控体系。

关键词： 社会治安体制　治安防控体系　治安秩序

　　2019年是新中国成立70周年，70年间，我国社会治安防控体系呈现由无到有、由弱到强、由分散到系统的趋势。尤其是2012年党的十八大提出了"立体化建设治安防控体系的策略"后，社会治安防控体系建设呈现出新的特点，在继续强调专业化的基础上，更加强调法治化、社会化、信息化的建设，社会治安整体防控能力大大提升，中国的治安形势持续向好，稳定安全的社会环境逐步形成，人民群众的安全感明显提升。2019年延续"立

---

　　* 沈国琴，中国人民公安大学法学院副教授，主要研究方向为宪法学、警察法。

体化建设治安防控体系"建设的方向，继续强力推动其中核心要素的改革，强化改革的深度，社会治安防控效果明显，使我国成为世界上最有安全感的国家之一。

一　近十年社会治安总体状况回顾

一般来说，社会治安就是指国家通过特定主体及相关社会系统的依法运行，为社会提供公共秩序产品的公共治理过程和由此形成的安全有序的社会状态。在我国，社会治安是在党委、政府的统一领导下，以公安机关为主体，依托政府有关部门和社会力量，发挥广大人民群众积极参与的作用，综合运用各种措施和手段推进的。

我国近十年社会治安形势在 2012 年出现较大的变化，2012 年之前治安案件数和刑事案件数有上升的趋势，但 2012 年之后治安案件数和刑事案件数呈现持续下降的态势，治安形势趋于稳定，形成安全有序的治安环境，人民群众的安全感和满意度不断提升。具体如图 1 所示。

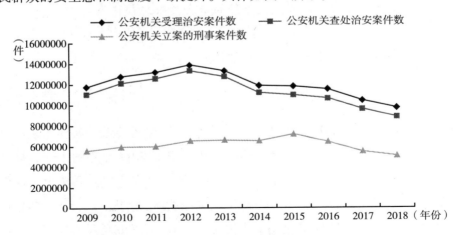

图1　2009～2018 年全国公安机关受理治安案件数、查处治安案件数和刑事案件立案数

资料来源：国家统计局网站，http：//data. stats. gov. cn/easyquery. htm？cn = C01&zb = A0S0C02&sj = 2018，最后检索时间：2020 年 2 月 28 日。

2012年党的十八大提出"立体化建设治安防控体系的策略"，这对2012年之后治安形势的发展无疑具有重要的意义。这一策略在之后得到持续性推进。2015年4月，中共中央办公厅、国务院办公厅出台《关于加强社会治安防控体系建设的意见》，对立体化治安防控体系的内涵进行清晰表述，即"形成党委领导、政府主导、综治协调、各部门齐抓共管、社会力量积极参与的社会治安防控体系建设工作格局，健全社会治安防控运行机制，编织社会治安防控网，提升社会治安防控体系建设法治化、社会化、信息化水平，增强社会治安整体防控能力……人民群众安全感和满意度明显提升，社会更加和谐有序"。显然，"立体化治安防控体系"是对治安要素的重新认识和重新配置，强调参与防控主体的多元化，防控空间领域全覆盖，防控功能和防控措施的综合性，防控模式的分层性以及防控的全过程性。具体表现为"五张网"和"四项机制"，其中，"五张网"是指社会面治安防控网、重点行业治安防控网、乡镇（街道）和村（社区）治安防控网、机关和企事业单位内部安全防控网、信息网络防控网；"四项机制"是指社会治安形势分析研判机制、实战指挥机制、部门联动机制和区域协作机制。①具体如图2所示。

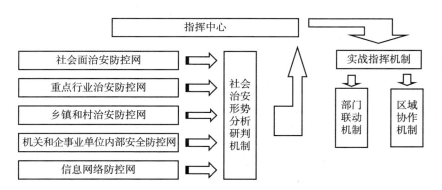

图2 立体化防控体系中的"五张网"与"四项机制"

---

① 关于五张网和四项机制内容具体可参见《关于加强社会治安防控体系建设的意见》的第二部分和第四部分内容。

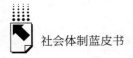

在实践中，各地依据"五张网"和"四项机制"的要求，以公安部的意见①为基础，结合本地的实际情况，形成多种社会治安防控体系模式。②

1. 布网式防控体系。通过建设防控网实现社会面的覆盖，实现对违法犯罪行为的防控。如北京建设的"七张网"体系③，天津建设的"三张网"体系④等。

2. 子体系组合形成防控体系。通过建设不同领域防控体系实现体系内化解社会矛盾和预防违法犯罪行为，最终达到整体上对违法犯罪行为的防控。如江苏常州、山西阳泉建设的五大体系组合的防控体系。⑤

3. 形成防控要素有效配合运作的机制式防控体系。如云南"六位一体"的工作机制所形成的防控体系。⑥

4. 复合式防控体系。在布网之外，增加了其他治安防控要素。如上海建立了"一个平台、五张网、五道防线"的治安防控体系。⑦

二 2019年社会治安体制改革整体状况

（一）在机构改革指引下推动治安体制改革

2018年2月党的十九届三中全会通过了《深化党和国家机构改革方

---

① 2009年，公安部提出治安防控"六张网"，即街面防控网、社区防控网、单位内部防控网、视频监控网、区域警务协作网和"虚拟社会"防控网。

② 本文只列举了典型的实践做法，更为详细的总结可以参见宫志刚、李小波《立体化社会治安防控体系：从理论到实践》，《山东警察学院学报》2016年第3期，第5~18页。

③ 北京建设的"七张网"包括街面巡逻防控网、城乡社区村庄防控网、单位和行业场所防控网、轨道交通防控网、区域警务协作网、技术视频防控网和"虚拟社会"防控网。

④ 天津建设的"三张网"包括警防网、技防网和民防网。

⑤ 江苏常州和山西阳泉都是五大体系组合，但体系内容不同。江苏常州市的五大体系包括"社会面治安防控体系、居民住宅区治安防控体系、单位内部治安防控体系、重点人群管控体系和安防控指挥体系"；山西阳泉的五大防控体系包括"社会面治安防控体系、区治安防控体系、内部单位防控体系、农村地区治安防控体系和技术视频防控体系"。

⑥ "六位一体"工作机制是指形成"防控力量、防控基础、防控网络、防控机制、防控能力和防控保障"的工作机制。

⑦ "一个平台、五张网、五道防线"是指，"信息研判与警务指挥一体化平台"，"街面、社区、单位内部、特定区域和网络'虚拟社会'五张防控网"，"市境道口、高架道路匝道、园区周边等区域建立层层过滤控制的五道防线"。

案》，提出"以加强党的全面领导为统领，以国家治理体系和治理能力现代化为导向，以推进党和国家机构职能优化协同高效为着力点，改革机构设置，优化职能配置，深化转职能、转方式、转作风，提高效率效能，积极构建系统完备、科学规范、运行高效的党和国家机构职能体系"。这成为推进2019年社会治安体制改革的重要依据，2019年5月习近平总书记在全国公安工作会议上的讲话中就明确指出"要深化同机构改革配套的相关政策制度改革"。

党和国家机构改革进一步推动治安力量向专业化方向发展。对于治安体系中的核心力量公安机关而言，党和国家机构改革区分了公安力量与其他力量的不同，明确了公安机关权力的边界范围。

1. 机构改革中所确立起来的"军是军、警是警、民是民"的原则为公安力量的发展划定了明确的边界，严格区分了公安力量与军事力量、社会力量之间的差别，对于保证公安队伍的职业化、专业化、职责明确以及高效运行等都有着重要的意义。

2. 推进行业公安管理体制的改革，在"警是警、政是政、企是企"的原则指导下，对森林公安、铁路公安、民航公安、缉私公安和交通公安做了重大改革调整。这些变化是社会治安体系专业化的重要保障，也是推进社会治安工作中专群结合原则的重要基础，有助于推进现代警务管理体制的构建。

（二）继续坚持"科学规划、突出重点、分步实施、整体推进"原则

2012年党的十八大提出"立体化建设治安防控体系的策略"之后，各地根据本地情况相继确立了立体化治安防控体系的不同建设模式。这些模式的确立就是"科学规划"的具体体现。各地根据规划持续性的推动治安防控体系的建设，2019年的改革也是持续推动建设中的重要组成部分。

2019年1月，习近平总书记在中央政法工作会议上强调，"要加快推进立体化、信息化社会治安防控体系建设"。3月，公安部通过了《全国公安

机关加快社会治安防控体系建设行动计划》，并于 7 月印发了建设指南。10 月，十九届四中全会提出"完善社会治安防控体系"，"提高社会治安立体化、法制化、专业化，智能化水平，形成问题联动，工作联动，平安联创的工作机制，提高预测预警，预防各类风险能力，增强社会治安防控的整体性、协同性、精准性"。在这些纲领性文件中，确立的 2019 年社会治安工作的方向是坚持"科学规划、突出重点、分步实施、整体推进"原则，加快推进社会治安防控体系建设的步伐。

（三）治安环境持续向好，"平安中国"提升民众安全感

2019 年我国治安环境持续向好。"2019 年，全国刑事立案下降 4.1%，八类严重暴力案件下降 10.3%，我国成为世界上最有安全感的国家之一。"[①] 治安环境的持续向好得益于各地"立体化治安防控体系"的积极建设，同时与 2018 年启动的"扫黑除恶"专项斗争的深入展开密不可分。自中共中央、国务院于 2018 年 1 月发出《关于开展扫黑除恶专项斗争的通知》以来，扫黑除恶专项斗争取得了明显的成果。截至 2019 年 12 月底，全国扫黑办收到群众举报 20.11 万余件，中央三轮督导收到群众举报 47.2 万件。全国共打掉涉黑犯罪组织 2949 个、涉恶犯罪集团 9536 个。[②] 一系列影响重大的涉黑犯罪案件得以查实处理，如云南省的孙小果案、湖南杜少平"操场埋尸案"、青海"日月山埋尸案"、黑龙江呼兰"四大家族"涉黑案、海南昌江"黄鸿发家族"涉黑案等。通过扫黑除恶专项活动清除了治安不稳定因素，推动安全稳定治安环境的形成。

社会治安防控体系的建设对于 2019 年庆祝新中国成立 70 周年的安保工作也发挥了重要作用。[③] 在国庆期间，各地公安机关全面提升社会面防控

---

① 周斌、蔡长春：《全国八类严重暴力案件下降 10.3%》，《法制日报》2020 年 1 月 19 日，第 2 版。
② 熊丰等：《击楫中流正当时——全国扫黑除恶专项斗争推进纪实》，http://www.gov.cn/ xinwen/2020 - 01/16/content_ 5469879. htm，最后检索时间：2020 年 2 月 28 日。
③ 田海军、陈栩然：《加快完善立体化信息化社会治安防控体系，以优异成绩庆祝新中国成立 70 周年》，《人民公安报》2019 年 8 月 14 日，第 1 版。

等级，落实公安武警联勤联动，加强对人员密集场所的巡逻防范，强化矛盾纠纷排查化解，持续保持对涉黑涉恶、涉枪涉爆、电信网络诈骗和盗抢骗等违法行为的严打高压态势。在 10 月 1～7 日全国刑事警情同比下降 8.7%，全国道路交通事故下降 46%，死亡人数同比下降 50.5%，852 场大型庆祝活动和 132 场烟火燃放活动，安全顺利。总体来看，公安机关顺利完成了国庆维稳安保工作，为国庆假期营造了良好的社会治安环境。①

三 2019年社会治安体制改革的具体内容

（一）社会治安防控体系专业化建设

在 2018 年党和国家机构改革的大时代背景下，公安部 2019 年启动警务机制改革。习近平总书记在 2019 年全国公安工作会议上的讲话中确定了公安改革的方向，指出"把新时代公安改革向纵深推进。要推行扁平化管理，把机关做精、把警种做优、把基层做强、把基础做实，加快构建职能科学、事权清晰、指挥顺畅、运行高效的公安机关机构职能体系"。

公安机关内部的机构改革，体现了回应社会发展需求、优化职能配置、推动高效运行，强化内部监督的方向。具体措施是对内设机构进行调整，合并新设了一系列内部机构。从社会治安工作角度来看，其中有四个新设部门尤其值得关注。

1. 食品药品犯罪侦查局。这是新组建的公安部业务局，主要是顺应社会对食品药品安全，生态环境安全的要求而组建的专业化打击犯罪的机构，被授权"承担打击食品、药品和知识产权、生态环境、森林草原、生物安

---

① 田海军：《国庆假期全国社会大局稳定，治安秩序良好，广大群众在平安祥和欢乐氛围中欢度佳节》，http://www.cpd.com.cn/n10216060/n10216144/201910/t20191008_858291.html，最后检索时间：2020 年 2 月 28 日。

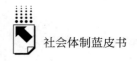

全等领域犯罪职责"。①

2. 情报指挥中心，这是此次改革中引起较多关注的部门设置。建立情报指挥中心，针对数据的融合共享，有助于建设指挥公安的智慧"大脑"。"指挥中心"被比喻为"中枢部门"，党的十九大安保、春运春节安保等工作都由该中心协调指挥。

3. 督察审计局。该局是"由此前的警务督察、审计部门合并整合而来整合组建督察审计局，实现机构重组、职责调整、业务流程再造，充分发挥督察、审计、信访的各自优势，增强监督合力，努力构建具有公安特色的大监督格局。"②

4. 铁路公安局。该局的设立得自行业公安改制的结果。2018 年底，《行业公安机关管理体制调整工作方案》将铁路公安、森林公安、交通公安由双重领导调整为公安部领导。2019 年《铁路公安机关管理体制调整工作实施方案》公布，"铁路公安局由公安部统一领导，列入公安部内设机构，实行垂直管理"。

总的来看，公安机关组织机构的改革，内部机构的重新配置和整合，职能的重新优化都有助于社会治安防控体系专业化力量的建设，推动公安机关在维护治安秩序和公共安全的工作中发挥积极作用。。

（二）继续推动社会治安防控体系社会化建设

社会力量参与社会治安工作在我国有深厚的群众基础，其中最为典型的是在 20 世纪 60 年代形成的"枫桥经验"。③ 自"2003 年 11 月以后，

---

① 朱紫阳：《食品药品犯罪侦查局首次在公安部新闻发布会亮相》，http：//legal. people. com. cn/ n1/2019/0627/c42510 - 31199708. html，最后检索时间：2020 年 6 月 21 日。
② 蒋小天：《公安部内设机构大调整：多部门整合做强办案部门，设情报指挥中心》， http：//chinalaw124. com/gonganzaixian/20190515/24659. html，最后检索时间：2019 年 12 月 20 日。
③ "枫桥经验"即浙江省绍兴市诸暨县枫桥镇干部群众创造的"发动和依靠群众，坚持矛盾不上交，就地解决。实现捕人少，治安好"，其特点："党政动手，依靠群众，预防纠纷，化解矛盾，维护稳定，促进发展。"——笔者注

习近平同志不断对坚持和发展'枫桥经验'做出重要指示，提出，把学习推广新时期'枫桥经验'作为加强社会治安综合治理的总抓手"。①2019年"枫桥经验"得到进一步的学习和推广。国务院总理李克强在第十三届全国人民代表大会第二次会议上做得政府工作报告中首次写入"枫桥经验"，明确指出2019年政府工作中包括推广促进社会和谐的"枫桥经验"，构建城乡社区治理新格局。2019年3月公安部印发《关于全国公安机关坚持发展新时代"枫桥经验"的意见》，强调"发动各方力量，加强基层基础工作，努力把风险防范化解在源头，夯实平安中国根基"。

"枫桥经验"源于公安工作，实践于基层。在公安实践中形成多种化解矛盾纠纷的机制，如北京市设立治安、民间纠纷联合调解室，2018年以来，共调处化解各类矛盾纠纷10.4万起；山西公安机关建立起多部门协同、法理情融合、网上网下共建的矛盾纠纷多元化解机制。2018年以来，矛盾纠纷调处化解率达94.32%；吉林省1348个社区警务室全部建立调处点，9338个行政村全部配齐农村辅警，2019年以来已排查化解各类矛盾纠纷12.8万起。②2019年，公安系统继续在基层实践中广泛推广"枫桥经验"，开展"枫桥式公安派出所"创建活动，全国命名100个"枫桥式公安派出所"。

同时"枫桥经验"还被运用于农村警务建设。在2019年3月"部分地方公安机关社区农村警务建设工作经验交流会暨公安派出所工作座谈会"上，公安部孙力军副部长强调"新时代'枫桥经验'作为参与构建城乡社区治理新格局的重要载体，大力提升社区农村警务建设水平"。"要广泛发动社会力量，统筹社会资源参与社区农村警务建设，让社区（驻村）民警

① 杨明伟：《"枫桥经验"的历史来源和现实启示——毛泽东、习近平关注的一个重大问题》，《毛泽东邓小平理论研究》2018年第9期，第7~14页。
② 王文硕：《全国公安机关全面开展创建"枫桥式公安派出所"活动巡礼之三》，https：//www.mps.gov.cn/n2254098/n4904352/c6642151/content.html，最后检索时间：2020年2月28日。

从警务活动的执行者变为平安建设的组织者，统筹使用基层治安力量，深入开展警治联勤、联户联防、联村联防、邻里守望等多种形式的'平安守护'行动。"①

（三）继续推动社会治安防控体系法治化建设

2019年社会治安防控体系的法治化建设主要体现在两方面。

1. 相关制度的完善和落实。一是加大对黑恶势力的惩治力度。2019年继续推进对黑恶势力的打击，出台一系列涉及惩治黑恶势力惩治的细化规则，如2019年2月公安部、最高人民法院、最高人民检察院和司法部联合发布《关于办理恶势力刑事案件若干问题的意见》；2019年10月，公安部、国家监察委员会、最高人民法院、最高人民检察院和司法部联合发布《关于在扫黑除恶专项斗争中，分工负责互相配合，互相制约，严惩公职人员涉黑涉恶违法犯罪问题的通知》，公安部、最高人民法院、最高人民检察院和司法部联合发布《关于办理利用信息网络实施黑恶势力犯罪刑事案件若干问题的意见》等。二是推动全国公安机关深化实施严格执行执法公示制度；深化执法全过程记录制度；完善重大执法决定法制审核制度等三项制度，为此公安部印发《关于贯彻落实〈国务院办公厅关于全面推行行政执法公示制度执法全过程记录制度重大执法决定法制审核制度的指导意见〉的通知》。

2. 继续推动各地执法规范化建设。在公安机关大力加强执法规范化建设以来，成就有目共睹，形成了不同的规范化建设模式，总结起来大致有四种模式，一是公安机关内部要素重新配置型改革，如多地公安机关派出所完成的执法办案场所功能区的改造；杭州构建的标准化、流程化、精细化的执法管理体系等都是内部某个要素的重构；二是公安机关外部权力结构要素的重新配置性改革，如北京的执法办案中心加派派驻检察室模式；三是公安机

---

① 《公安部发布〈推动警力下沉坚持发展新时代"枫桥经验"〉》，https：//baijiahao. baidu. com/s? id = 1628618486644142742&wfr = spider&for = pc，最后检索时间：2020年2月28日。

关外部权力与权利关系结构要素的重新配置性改革，如安徽合肥公安机关提出的说理式执法方式，江西宜春公安机关提出的人性化执法方式；四是公安机关内部要素和外部要素同时重新配置型改革，如北京市公安机关建设的执法办案管理中心。① 2019 年，执法规范化建设仍处于强力推动之中。公安部于 2019 年 5 月 27 日印发《公安部关于加强公安机关执法办案管理中心建设的指导意见》，"要求在市、县两级公安机关因地制宜开展执法办案管理中心建设，打造集办案区、案件管理区、涉案财物管理区及合成作战、智能辅助等功能于一体的'一站式'办案场所"。许多地方公安机关积极推进执法办案管理中心的建设，据统计，到 2019 年 5 月，"全国公安机关共建成执法办案中心 3800 多个"。② 执法办中心的建成推动了合成化、智能化、全流程监督的执法办案新机制的形成。

（四）继续推进社会治安防控体系的智能化建设

2019 年是公安大数据建设的深化推进年。习近平总书记在全国公安工作会议上提出，"要把大数据作为推动公安工作创新发展的大引擎，培育战斗力生成新的增长点，全面助推公安工作质量变革，效率变革，动力变革"。公安部在全国治安管理工作座谈会中也指出："要全面推进治安管理智能化建设，深入实施公安大数据战略，全力推进治安信息化建设，实现对违法犯罪和管理服务的动态感知、预警预防、智能处理。"2019 年社会治安防控体系的智能化建设处于积极推动之中，主要体现在以下方面。

1. 推动智慧警务的能力提升和推广应用。在 2019 年之前很多地方公安机关已经形成了智慧建设的整体规划，2019 年则在之前的基础上继续推进，

---

① 执法规范化建设地方实践的具体内容可参见沈国琴《公安执法规范化建设中的改革变量分析》，《山东警察学院学报》2018 年第 3 期，第 140～146 页。

② 林平：《全国公安建成执法办案中心近四千个，执法制度体系基本形成》，https：//baijiahao.baidu.com/s? id = 1634756881818557779&wfr = spider&for = pc，最后检索时间：2020 年 1 月 28 日。

是能力提升和推广应用之年。如广东公安机关形成的"13847"框架模式①，南京公安机关形成的 13588 框架模式、② 温州市公安机关形成的"1＋5＋15＋N"模式③等都在 2019 得以继续推进。

2. 实现公安机关智慧警务建设和城市其他智能化资源的共建共享共治，如杭州市实现十多个部门的数据"同池共享、按需调用"，经过多年建设，全市重点公共区域的视频监控覆盖率、高清率均达 100%，重点行业、领域涉及公共区域的视频监控覆盖率达 100%；深圳市推进研发"城市交融大脑"，推动形成共建共治共享的社会治理新格局。④

3. 制定大数据智能化建设的技术依据。公安部研究制定了新一代公安信息网、云计算平台、大数据处理、大数据安全 4 方面 38 项技术标准规范。公安部科技信息化局组织编写《新一代警综平台总体技术方案》，完成《警务信息综合应用平台标准体系表》等 13 个标准草案。

---

① 智慧警务"13847"总体规划所指向的内容为："1"是一个愿景；"3"是三步战略；"8"是八大创新应用，包括智慧新指挥、智慧新管控、智慧新侦查、智慧新防控、智慧新交管、智慧新监管、智慧新民生、智慧新警队；"4"是四大赋能工程，包括大数据工程、警务云工程、视频云工程、云网端工程。参见李喆等《广东公安智慧新警务总体规划解读》，https：//www. sohu. com/a/228166293_ 117916，最后检索时间：2020 年 2 月 28 日。

② 智慧警务"13588"总体规划所指向的内容为："1"是一个愿景，"3"是"多维感知，全面互联；资源整合，服务云化；智能深化，创新突破"的三步战略；"5"是采用体系结构五视图方法开展体系设计；前一个"8"是构建公安信息栅格网、警务大数据中心、情指平台、警种平台、办公平台等组成的"一网一中心三平台"顶层设计架构，以及新技术应用、基层智慧警务和专业警种大数据应用、安全保密运维与集成验证等八大要素在内的公安网络信息体系；后一个"8"是通过"金陵八骏"项目建设计划，将南京智慧警务规划落地，营造智慧警务应用新生态。参见蒋平《南京公安智慧警务总体技术设计》，《警察技术》2020 年第 1 期，第 4～7 页。

③ "1＋5＋15＋N"模式所指向的内容为："1"是市公安局"云上公安·在线警务"实战中心，"5"是联合指挥部、情报预警部、合成作战部、信息支撑部、综合协调部五大功能板块；"15"是五大功能板块下的 15 个分区，每个分区承担不同的具体职能，共同构成既互相独立又互相统一的实战整体；"N"是在交警支队、消防支队、机场分局、轨道交通治安分局设立"云上公安，在线警务"实战分中心，在城区公安分局和城区公安派出所设立"云上公安，在线警务"实战子中心。参见温州市公安局课题组罗杰《构建立体化信息化精准化社会治安防控体系》，《浙江警察学院学报》2019 年第 3 期，第 1～6 页。

④ 关于杭州和深圳的具体做法可参见《全国治安管理工作座谈会召开，治安智能化建设现状如何？》，http：//www. qianjia. com/html/2019－03/01_ 327080. html，最后检索时间：2020 年 2 月 28 日。

四 2020年社会治安体制改革展望

2020年是一个特殊的年份，是国务院《"十三五"平安中国建设规划》的收官之年，社会治安体制改革需要有整体上的梳理和整合。同时，2020年一开局即面临新型冠状病毒肺炎（NCP）疫情，在突发事件面前构建有效的社会治安防控体系需要有相应的推进措施。

（一）继续在社会治安防控体系建设的框架中大力推进社会治安体制改革

国务院《"十三五"平安中国建设规划》要求"到2020年，立体化信息化社会治安防控体系基本建成"。根据公安部安排部署，2019年在全国建成100个社会治安防控体系建设标准化城市，2020年在全国地级市实现全覆盖。可以说2020年的任务更加艰巨，为实现这一任务，预期仍然会在原来改革的基础上继续深入推进，包括在推进专业化、社会化、法治化和智能化等方面继续深入改革。

同时，社会治安防控体系建设还需在统筹衔接机制的建设方面加大力度。

1. 激励社会力量和市场机制提供多元化的治安服务，发挥所有参与到治安防控体系中的各类主体的作用，通过有效的工作机制激发各方参与的积极性，真正实现共建共治共享的良好治安工作格局。

2. 建立有效机制畅通社会治安防控体系的各个环节，实现各个环节的有效衔接和运行。社会治安防控体系涉及"打、防、管、控以及服务"等多个环节，必须打破环节之间的工作衔接壁垒，信息流通壁垒，真正构建一体化社会治安工作模式。

3. 建立社会治安防控体系中各类要素的有效协调和统筹，在完善人防、物防、技防措施的基础上，推动立体化防控机制的建设，实现网上、网下的结合，人防、物防和技防的结合；统筹各种资源力量，实现彼此之间的协作与联动，真正形成社会治安综合治理的合力。

（二）构建应对突发事件的有效社会治安防控体系

2020 年开年之初我国即面临新型冠状病毒肺炎（NCP）疫情的威胁，这一突发事件对我国整个国家的治理能力和治理体系提出了挑战，其中也包括治安防控体系的应对和处置能力。《突发事件应对法》中虽然对突发事件中治安秩序的维护有多个条文的规定，但是维护突发事件中治安秩序的有效机制尚不健全，有待合理构建。

首先，在突发事件中应当建立起公安机关与应急指挥平台、与处置突发事件的相关主体的信息共享和应急协作联动机制。在处置突发事件时，掌握各类信息进行实时研判是关键所在，信息共享机制的建立有助于公安机关与应急指挥中心，与相关主体信息的双向互动，推动各地各级各类应急管理数据动态管理，这可以保证公安机关第一时间进行警情预判、预警以及预防，并及时处置各类破坏治安秩序的行为。应急协作联动机制的构建也极为重要，因为在突发事件面前，预警、处置的高效率和快速反应是关键所在，这些都需要公安机关与其他相关机关协作才能实现。

其次，在社会治安工作中，构建应对、处置突发事件的社会参与机制，提升基层的快速响应能力。突发事件的应对和处置往往需要特殊的专业化能力，在平时就应当形成并训练社会治安第一响应者队伍。在突发事件中，第一响应者队伍是第一时间抵达现场开展应急处置和救援的人员，包括消防人员，医护人员、志愿服务人员、保安人员、本地居民等。第一响应者队伍是应对突发事件的中坚力量，在平时，就应当对这些人员进行适当训练，保证他们有更为专业的应对能力。并且在突发事件的应对和处置中应建立金字塔式的社会治安防控体系的组织架构和应急资源配置结构，真正做到重心下移，力量下沉，保障有力，强化基层建设，切实提升基层快速响应能力。

参考文献

陈瑞华：《公安体制改革的基本课题》，《中国法律评论》2018 年第 3 期。

李俊莉：《以大数据情报为核心的社会治安立体防控体系构建》，《中国刑警学院学报》2019 年第 5 期。

李小波：《治安学范式研究》，法律出版社，2017。

刘金龙、李波、彭蕾：《立体化社会治安防控体系论要》，《山东警察学院学报》2016 年第 4 期。

汪广龙：《治安防控体系演化的组织机制——基于"打防并举"到"管理服务"变迁历程的研究》，《公共管理学报》2020 年第 2 期。

王瑞山：《法治视野下的治安防控研究》，法律出版社，2017。

宣耀：《"雪亮工程"中的公安视频网安安全防护体系建设》，《信息安全研究》2020 年第 2 期。

殷星辰：《立体化社会治安防控体系建设的经验总结与改进建设——以北京市朝阳区为例》，《北京警察学院学报》2020 年第 2 期。

张凌、刘瑞榕（主编）：《立体化社会治安防控体系建设》，中国检察出版社，2016。

祝建华、风笑天：《积极型社会公共安全体系的构建：经验借鉴与治理创新》，《中国青年社会科学》2019 年第 1 期。

B.25
2019年中国公共舆情发展进程

张　磊*

摘　要： 2019年，中国公共舆论生态治理主要表现为制度上的打"补丁"，具体做法包括：专项规范新兴信息内容、系统治理信息内容生态、先行引导新型信息技术、及时约束新现违法行为、供给新需治理法律依据等。重大舆情的承载领域与2018年相比表现出很强的延续性，在生产安全事故、教育管理、个人极端事件等领域依然严峻，医疗管理领域的舆情在2019年相对突出涌现。公共舆情发展形态呈现的新特征包括标签化动员舆情的趋势增强，形式主义治理滋生舆情风险，诉诸舆论解决利益问题突出，舆情环境恶化致使观点固化。

关键词： 公共舆情　舆论生态治理　重大舆情特点　舆情发展形态

2019年，中国继续在公共舆论生态治理方面加大力度，侧重点上既有技术层面，也有管理层面。全国重大舆情的承载领域与2018年相比，总体表现出很强的延续性。公共舆情发展形态则出现了较大的特征变化。

一　公共舆论生态治理

2019年，根据新技术、新媒体、新形势的发展，有关部门继续与时俱

---

* 张磊，中共中央党校（国家行政学院）应急管理教研部副教授，主要研究方向为新媒体发展与沟通、舆情管理、应急管理。

进地开展公共舆论生态治理工作。自 2013 年以来，相关部门开启了以制度建立为基础的公共舆论生态治理，出台了不少相关的法律、规章、政策、司法解释等。进入 2019 年，在对相关治理行动进行总结的基础上，公共舆论生态治理主要表现为对已有制度的打"补丁"，具体做法包括：专项规范新兴信息内容、系统治理信息内容生态、先行引导新型信息技术、及时约束新现违法行为、适时供给新需法律依据等。

一是专项规范新兴信息内容。随着移动网络速度的提升，网络视频传播技术的发展和网民网络阅读习惯的逐渐改变，网络音视频信息大幅上升。与此同时，有关部门经过此前对网络论坛社区、博客、微博客、微信群组等规范化治理之后，网络音、视频信息对公共舆论的影响日益增强。基于此，国家互联网信息办公室、文化和旅游部以及国家广播电视总局于 2019 年 11 月联合出台了《网络音视频信息服务管理规定》，要求"网络音视频信息服务提供者和使用者应当遵守宪法、法律和行政法规，坚持正确政治方向、舆论导向和价值取向，弘扬社会主义核心价值观，促进形成积极健康、向上向善的网络文化。"①

二是系统治理信息内容生态。《网络音视频信息服务管理规定》和此前出台的相关规定，分门别类、有针对性地对相关网络信息内容进行了治理。然而，对于网络信息内容生态的系统性治理，仍然缺乏。为解决这一问题，2019 年 12 月，国家互联网信息办公室出台了《网络信息内容生态治理规定》，以"政府、企业、社会、网民等主体，以培育和践行社会主义核心价值观为根本，以网络信息内容为主要治理对象，以建立健全网络综合治理体系、营造清朗的网络空间、建设良好的网络生态为目标，开展弘扬正能量、处置违法和不良信息等相关活动。"② 该规定对网络信息内容生产者、网络

---

① 国家互联网信息办公室、文化和旅游部、国家广播电视总局：《网络音视频信息服务管理规定》，http：//www. cac. gov. cn/2019 – 11/29/c_ 1576561820967678. htm，最后检索时间：2020 年 3 月 14 日。

② 国家互联网信息办公室：《网络信息内容生态治理规定》，http：//www. cac. gov. cn/2019 – 12/20/c_ 1578375159509309. htm，最后检索时间：2020 年 3 月 14 日。

信息内容服务平台、网络信息内容服务使用者、网络行业组织、网络信息内容监督管理者等主体如何共同维护良好网络信息生态进行了具体性要求和指导。

三是先行引导新型信息技术。2019 年，最引以关注的网络信息技术莫过于区块链技术，中共中央政治局专门进行了集体学习。① 尽管这一技术仍未进入成熟应用阶段，但已经引起了有关部门的重视，并先行介入引导该技术规范性提供信息服务，出台了《区块链信息服务管理规定》，"鼓励区块链行业组织加强行业自律，建立健全行业自律制度和行业准则，指导区块链信息服务提供者建立健全服务规范，推动行业信用评价体系建设，督促区块链信息服务提供者依法提供服务、接受社会监督，提高区块链信息服务从业人员的职业素养，促进行业健康有序发展"。同时要求"区块链信息服务提供者应当对违反法律、行政法规规定和服务协议的区块链信息服务使用者，依法依约采取警示、限制功能、关闭账号等处置措施，对违法信息内容及时采取相应的处理措施，防止信息扩散，保存有关记录，并向有关主管部门报告。"②

四是及时约束新现违法行为。互联网为信息传播提供了巨大便利，但同时也伴随着各种违法行为的不时出现。监管部门实时监测各种违法行为，并及时针对具有频发趋势的违法行为开展治理，2019 年分别出台了两个规定：第一是《儿童个人信息网络保护规定》，要求"网络运营者收集、存储、使用、转移、披露儿童个人信息的，应当遵循正当必要、知情同意、目的明确、安全保障、依法利用的原则。""网络运营者对其工作人员应当以最小授权为原则，严格设定信息访问权限，控制儿童个人信息知悉范围。工作人员访问儿童个人信息的，应当经过儿童个人信息保护负责人或者其授权的管

---

① 新华社：《习近平在中央政治局第十八次集体学习时强调把区块链作为核心技术自主创新重要突破口加快推动区块链技术和产业创新发展》，http：//www.xinhuanet.com/politics/2019 – 10/25/c_ 1125153665.htm，最后检索时间：2020 年 3 月 14 日。

② 国家互联网信息办公室：《区块链信息服务管理规定》，http：//www.cac.gov.cn/2019 – 01/ 10/c_ 1123971164.htm，最后检索时间：2020 年 3 月 14 日。

理人员审批，记录访问情况，并采取技术措施，避免违法复制、下载儿童个人信息。"① 第二是《App 违法违规收集使用个人信息行为认定方法》，明确了"未公开收集使用规则"，"未明示收集使用个人信息的目的、方式和范围""未经用户同意收集使用个人信息""违反必要原则，收集与其提供的服务无关的个人信息""未经同意向他人提供个人信息""未按法律规定提供删除或更正个人信息功能"或"未公布投诉、举报方式等信息"等 App违法违规收集使用个人信息的行为。②

五是适时供给新需法律依据。虽然相关行政监管部门及时捕捉到了近年来利用信息网络从事违法活动行为的上升并出台了一些监管规定，但对网络违法行为的打击在根本上仍需依赖法律的完善。2019 年，最高人民法院和最高人民检察院适时出台了《关于办理非法利用信息网络、帮助信息网络犯罪活动等刑事案件适用法律若干问题的解释》，对刑法第二百八十六条所规定的"网络服务提供者""监管部门责令采取改正措施""经监管部门责令采取改正措施而拒不改正""致使违法信息大量传播""造成严重后果""情节严重""有其他严重情节""违法犯罪"等③进行了司法解释，为打击利用网络信息犯罪提供了可操作性的法律依据。

二 重大舆情事件特点

2018 年，全国重大舆情事件的主要特点有：教育管理领域舆情出现严重恶化、公共安全与突发事件舆情高发化、未成年人保护问题继续呈现突

---

① 国家互联网信息办公室：《儿童个人信息网络保护规定》，http://www.cac.gov.cn/2019 – 08/23/c_ 1124913903.htm，最后检索时间：2020 年 3 月 14 日。
② 国家互联网信息办公室秘书局、工业和信息化部办公厅、公安部办公厅、市场监管总局办公厅：《App 违法违规收集使用个人信息行为认定方法》，http://www.cac.gov.cn/2019 – 12/27/c_ 1578986455686625.htm，最后检索时间：2020 年 3 月 14 日。
③ 最高人民法院、最高人民检察院：《关于办理非法利用信息网络、帮助信息网络犯罪活动等刑事案件适用法律若干问题的解释》，http://www.cac.gov.cn/2019 – 10/25/c_ 1573534 999086260.htm，最后检索时间：2020 年 3 月 14 日。

出、个人极端事件威胁社会规则底线、公民道德建设问题亟须提上议程等。2019 年，全国重大舆情的承载领域与 2018 年相比表现出很强的延续性，在生产安全事故、教育管理、未成年人保护、个人极端事件等领域最为突出。与 2018 年不同的是，医疗管理领域的舆情在 2019 年相对突出，独具特点。

一是生产安全事故舆情较为突兀。公共安全与突发事件舆情是常见的重大舆情承载领域，在 2019 年的公共舆情中更为突出。2019 年，各类突发事件舆情依然高发，如 6 月 17 日的四川宜宾市长宁县 6.0 级地震、6 月 5 日的湖北鹤峰县躲避峡山洪、8 月 10 日的台风"利奇马"登陆浙江等常见自然灾害，以及 3 月 31 日的四川凉山木里森林大火、12 月 5 日的广东佛山高明山火等非常见突发事件，都承载了重大舆情。更值得关注的是，在 2019 年的公共安全与突发事件重大舆情中，安全生产事故较为突出，无论是事件数量上，还是类别数量上，都上升显著（见表1）。应急管理部从事故教训的角度总结了生产安全事故十大典型案例①，但就公共舆情角度而言，除交通事故外，承载 2019 年重大公共舆情的生产安全事故典型类别包括：第一，矿难事故，如煤矿井下冒顶、井下运输事故、透水事故、冲击地压事故、矿井坍塌、煤与瓦斯突出等。第二，爆炸事故，如危化品爆炸、瓦斯爆炸、液化气爆炸、高炉爆炸、烟花爆竹等。第三，有害气体中毒，如二氧化氮中毒、一氧化碳中毒等。第四，建筑安全事故，如建筑施工事故、建筑物坍塌等。从舆论焦点角度看，公众对生产安全事故的关注点仍然主要在伤亡情况、事故原因、救援过程、事故问责等方面。而在 2019 年的生产安全事故重大舆情之中，瞒报事故这一焦点则十分突出地受到关注，在 1 月 16 日的河北涉县兆隆铸业有限公司煤气泄漏事故和 12 月 4 日的湖南浏阳市烟花厂爆炸事故中最为突出。

---

① 应急管理部新闻宣传司：《应急管理部公布 2019 年全国应急救援和生产安全事故十大典型案例》，https://www.mem.gov.cn/xw/bndt/202001/t20200111_343398.shtml，最后检索时间：2020 年 3 月 14 日。

表1 2019年承载重大公共舆情的生产安全事故

序号	事故发生时间	事故名称	事故类型
1	2019年1月12日	陕西神木市百吉矿业矿难事故	煤矿井下冒顶
2	2019年1月16日	河北涉县兆隆铸业有限公司煤气泄漏事故	煤气泄漏、瞒报
3	2019年2月23日	内蒙古锡林郭勒盟一矿业公司运送车辆事故	井下运输事故
4	2019年3月21日	江苏盐城响水县生态化工园区特大爆炸事故	危化品爆炸
5	2019年4月1日	云南威信县扎西隧道瓦斯爆炸事故	瓦斯爆炸
6	2019年4月15日	山东济南齐鲁天和惠世制药制药厂重大着火中毒事故	火灾事故、有害气体中毒
7	2019年4月25日	河北衡水市翡翠华庭工地施工升降梯折断	建筑施工事故
8	2019年5月5日	广西桂林市雁山区民房火灾事故	火灾事故
9	2019年5月16日	上海长宁区厂房坍塌事故	建筑物坍塌
10	2019年5月17日	黑龙江省逊克县铁矿透水事故	透水事故
11	2019年5月25日	山东荣成一艘福建籍货船二氧化碳泄漏	船舶事故
12	2019年7月11日	海南一艘载30多人渔船在南沙海域遇险	船舶安全
13	2019年7月19日	河南省煤气(集团)有限责任公司义马气化厂爆炸事故	危化品爆炸
14	2019年7月22日	河北张家口市怀来县发生有害气体中毒事故	有害气体中毒
15	2019年8月2日	河北开滦集团唐山矿业公司井下冲击地压事故	冲击地压事故
16	2019年10月13日	江苏无锡小吃店液化石油气爆炸事故	液化气爆炸
17	2019年10月15日	广西玉林市广西兰科新材料有限公司高炉爆炸事故	高炉爆炸
18	2019年10月28日	广西河池南丹庆达惜缘矿业投资有限公司重大坍塌事故	矿井坍塌
19	2019年11月18日	山西平遥二亩沟煤矿瓦斯爆炸事故	瓦斯爆炸
20	2019年11月25日	贵州省织金县一煤矿发生疑似煤与瓦斯突出事故	煤与瓦斯突出
21	2019年12月3日	浙江海宁市污水罐体坍塌事故	污水罐体坍塌
22	2019年12月4日	湖南浏阳市烟花厂爆炸事故	烟花爆炸、瞒报
23	2019年12月4日	河北唐山6位村民一氧化碳中毒事故	有害气体中毒
24	2019年12月14日	四川宜宾珙县一煤矿发生透水事故	透水事故

二是教育管理领域舆情依然严峻。近年来，教育管理领域舆情严重恶化，特别是在2018年十分突出。2019年，教育管理领域的重大舆情较2018年出现了一些分化，有发生明显好转的老领域，有依然突出的领域，也有出现恶化的新领域，但总体而言仍占据了重大公共舆情的较大比重。在明显好转方面，主要表现为老师虐童问题得到有效遏制。尽管虐童事件在2019年仍有发生，但相对于2017年和2018年而言大幅减少，没有出现重大公共舆

情事件。在依然突出方面，主要有三个领域：第一，师德师风问题继续居高。尽管 2019 年师德师风问题较 2018 年有大幅好转，减少了 8 次，但仍有 5 次之多。第二，校园安全及校园周边问题依然严峻。尽管在次数上较 2018 年少了 2 次，但这一问题在 2019 年仍然承载了 6 次重大舆情（见表 2），依然严峻。第三，校园欺凌问题未得到有效遏制。2019 年，校园欺凌事件承载的重大舆情有 3 起，与 2018 年持平，分别为 1 月 13 日的甘肃庆阳 8 岁女生被殴打致伤事件，4 月 23 日的甘肃陇西县一名初二学生被围殴致死事件，以及 11 月 11 日舆论开始关注的河南许昌禹州市一名 7 岁女童眼睛被男同学强塞纸事件。在新现恶化方面，主要有三个领域：第一，校园食品安全。2019 年发生了 4 起校园食品安全问题承载的重大舆情事件，分别为 3 月 12 日的成都七中实验学校食品安全事件、11 月 4 日的四川巴中一所幼儿园被曝食品发霉、11 月 7 日的广东珠海一名 5 岁男童幼儿园就餐后中毒去世、12 月 2 日的江苏淮安启英外国语学校老师监督食堂卫生被打等事件。第二，涉留学生管理问题。这一问题在 2019 年相对突出，出现了 3 起重大舆情事件，分别为 7 月 9 日的福建农业大学留学生因违规被交警拦下后推搡交警事件、7 月中旬的山东大学留学生"学伴"风波，以及 7 月 31 日的河北工程大学留学生猥亵女学生事件。第三，学术不端问题。这一问题 2019 年备受媒体关注，其中演化为重大舆情事件的是 2 月中上旬舆论广泛关注的明星翟天临学术不端事件。

表 2　2019 年承载重大公共舆情事件的校园及周边安全问题

序号	舆情爆发时间	事件名称	问题类型
1	2019 年 3 月 15 日	河北唐山一小学门口发生伤害学生事件	校园周边安全
2	2019 年 4 月 1 日	河南焦作一幼儿园老师投毒 23 名幼儿亚硝酸盐中毒	校园安全
3	2019 年 5 月 10 日	江西上饶一小学家长杀害其女儿同学	校园安全
4	2019 年 9 月 2 日	湖北恩施发生涉校刑事案件致 8 名学生死亡	校园安全
5	2019 年 9 月 2 日	四川巴中一中学教学楼栏杆断裂两学生坠楼一死一伤	校舍安全
6	2019 年 11 月 11 日	云南开远市一男子闯进幼儿园喷腐蚀性液体,51 名幼儿 3 名老师紧急送医	校园安全

三是个人极端事件呈现上升势头。自 2017 年以来，个人极端事件引发的重大公共舆情持续上升，2019 年，这一上升势头未见减缓，全年共发生 11 起承载重大公共舆情的个人极端事件（见表3）。同 2018 年一样，这些个人极端事件的类型主要包括：恶性伤害案件（如砍杀学生和幼儿）、危害公共安全事件（如危害航空安全、危害校园安全）、因纠纷而生极端事件（如砍杀女儿同学）三种类型。除此之外，还出现了自我灭门、杀害自己孩子等极端违背人性的恶性事件。更值得关注的是，杀医事件造成了极大的社会心理冲击。

表3　2019 年承载重大公共舆情的个人极端事件

序号	舆情爆发时间	事件名称	事件类型
1	2019 年 1 月 18 日	济南一男子坠楼死亡其家中发现 5 具尸体	自我灭门
2	2019 年 3 月 28 日	沈阳交警大队发生纵火爆炸袭警致 3 人受伤嫌犯死亡	纵火爆炸袭警
3	2019 年 4 月 1 日	河南焦作一幼儿园老师投毒23 名幼儿亚硝酸盐中毒	投毒
4	2019 年 4 月 3 日	湖南永州一小学发生砍人事件致 2 死 2 伤	砍杀学生
5	2019 年 4 月 11 日	福建安溪 4 名小孩深夜遭亲生父亲割颈	砍杀幼儿
6	2019 年 4 月 16 日	呼和浩特一 66 岁旅客向发动机投 6 枚硬币祈福	危害航空安全
7	2019 年 5 月 10 日	江西上饶一小学家长杀害其女儿同学	砍杀学生
8	2019 年 5 月 16 日	河南周口男婴丢失事件	自编自导谣言
9	2019 年 9 月 2 日	湖北恩施发生涉校刑事案件，致 8 名学生死亡	砍杀学生
10	2019 年 11 月 11 日	云南开远市一男子闯进幼儿园喷腐蚀性液体,51 名幼儿 3 名老师紧急送医	危害校园安全
11	2019 年 12 月 24 日	北京民航总医院发生伤医事件	伤医事件

四是未成年人保护舆情有所减缓。2017～2018 年，未成年人保护问题承载的重大公共舆情十分突出。2019 年，未成年人保护领域舆情无论是在事件数量上，还是在类别数量上，都有所减缓。和 2018 年相同，2019 年的未成年人保护舆情也主要集中在未成年人被性侵、未成年人遭家暴、未成年人公共安全 3 个问题上。与 2018 年不同的是，未成年人保护领域舆情在 2019 年出现了一个突出现象，即谣言困扰。在全年 8 起未成年人保护问题重大舆情事件中，有 2 起是谣言所致：一起是 5 月 16 日河南周口市的所谓男婴"丢失"事件，真实情况系男婴母亲因家庭矛盾，和其亲友策划"自

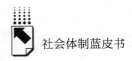

导自演"的闹剧。另一起是 6 月 26 日的贵州省毕节、凯里孤儿院幼儿疑遭性侵事件，实际是天津人赵某某从网上收集，而非在贵州毕节、凯里拍摄的编造性内容。

五是医疗管理问题舆情突出涌现。如果说上述 4 个领域问题是具有延续性的公共舆情问题，那么医疗管理问题则是 2019 年独具特点的突出领域。2019 年共计出现了 10 起涉及医疗管理问题的重大公共舆情事件（见表 4），大体可分为 4 类：第一，疫苗管理，全年共出现 3 次承载重大公共舆情的事件。第二，医疗事故，全年同样出现 3 次重大公共舆情事件。第三，医患纠纷和伤医事件，全年也是出现 3 次重大公共舆情事件。第四，基层医疗资源建设，虽然全年只出现 1 次重大公共舆情事件，但这一次事件对社会的情绪冲击很大，国家卫健委也不得不进行回应。

表 4　2019 年承载重大公共舆情事件的医疗管理问题

序号	舆情爆发时间	事件名称	问题类型
1	2019 年 2 月 1 日	石家庄市桥西区汇通社区卫生服务中心错种疫苗事件	疫苗管理
2	2019 年 2 月 5 日	上海新兴生产的人免疫球蛋白因艾滋病抗体呈阳性被停用	疫苗管理
3	2019 年 4 月 14 日	西安市长安区孕妇输液药过期 3 个月	医疗事故
4	2019 年 4 月 25 日	南方医科大学顺德医院新生儿感染事件	医疗事故
5	2019 年 4 月 26 日	上海仁济医院医生被铐事件	医患纠纷
6	2019 年 4 月 28 日	海南博鳌医院接种假宫颈癌疫苗事件	疫苗管理
7	2019 年 5 月 26 日	江苏省盐城市东台市人民医院血液透析病人暴发院内丙肝感染,69 人被感染	医疗事故
8	2019 年 7 月 8 日	河南开封市 36 名村医集体辞职事件	基层医疗资源建设
9	2019 年 12 月 3 日	陕西西安 4 个月女婴做推拿后身亡	医患纠纷
10	2019 年 12 月 24 日	北京民航总医院发生伤医事件	伤医事件

三　公共舆情发展形态

2019 年，2018 年的"和稀泥"式管理致"破窗效应"显现，公共舆论与社会情绪现"两张皮"现象，管制思维与行为阻碍舆情沟通的有效性等公共舆情发展形态继续存在。在此基础上，2019年公共舆情发展形态还出现了一些新变化。

一是标签化动员舆情的趋势增强。近年来，借助标签化来动员舆情，即突出强化某一事件当中的某一个标签的形式，越来越成为舆情动员的一种重要方式。这种动员方式的特点是夸张性强化某一个问题，刺激公众情绪，甚至挑战公众的心理底线，以期获得公众对该事件的关注和讨论，从而扩大事态。2019年，标签化动员舆情的现象十分突出，不仅存在于网民的自媒体行为中，就连一些重要媒体，也对这种方式表现出了喜好。例如，在香港局势日益受到公众关注的背景下，8月20日，《人民日报》海外版的微信公众号"侠客岛"发布了一篇文章"对话郑永年丨香港风波将如何收尾？"。在该文中，新加坡学者郑永年提到，"从整体来说，香港这些人成不了气候。我一个朋友是新加坡前高官，他就说，你只需要威胁断水就好了。因为新加坡人很敏感，马来西亚不给喝水就麻烦。这当然是玩笑说法。实际上，香港有很多制约，大部分人也知道自己跟内地分不开"。然而，个别媒体在转发"侠客岛"的这篇文章时，则使用了极端标签化的形式，标题变成了"郑永年接受人民日报采访　断水就可终结香港乱局"。这一标签化产生了很大的传播量，却扭曲了郑永年的本意，同时造成了很大的政治影响。对此，郑永年当天通过"侠客岛"发表声明，称这种"标题党"的做法严重侵犯了其名誉权，并严重扭曲恶化了陆港两地民众的对立情绪，造成了极其恶劣的影响。① 在2019年的重大公共舆情事件中，成都七中实验学校食品安全事件、多人公开举报海南高院副院长张家慧夫妇资产或超200亿元、马鞍山女子发视频称被长期骚扰报警求助无果等均存在标签化动员舆情的现象。

二是形式主义治理滋生舆情风险。现阶段，中国国家治理越来越现代化，越来越强调依法性，但形式主义的存在导致公共治理出现扭曲的现象依

---

① 侠客岛：《郑永年从未说过"断水就能终结香港乱局"》，http://news.163.com/19/0820/15/EN1JKHBR00018990.html，最后检索时间：2020年3月14日。

然存在。尽管 2019 年中央印发了《关于解决形式主义突出问题为基层减负的通知》，① 但形式主义治理的现象在 2019 年依然突出，并不时表现在公共舆情领域，导致重大公共舆情的出现。例如，5 月 28 日，网络上流传着一张江苏无锡一所幼儿园"涉黑涉恶"情况摸排表的图片。图片显示，这张"无锡市新光幼儿园扫黑除恶专项斗争摸排表"中写道："通过对本班 35 名幼儿进行排查，未发现有幼儿涉黑涉恶情况。"② 这一形式主义的摸排直接带来了重大公共舆情事件，对政府形象造成了极大损害。12 月 1 日，中纪委对此次形式主义做法进行了通报批评。③ 在 2019 年的公共舆情中，有些地方将失独家庭列为扫黑除恶摸排对象，④ 有些地方的扫黑除恶宣传册将医生列为"中国 10 大黑心企业"⑤ 等，这些行为均是形式主义治理的表现，滋生了很大的舆情风险。

三是诉诸舆论解决利益问题突出。舆论，特别是网络舆论是公众诉诸解决利益问题的渠道之一。但除此之外，还有其他正常的解决利益问题的渠道，如司法渠道、行政渠道、信访渠道等。通常情况下，公众只有在这些正常渠道都无法顺畅表达利益诉求的时候，才会诉诸舆论渠道来寻求解决。在 2019 年的公共舆情中，诉诸网络舆论解决利益问题的舆情较为突出。其中，有在正常渠道未能有效解决之后寻求网络舆论的，如 8 月 4 日的江苏徐州女

① 新华社：《中共中央办公厅印发〈关于解决形式主义突出问题为基层减负的通知〉》，http://www.gov.cn/zhengce/2019－03/11/content_ 5372964.htm，最后检索时间：2020 年 3 月 14 日。
② 红星新闻：《幼儿园摸排幼儿涉黑涉恶，当地教育局：没有错》，https://baijiahao.baidu.com/s？id＝1634774319903975278&wfr＝spider&for＝pc，最后检索时间：2020 年 3 月 14 日。
③ 孟亚旭：《无锡"幼儿园摸排涉黑涉恶事件"被中央纪委通报：形式主义问题突出》，https://www.jfdaily.com/news/detail？id＝192100，最后检索时间：2020 年 3 月 14 日。
④ 李曙明：《将失独家庭列为扫黑除恶摸排对象，不该！》，http://www.chinanews.com/gn/2019/04－03/8798968.shtml，最后检索时间：2020 年 3 月 14 日。
⑤ 上游新闻：《扫黑除恶宣传册将医生列入"黑心企业" 江苏渭塘镇党委副书记等人被免职》，https://baijiahao.baidu.com/s？id＝1630380740075298892&wfr＝spider&for＝pc，最后检索时间：2020 年 3 月 14 日。

教师发布绝笔信称其和丈夫长期遭到有关方面的不公正对待事件。[1] 更值得关注的是，一些本可通过正常渠道表达的利益诉求却通过网络舆论渠道来寻求解决的现象在2019年十分突出，具体类型包括：第一，政府之间的利益纠纷。例如，5月27日有媒体披露了《关于彬县县委县政府违反中央八项规定违规接待长期拖欠彬州花园酒店巨额招待费的举报信》。[2] 在举报信中，陕西彬州市委、市政府被指欠邢台国资委下属酒店800万元。随后，这一数年未能得到有效解决且本应通过系统内解决的问题，在有关部门介入之后不到一个月就得到了解决。[3] 第二，同行之间的竞争纠纷。例如，6月10日，格力电器在官方微博上发布《关于奥克斯空调股份有限公司生产销售不合格空调产品的举报信》，举报信称奥克斯生产的部分型号空调产品与其宣传、标称的能效值差距较大。[4] 再如，6月20日，伊利集团在官微发文"北京冬奥组委无奈　奥运史上最大丑闻将上演！中粮集团蒙牛乳业联合美国企业破坏冬奥大局"。[5] 第三，公众人物寻求解决村霸问题。3月27日，柔道世界冠军马端斌实名举报辽宁省本溪市某村两任村支书贪腐上千万元、勾结地痞流氓欺压村民的问题。[6]

　　四是舆情环境恶化致使观点固化。所谓舆情环境恶化，指的是既往发生过舆情事件但处置不当，公众会对舆情处置主体留下固化印象。一旦固化印

---

① 倪兆中：《江苏徐州女教师疑发绝笔信后未归　警方：正调查》，http://news. sina. com. cn/c/2019 – 08 – 04/doc – ihytcerm8432272. shtml，最后检索时间：2020年3月14日。

② 柯嘉、岳怀让：《签单5年，陕西彬州市委市府被指欠邢台国资委下属酒店八百万》，https://www. thepaper. cn/newsDetail_ forward_ 3541700，最后检索时间：2020年3月14日。

③ 华商网–华商报：《陕西省纪委通报"邢台国资委举报彬州市委市政府"调查情况》，http://news. hsw. cn/system/2019/0620/1093368. shtml，最后检索时间：2020年3月14日。

④ 第一财经：《格力电器实名举报奥克斯，称其生产销售不合格空调》，https://baijiahao. baidu. com/s? id = 1635942702210431188&wfr = spider&for = pc，最后检索时间：2020年3月14日。

⑤ 财经看点：《伊利发文直怼蒙牛奥运"闹剧"还是"丑闻"?》，https://baijiahao. baidu. com/s? id = 1636909371745127437&wfr = spider&for = pc，最后检索时间：2020年3月14日。

⑥ 新浪新闻综合：《世界冠军实名举报地头蛇两任村支书贪腐上千万》，http://news. sina. com. cn/s/2019 – 03 – 27/doc – ihtxyzsm1024771. shtml，最后检索时间：2020年3月14日。

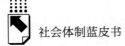

象形成，再发生同类事件时，公众则会根据固化印象来推导舆情主体的做法，从而产生固化观点。在 2019 年的公共舆情中，因为舆情环境恶化而产生的观点固化的事件时有发生。例如，3 月 24 日晚，在广西桂林飞往北京的 CA1226 航班上，一旅客被指霸占前排机组座位。有网友称，他还将双脚蹬在隔板上，不顾乘务长及乘客再三劝说，机长赶到后对其严厉警告，该男子才答应回到自己座位。网友称，此事致使该航班延迟 128 分钟到达。而真实的情况是，该航班延误系航空管制和天气原因，飞机延迟 160 分钟起飞，男子霸座后经劝说返回座位，整个劝说过程不到 10 分钟。① 这表明，2018年连续出现的多起高铁霸座事件导致了公众对于公共交通领域霸座问题形成了固化观点。在 2019 年 3 月发生的广州法院女书记员打车遇害、成都七中实验学校食品安全问题，以及 4 月 8 日的武汉理工大学一男生坠亡等事件中，均出现了观点固化的现象，也都和相关问题或主体的舆情环境恶化有关系。

---

① 吴荣奎：《国航回应"男子霸座致航班延误"：延误和霸座无关》，http：//www. bjnews. com. cn/wevideo/2019/03/25/560195. html，最后检索时间：2020 年 3 月 14 日。

B.26
后　记

　　本书是中国行政体制改革研究会行政改革研究基金自 2013 年以来连续资助的第 8 本中国社会体制改革报告，从 2020 年起，纳入中共中央党校（国家行政学院）国家高端智库项目支持的社会体制蓝皮书，并同时纳入北京师范大学中国社会治理智库丛书。中国行政体制改革研究会首任会长、学术委员会主任、北京师范大学中国社会管理研究院/社会学院院长魏礼群教授一直关心和支持此部蓝皮书的编写与出版。中共中央党校（国家行政学院）公共管理教研部主任、中国行政体制改革研究会常务副会长兼秘书长王满传教授，中共中央党校（国家行政学院）科研部主任林振义、副主任陈启清和智库办主任王君琦对本书的编写和出版给予了指导和支持。

　　本书是集体合作的成果。主编龚维斌设计全书框架，并统修全部书稿。副主编赵秋雁在全书编写和出版过程中贡献了很多重要思想，并统校全部书稿。陈鹏副教授负责社会治理体制篇，李志明教授负责基本公共服务篇，杨丽副教授负责现代社会组织体制篇，胡颖廉教授负责公共安全与应急管理篇。每一位专题负责人都高度负责，与作者主动沟通联系，负责文稿的初审和前期编校工作；每一位作者都十分配合，十分认真，精益求精。本着文责自负的原则，主编尊重每一位作者的研究成果，只是对文字和篇章结构进行一些必要的校订。因此，全书中有些方面的观点和数据可能在不同的报告中不尽一致。马秀莲副教授承担了英文翻译工作。陈鹏等同志配合主编和副主编做了大量的沟通协调和服务保障工作。

　　社会科学文献出版社陈颖女士一如既往地对本书的编辑出版倾注了大量心血。

Abstract

This book is composed of five parts, a general report and four independent sections which covers social governance, basic public service, modern social organization, and public safety and emergency management respectively. The book will review the progress of social system reform in 2019, predict the trend in 2020, and proposes relevant policy recommendations for the future.

In 2019, China grows in a global environment in which the growth rate of the world economy has fallen to its lowest point in 10 years since the global financial crisis and the international economic and trade frictions have greatly intensified. In spite of that, the CPC Central Committee with Comrade Xi Jinping at the core has united the people of all ethnic groups in China to have accomplished the main goals and tasks of 2019 after overcoming various difficulties. The social system reform continues to advance, especially with new achievements insocial security and social governance.

In 2020, China will achieve the goal of building a well-off society in an all-round way (*xiaokang shehui*), and to fully win the battle against poverty, and to start the14[th] five-year economic and social development plan. However, the sudden outbreak of the Coronavirus epidemic, with unprecedented speed of spreading, wide range of impact and depth of damage, is greatly changing China and the world. China is one of the first countries hit by the widespread epidemic, but it successfully controlled the epidemic in a relatively short period of time after arduous efforts.

This epidemic turns to be a full assessment of China's governance system and capability. Under the strong leadership of the CPC Central Committee with Comrade Xi Jinping at the core and with national strength mobilized, we have achieved victory in controlling the epidemic in a relatively short period of time. This has demonstrated the unique " Chinese strength ", " Chinese spirit ",

"Chinese efficiency" and "China responsibility". From the perspective of societal development, the successful prevention and control of the epidemic outbreak has attributed to the achievements of social system reform over the years. At the same time, the prevention and control of the outbreak also exposed the shortcomings and weaknesses in the social field. First, societal structural change is facing greater difficulties than in the past. Second, the task of ensuring basic livelihood is even more onerous than before. Third, social governance is facing many new challenges now. The fourth, the government-society relations and the market-society relations face many new challenges.

Therefore, there is the urgent need for further social system reform, in order to stimulate greater social vitality and promote its further modernization. First, we must use the 14th Five-Year Plan as an opportunity to formulate the modernization plan of the social system for 2035. Second, we must focus on securing fuller employment to ensure social stability and increase people's income. Third, we must continue to optimize the income distribution pattern in China. Fourth, we must build new mechanisms for social progress and people's livelihood security in the new era. Fifth, we must improve the social governance system of co-building, co-governing and sharing. Sixth, we must give full play to the role of various social forces. Seventh, we must accommodate the development of a "digital society." Eighth, we must improve the ability of social governance at abnormal times.

Contents

I   General Report

Abstract: The Covid −19 has greatly changed China and the world. From the perspective of social construction, the important strategic achievements of China's epidemic prevention and control have benefited from the achievements of social system reform and development over the years. However, the epidemic prevention and control also exposed the shortcomings and weaknesses in the social field. Therefore, we should take this epidemic prevention and control as an opportunity to further summarize the experience and shortcomings of social system reform. In the face of new situations and challenges, we should make great efforts to turn crisis into opportunity, break through and innovate in the key fundamental major reform of social system, continuously optimize the way of people's livelihood security and social governance, and strive to build a society with Chinese characteristics featuring vitality and order, fairness and efficiency, Chinese civilization and the world's excellent civilization System.

Keywords: Social Governance; Social System Reform; Basic Livelihood

342

II Social Governance Reports

B. 2 Rule of Law in Social Governance: Progress in 2019

and Prospect In 2020 *Zhao Qiuyan* / 019

Abstract: 2019 is the 70th anniversary of the founding of the people's Republic of China. Under the leadership of the party's political construction, China will further strengthen the protection and improvement of legislation in the field of people's livelihood, strengthen the legal protection of safe China, and continue to promote the construction of a legal society. However, there is still a certain distance between the level of legalization of social governance and the actual needs of the people's growing good life in the new era, and the requirements of modernization of social governance. 2020 is the year when the well-off society will be built in an all-round way and the 13th five year plan will come to an end.

Keywords: Rule of Law; Social System Advantage; Social Governance Community; Rule of Law Education

B. 3 Urban Social Governance Reform: Progress in 2019

and Future Prospect *Chen Peng* / 028

Abstract: In 2019, China's urban social governance reform made positive progress, urban social space governance continued to deepen, urban social population governance continued to improve, urban social contradictions governance increased, urban social security governance became more prominent, and urban social stratum governance accelerated. In the process of urban social governance reform, the main problems and challenges include: the quality of new urbanization still needs to be improved, the supply of high-quality public services still needs to be improved, the capacity and level of urban grassroots autonomy still

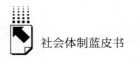
need to be improved, and the mechanism of urban social governance needs to be reformed and innovated. To deepen the reform and innovation of urban social governance, we need to adhere to the concept of people-centered urban social governance, build a system of urban social governance that adapts to mobility, comprehensively improve the capacity of urban social governance, and strengthen and improve the system of urban social governance.

Keywords: New Urbanization; City Society; Social Governance

B. 4　Responding to Complaints Right Away: Beijing's New

　　Social Governance Experiment　　　　*Hu Jianguo, Li wei* / 040

Abstract: In 2019, Beijing carried out the initiative of " accepting complaints and handling them as soon as possible" in the exploration of social governance. Relying on the 12345 people's service hotline, the people's demands are changed from being solved step by step to being directly assigned to the responsible units, and the intermediate links are omitted to avoid the effectiveness of solving problems due to the complexity of links. Meanwhile, the 12345 people's service hotline is constantly on the line 24 hours a day, according to the requirements of "people call, I respond, listen to the wind, and handle the complaints as soon as possible" We need to improve the people's sense of happiness and gain. As an important measure and innovation mechanism to promote people's livelihood services, through the practice of 2019, the reform has achieved positive results, which has positive reference and Enlightenment for promoting social governance innovation.

Keywords: Beijing; Social Governance; Reform and Innovation

B. 5   Rural Social Governance in 2019: Review and Prospect

Abstract: In 2019, China's rural governance achieved remarkable results, issued and implemented a series of agricultural policies and regulations, comprehensively promoted the construction of rural grass-roots party organizations, gradually improved the rural governance system, steadily promoted the reform of rural governance, significantly improved the rural living environment and rural civilization, and made smooth progress in poverty alleviation. However, compared with the goal and task of rural governance and the expectation of the people, there are still some problems in rural social governance, such as the system and mechanism need to be further improved, the governance ability and level need to be improved, and the multi-agent collaborative governance needs to be strengthened. Therefore, we should take the opportunity of building a well-off society in an all-round way and winning the battle of poverty alleviation in an all-round way, accelerate the reform of rural governance, and push rural governance to a new level.

Keywords: Rural Governance System; Rural Governance Capacity; Multi-Agent Coordination

B. 6   Building China's Smart Society: Progress in 2019
and Future Outlook

Abstract: The construction of smart society is the social development goal clearly put forward by the 19th National Congress of the Communist Party of China. In 2019, China has made fruitful achievements in the field of smart society construction. To clarify policy guidance, strengthen infrastructure construction, standardize construction standards, issue talent policies, share and exchange research and practice results, further accelerate the pace of building a smart society,

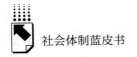
promote the optimization and adjustment of economic and industrial structure, improve the quality and efficiency of government public services, and enhance the sense of experience and access of the public in the smart society. However, the short core technology, the imperfect supporting rule of law, the unbalanced development of urban and rural informatization, and the weak foundation of talent team are still the problems that need to be solved in the development of China's smart society. People oriented, narrowing the digital divide between urban and rural areas, upgrading the information infrastructure, strengthening the construction of talent team, and improving the supporting laws and regulations are still the main trend of the development of China's smart society.

Keywords: Smart Society; Information and Communication Technology; Digital Countryside

B. 7　Fengqiao Experience in New Era: Innovating Social Conflict Prevention and Resolution Mechanism　　*Liu Bing* / 075

Abstract: In the new era, "Fengqiao Experience" has become the basic method to prevent and resolve social conflicts through the development of institutionalization, theorization and substantiation. In the past year, the innovation of social conflict prevention and resolution mechanism in China is mainly manifested in the effective connection of multiple conflict resolution mechanisms, the construction of social governance community to prevent and resolve conflicts, the linkage of departments to deal with social conflicts, and the construction of science and technology to support social conflict management platform. The mechanism of resolving social conflicts is more comprehensive, mass, collaborative and technical. In the future development, Fengqiao's experience in the new era and the prevention and resolution of social conflicts will be closely combined with the key tasks of social governance modernization. The comprehensive mechanism of prevention and resolution of social conflicts explored in the scope of the city will further strengthen the intelligent level of conflict prevention and resolution, and strengthen the governance mechanism of the source of social conflicts.

Keywords: Fengqiao Experience in the New Era; Social Conflicts; Social Governance

III   Basic Public Service Reports

B. 8   Education System Reform in China: Progress in 2019
and Future Prospect   *Zhu Guoren* / 087

Abstract: In 2019, China has made remarkable progress in promoting the modernization of education and deepening the reform of education system, vocational education and compulsory education. The construction of education system and governance capacity, the improvement of the party's overall leadership system for education, the improvement of education system and mechanism, the construction of the education system of lifelong learning for all and the reform of education supervision system will become the focus of China's education system reform in 2020 and beyond.

Keywords: Education System; Education Reform; Education Governance; Education Modernization

B. 9   Social Security Reform in China: Progress in 2019
and Future Prospect   *Li Zhiming* / 102

Abstract: Since the founding of the people's Republic of China 70 years ago, China has gradually established the world's largest safety net for people's livelihood. In 2019, China has made reform progress in many fields of social security, including pension security, medical security, social insurance, social welfare and philanthropy, military security, and housing security. Looking forward

社会体制蓝皮书

to 2020, with the completion of building a moderately prosperous society in an all-round way, China's social security system is expected to take further reform measures in the fields of social insurance, social assistance and social welfare, as well as military security and housing security, and make significant progress.

Keywords: Social Security System; System Reform; Well-off Society

B. 10   Elderly Care Service in China: Development in 2019
and Prospect   *Ye Xiangqun* / 114

Abstract: In 2019, China will continue to promote the construction of pension service system, strengthen the construction of pension service facilities, improve the construction of welfare subsidy system, vigorously guide social forces to enter the pension service industry, actively explore and innovate the supply mode of pension service, supplement the shortage of pension service in rural areas, and explore the development of mutual pension service. Looking forward to 2020, it is necessary to clarify the core position of home-based pension, promote the integrated development of home-based, community-based and institutional pension services; accelerate the establishment of long-term care service system nationwide; tap social and market potential, cultivate various forms of pension service subjects; further promote the professional development of pension services, and comprehensively improve the level of pension services.

Keywords: Elderly Care Service; Aging; Home-based Elderly Care; Long-term Care Service

B. 11   Health System Reform in 2019: Progress and Prospect
Hu Wei / 124

Abstract: In 2019, the reform of medical and health system has made remarkable achievements in the construction of medical consortia, centralized procurement of drugs, Internet medicine, socialized medical service, construction of medical center, etc. The novel coronavirus pneumonia outbreak at the end of the year revealed the problems of long-term separation of Chinese medicine and prevention, the weak ability of grassroots services, and the shortage of strategic reserves of medical supplies. Under the background of "great health" and "new medical insurance", the reform of medical and health system in the future will continue to work on "strengthening the grass-roots level" and "focusing on prevention", and at the same time, through the payment of medical insurance, further promote the "three medical linkage" to high-quality development.

Keywords: Internet Plus Medical Care; Medical Alliance; Drug Collection; Health Insurance Negotiation

B. 12　Early Childhood Care Services in 2019: Progress,
　　　　Challenges and Future　　　　　　　　　　*Chen Cai* / 138

Abstract: In 2019, China launched a number of policies in the field of early childhood care, redefining the responsibilities of the government, family and society in early childhood care, clarifying the development goals, development directions, policy support modes of early childhood care services, and further improving the macro management mechanism. With the rapid development of children's early care service, it also faces a series of challenges, such as insufficient service supply, uneven quality of care services, service structure to be adjusted, registration of care institutions is difficult to operate. In the future, the "window of opportunity" in the field of early childhood care will be further opened, and at the same time, it may face the problem of unbalanced development. In the next step, we need to optimize the service supply, standardize the development of diversified and multi-level services, and combine further decentralization with strengthened supervision.

Keywords: Early Childhood Care Services; Child Care Services; Family Scientific Care Services

B. 13   Shared Ownership Housing: History, Current Situation
         and the Way Forward   *Ma Xiulian* / 150

Abstract: As an important measure to cooperate with the commercial housing system to improve the 'purchase' part of the "rent and purchase simultaneously", the co ownership housing has made considerable development in recent years (especially in 2019). The first part of this paper introduces the development history of China's common property rights housing; the second part, on the basis of discussing the current situation and summarizing the types of common property rights housing, points to a major dispute at present: should the common property rights housing be closed operation? In the third part, based on the inherent contradiction of long-term affordability asset accumulation, the author proposes that China should set up two types of common property right housing, closed operation and non closed operation, aiming at the target group.

Keywords: Common Property Rights Housing; Security Housing System; Rent and Purchase; Affordable Housing

Ⅳ   Modern Social Organization Reports

B. 14   The Effectiveness of Party Building in Social Organizations:
         Analysis Based on 183 Agencies in Beijing   *Quan Yu* / 161

Abstract: The party building of social organizations has become an important part of strengthening the party's leadership and promoting the development of social organizations. In this study, 183 social organizations in Beijing were investigated to analyze the effectiveness of their party building. Generally speaking, social organizations hold a positive attitude towards the construction of Party organizations and the development of Party building activities, which also reflects that social organizations hold a high "political identity" to the leadership of the party. However, in the face of the new thing of social organization party building, the quality of capacity-building represented by training needs to be optimized, and the degree of integration of Party building and business is also general. In addition, the political appearance of the person in charge and the government support (including government purchase or help to coordinate relations) may be two more important external factors that affect the quality of Party building of social organizations, while the professional ability of social organizations in Party building is an important internal factor.

Keywords: Social Organizations; Effectiveness of Party Construction; Government Support

B. 15　Mass Organization Reform: Starting from the Trade Union

Li Ruiyi / 184

Abstract: The reform of mass organizations is an important task to deepen the reform in an all-round way. In July 2015, the CPC Central Committee launched a pilot reform of the central mass organizations in the general assembly. In order to maintain and enhance its political, advanced and mass character, the whole Council has carried out reforms in the organizational system, management mode, operation mechanism and mode of activity. In recent years, the "Three Natures" of trade union organizations have been significantly enhanced, the level of systematization and standardization of trade union work has been continuously improved, and the influence of attraction and cohesion on the masses of workers has been continuously enhanced. In 2020, efforts will continue to be made to build mechanisms, strengthen functions and increase effectiveness. Other mass organizations, such as the Communist Youth League, have advanced the reform of mass organizations, innovated the ways and means of mass work, strengthened the basic construction of the grass-roots level, strengthened the efforts to serve the masses, so that the mass organizations can see, hear and play a role in the mass

work of the party, and worked hard to create a new situation in the mass work of the party. The mass organizations have entered the "reform time" in an all-round way, and the reform is surging, unfolding and continuously advancing.

Keywords: Mass Organization; Trade Union Reform; All – China Federation of Trade Unions

B. 16　Current Status, Problems and Recommendations for Urban-rural Residents' Participation in Community Governance: The Example of Wenjiang District of Chengdu

Wu Qian, You Fei / 203

Abstract: "Residents' participation" is an important part of building a multi-agent collaborative governance system, and a key fulcrum of innovating grass-roots governance and stimulating social vitality. A survey of 85 residents with self-organization membership in Wenjiang District of Chengdu City shows that promoting the construction of community self-organization is the cornerstone of promoting residents' participation in community governance. Speeding up the development of community self-organization is of great significance to further enhance the enthusiasm of community residents' independent participation, broaden the way of community residents' independent participation, and create an atmosphere of residents' participation. At present, the main problems of residents' participation in community governance are uneven participants, low level, and poor communication between the government and residents. It is an effective way to strengthen community cohesion, build community and promote community autonomy to establish residents' sense of ownership, optimize the main structure of participation, establish and improve residents' participation mechanism, introduce professional talents and cultivate high-quality community social organizations.

Keywords: Residents' Participation; Self-organization; Community Governance

Abstract: The central government clearly put forward that social organizations are an important force in poverty alleviation, and the demonstration of national and provincial social organizations should play a leading role in poverty alleviation. Based on the data of 56 national public funds and relevant literature, it is found that: the national social organizations involved in poverty alleviation have broken through the traditional simple mode of money and material assistance, and began to explore more professional and sustainable direction in the fields of livelihood development, education, medical care, relocation, etc., and achieved positive social results. At the same time, the participation of national social organizations in poverty alleviation is also facing the challenges of insufficient capacity, industry services and policy support.

Keywords: National Social Organization; Poverty Alleviation; Supporting Policy Implementation

V   Public Safety and Emergency Management Reports

Abstract: In the response to COVID −19, countries around the world have adopted unconventional or even extra-conventional emergency management. In the field of unconventional emergency management, China has achieved strategic outcomes through the Party's correct leadership, significant advantage of the socialist system and seamless cooperation and support by the people. This paper tries to summarize the COVID −19 epidemic prevention and containment, studies

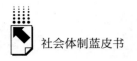

China's emergency management system, and proposes measures to improve the conventional and unconventional emergency management system, so as to achieve a smooth shift between the two emergency management modes.

Keywords: Emergency Management System; Conventional Emergency Management System; Unconventional Emergency Management System

B. 19　Emergency Management System Reform in China of 2019:
Challenges and Prospect　　　　　　　　*Wang Hongwei* / 243

Abstract: In 2019, China completed the task of establishing new EM organizations at all levels of governments, achieving a lot in improving EM capacity. But several serious disasters occurred posed great challenges to the reform process. In this year, China answered questions about the reform performance with achievements as well as pushed up emergency management to a new level with reform policies. Furthermore, outbreak of Covid −19 pandemics demanded China to realize emergency management modernization by deepening reform in the future.

Keywords: Emergency Management; Covid −19; Public Health

B. 20　2019 Retrospect and Prospect of Public Health
Governance Reform in China　　*Ma Changjun, Zhang Juan* / 252

Abstract: In the new era, China's public health governance reform is transforming from a "treatment-centered" strategy to a "health-centered" strategy. Against this background, China's public health governance in 2019 has achieved some reform achievements, but it still faces complex challenges and prominent problems. In particular, the COVID −19 outbreak in late 2019 and its subsequent global epidemic crisis have sounded the alarm for accelerating the reform of public health governance. The way out for China's public health reform is to modernize the public health governance system and governance capacity. At present and in the future, China's public health governance reform should focus on makesurethe direction, promote advantages, strengthen weaknesses, strengths and weaknesses, and use resources to improve reform efficiency and governance level.

Keywords: Public Health Governance; The Global Crisis; Public Health Emergency Management

B. 21　Occupational Safety Reform in China: 2019 Retrospect

　　and Prospect　　　　　　　　　　　　　*Wang Yongming* / 268

Abstract: In 2019, China's work safety situation continued to show a stable trend, entering the best period of historical work safety situation. In the context of the reform of the party and state institutions, the reform in the field of work safety continued to be carried out in accordance with the opinions of the CPC Central Committee and the State Council on promoting the reform and development in the field of work safety. The overall thinking of work safety governance gradually turned from "treating both symptoms and root causes" to "treating the root causes". After the 3.21 Xiangshui explosion, the "national team" was sent to key regions and industries for special treatment. However, during the two reforms, there are new problems in the occupational health management system and the construction of work safety law enforcement team, which need to be solved by further reform and innovation of the system and mechanism.

Keywords: Work Safety Situation; Comprehensive Supervision; Work Safety Law Enforcement Team

B. 22　Food and Drug Safety Regulation Reform in China:

　　2019 Retrospect and Prospect　　*Yan Zhigang, Bian Xiaohui* / 282

Abstract: In 2019, China's food and drug safety regulatory reform has been

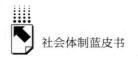

continuously deepened under the new "big market—special drug" system, and the reform of "regulation and service" has been actively promoted. Comprehensive law enforcement reform has achieved initial results, and the supervision in key areas has been strengthened. In general, it shows the characteristics of accelerated system construction, improved supervision efficiency, comprehensive transformation of supervision mode and continuous innovation of supervision mechanism. However, there are still some weak relations. The next step is to strike a balance between industrial development and safety supervision, comprehensive supervision and professional supervision, regulatory authority and regulatory capacity, food and drug regulatory departments and general market regulatory departments, provincial drug regulatory agencies and market regulatory departments below the provincial level.

Keywords: Food and Drugs; Regulatory Reform; The Comprehensive Law Enforcement System of "Empowering; Regulating and Serving

B. 23　Structural Reform of Disaster Prevention and Reduction in 2019: A Review and Perspective

Wang Zhiqiang, Wu Yongchao / 295

Abstract: With the continuous advancement of national emergency management system and capacity modernization, the disaster prevention and reduction system reform has ushered in a new historical opportunity. In this paper, based on the combination of transverse and longitudinal historical perspective, using the method of literature research, first briefly reviews the historical evolution since the founding of new China's disaster prevention and mitigation system reform, the second focuses on combing and analysis of 2019 China's disaster prevention disaster relief system reform trends and key points of the reform of the disaster prevention and mitigation system reform in 2020 put forward some proactive Suggestions and opinions. Through research, the author believes that the system reform of disaster prevention and reduction in New China has gone through three historical stages: starting from scratch, developing and deepening, and has completed the historical transformation from scratch, from closed to open, and from single to multiple. The structural reform of disaster prevention and reduction in 2019 is characterized by modernization, socialization and internationalization. As for the specific reform points, we will focus on building a vertical disaster prevention and reduction system that is under overall planning and with clear rights and responsibilities; continue to improve a horizontal disaster prevention and reduction system that is based on territorial management and cross-regional coordination; and continue to set up an outward disaster prevention and relief system that is interconnected and multi-dimensional. The related research results will provide new insights for the structural reform of disaster prevention and reduction.

Keywords: Disaster Prevention and Mitigation; Institutional Reform; Modernization of Governance

B. 24　Public Safety System Reform in 2019:

　　　　Review and Prospect　　　　　　　　　*Shen Guoqin* / 311

Abstract: Since the 18th National Congress of the Communist Party of China (CPC) put forward the "multi-dimensional strategy for the construction of public security prevention and control system", the construction of public security prevention and control system has taken on new characteristics and been highly valued. The overall prevention and control ability of public security has been greatly enhanced, and China's public security situation continues to improve. Under the guidance of Party and state institutions, the reform of public security system in 2019 will be carried out in accordance with the principle of "scientific planning, highlighting key points, step-by-step implementation and overall promotion", and a sound public security environment will continue to improve. "Safe China" will bring people a great sense of security. In terms of specific contents, the specialized, socialized, legalized and intelligent construction of the

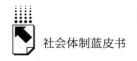
社会体制蓝皮书

public security prevention and control system has been continuously promoted and deepened. In the event of COVID – 19 (NCP) epidemic at the beginning of 2020, it is necessary to build a sound public security prevention and control system to respond to and deal with emergencies.

Keywords: Social Security System; Public Security Prevention and Control System; Public Security Order

B. 25 Public Opinion Development in 2019 *Zhang Lei* / 326

Abstract: In 2019, China's governance of public opinion ecologywas mainly manifested as a "patch" of the system. Specific practices include: special regulation of emerging information content, systematic governance of information content ecology, leading new information technology in advance, timely restraining new illegal activities, and new supplyingnew legal basis for governance, etc. Compared with 2018, the carriers ofmajor public opinion show a strong continuity. The field of production safety accidents, education management, and personal extreme events is still grim. Public opinion in the field of medical management is relatively prominent in 2019. The new features of the public opinion developmentinclude that: thetrend of mobilization of public opinion through labeling was enhanced, formalist governance bred public opinion risks, resorting to public opinion to solve interests issues was outstanding, and the deterioration of public opinion environment has solidified views.

Keywords: Pubilic Opinion; Governance of Public Opinion Ecology; Featuresof Major Public Opinion; Patternofpublic Opinion Development

B. 26 Postscript / 339

社会科学文献出版社

皮 书

智库报告的主要形式
同一主题智库报告的聚合

❖ 皮书定义 ❖

皮书是对中国与世界发展状况和热点问题进行年度监测，以专业的角度、专家的视野和实证研究方法，针对某一领域或区域现状与发展态势展开分析和预测，具备前沿性、原创性、实证性、连续性、时效性等特点的公开出版物，由一系列权威研究报告组成。

❖ 皮书作者 ❖

皮书系列报告作者以国内外一流研究机构、知名高校等重点智库的研究人员为主，多为相关领域一流专家学者，他们的观点代表了当下学界对中国与世界的现实和未来最高水平的解读与分析。截至 2020 年，皮书研创机构有近千家，报告作者累计超过 7 万人。

❖ 皮书荣誉 ❖

皮书系列已成为社会科学文献出版社的著名图书品牌和中国社会科学院的知名学术品牌。2016 年皮书系列正式列入"十三五"国家重点出版规划项目；2013~2020 年，重点皮书列入中国社会科学院承担的国家哲学社会科学创新工程项目。

中国皮书网

（网址：www.pishu.cn）

发布皮书研创资讯，传播皮书精彩内容

引领皮书出版潮流，打造皮书服务平台

栏目设置

◆ 关于皮书

何谓皮书、皮书分类、皮书大事记、

皮书荣誉、皮书出版第一人、皮书编辑部

◆ 最新资讯

通知公告、新闻动态、媒体聚焦、

网站专题、视频直播、下载专区

◆ 皮书研创

皮书规范、皮书选题、皮书出版、

皮书研究、研创团队

◆ 皮书评奖评价

指标体系、皮书评价、皮书评奖

◆ 互动专区

皮书说、社科数托邦、皮书微博、留言板

所获荣誉

◆ 2008 年、2011 年、2014 年，中国皮书网均在全国新闻出版业网站荣誉评选中获得"最具商业价值网站"称号；

◆ 2012 年，获得"出版业网站百强"称号。

网库合一

2014 年，中国皮书网与皮书数据库端口合一，实现资源共享。

权威报告·一手数据·特色资源

皮书数据库
ANNUAL REPORT(YEARBOOK)
DATABASE

分析解读当下中国发展变迁的高端智库平台

所获荣誉

- 2019年，入围国家新闻出版署数字出版精品遴选推荐计划项目
- 2016年，入选"'十三五'国家重点电子出版物出版规划骨干工程"
- 2015年，荣获"搜索中国正能量 点赞2015""创新中国科技创新奖"
- 2013年，荣获"中国出版政府奖·网络出版物奖"提名奖
- 连续多年荣获中国数字出版博览会"数字出版·优秀品牌"奖

成为会员

通过网址www.pishu.com.cn访问皮书数据库网站或下载皮书数据库APP，进行手机号码验证或邮箱验证即可成为皮书数据库会员。

会员福利

- 已注册用户购书后可免费获赠100元皮书数据库充值卡。刮开充值卡涂层获取充值密码，登录并进入"会员中心"—"在线充值"—"充值卡充值"，充值成功即可购买和查看数据库内容。
- 会员福利最终解释权归社会科学文献出版社所有。

数据库服务热线：400-008-6695
数据库服务QQ：2475522410
数据库服务邮箱：database@ssap.cn
图书销售热线：010-59367070/7028
图书服务QQ：1265056568
图书服务邮箱：duzhe@ssap.cn

社会科学文献出版社 皮书系列
SOCIAL SCIENCES ACADEMIC PRESS (CHINA)
卡号：325438762344
密码：

S 基本子库
UB DATABASE

中国社会发展数据库（下设 12 个子库）

整合国内外中国社会发展研究成果，汇聚独家统计数据、深度分析报告，涉及社会、人口、政治、教育、法律等 12 个领域，为了解中国社会发展动态、跟踪社会核心热点、分析社会发展趋势提供一站式资源搜索和数据服务。

中国经济发展数据库（下设 12 个子库）

围绕国内外中国经济发展主题研究报告、学术资讯、基础数据等资料构建，内容涵盖宏观经济、农业经济、工业经济、产业经济等 12 个重点经济领域，为实时掌控经济运行态势、把握经济发展规律、洞察经济形势、进行经济决策提供参考和依据。

中国行业发展数据库（下设 17 个子库）

以中国国民经济行业分类为依据，覆盖金融业、旅游、医疗卫生、交通运输、能源矿产等 100 多个行业，跟踪分析国民经济相关行业市场运行状况和政策导向，汇集行业发展前沿资讯，为投资、从业及各种经济决策提供理论基础和实践指导。

中国区域发展数据库（下设 6 个子库）

对中国特定区域内的经济、社会、文化等领域现状与发展情况进行深度分析和预测，研究层级至县及县以下行政区，涉及地区、区域经济体、城市、农村等不同维度，为地方经济社会宏观态势研究、发展经验研究、案例分析提供数据服务。

中国文化传媒数据库（下设 18 个子库）

汇聚文化传媒领域专家观点、热点资讯，梳理国内外中国文化发展相关学术研究成果、一手统计数据，涵盖文化产业、新闻传播、电影娱乐、文学艺术、群众文化等 18 个重点研究领域。为文化传媒研究提供相关数据、研究报告和综合分析服务。

世界经济与国际关系数据库（下设 6 个子库）

立足"皮书系列"世界经济、国际关系相关学术资源，整合世界经济、国际政治、世界文化与科技、全球性问题、国际组织与国际法、区域研究 6 大领域研究成果，为世界经济与国际关系研究提供全方位数据分析，为决策和形势研判提供参考。

法律声明

"皮书系列"（含蓝皮书、绿皮书、黄皮书）之品牌由社会科学文献出版社最早使用并持续至今，现已被中国图书市场所熟知。"皮书系列"的相关商标已在中华人民共和国国家工商行政管理总局商标局注册，如 LOGO（ ）、皮书、Pishu、经济蓝皮书、社会蓝皮书等。"皮书系列"图书的注册商标专用权及封面设计、版式设计的著作权均为社会科学文献出版社所有。未经社会科学文献出版社书面授权许可，任何使用与"皮书系列"图书注册商标、封面设计、版式设计相同或者近似的文字、图形或其组合的行为均系侵权行为。

经作者授权，本书的专有出版权及信息网络传播权等为社会科学文献出版社享有。未经社会科学文献出版社书面授权许可，任何就本书内容的复制、发行或以数字形式进行网络传播的行为均系侵权行为。

社会科学文献出版社将通过法律途径追究上述侵权行为的法律责任，维护自身合法权益。

欢迎社会各界人士对侵犯社会科学文献出版社上述权利的侵权行为进行举报。电话：010-59367121，电子邮箱：fawubu@ssap.cn。

社会科学文献出版社